教育部人文社科基金青年项目"教育记忆形塑青少年国家认同的路径研究"(21YJC880015)资助成果

学校记忆：
教育史研究的新趋势

School Memories:
New Trends in the History of Education

［西班牙］克里斯蒂娜·雅内斯-卡布雷拉
（Cristina Yanes-Cabrera）
［意大利］朱里·梅达（Juri Meda）　　主 编
［西班牙］安东尼奥·维尼奥（Antonio Viñao）

杜京容　尹婵杰　周文鼎　译

图书在版编目（CIP）数据

学校记忆：教育史研究的新趋势/（西）克里斯蒂娜·雅内斯-卡布雷拉，（意）朱里·梅达，（西）安东尼奥·维尼奥主编；杜京容，尹婵杰，周文鼎译. —福州：福建教育出版社，2024.12. —ISBN 978-7-5758-0232-1

Ⅰ.G519-53

中国国家版本馆 CIP 数据核字第 20240ZB015 号

First published in English under the title *School Memories: New Trends in the History of Education* edited by Cristina Yanes-Cabrera, Juri Meda and Antonio Viñao, edition: 1 Copyright © Springer International Publishing Switzerland, 2017.

This edition has been translated and published under licence from Springer Nature Switzerland AG. Springer Nature Switzerland AG takes no responsibility and shall not be made liable for the accuracy of the translation.

Xuexiao Jiyi: Jiaoyushi Yanjiu De Xinqushi

学校记忆：教育史研究的新趋势

［西班牙］克里斯蒂娜·雅内斯-卡布雷拉（Cristina Yanes-Cabrera）
［意大利］朱里·梅达（Juri Meda） 主编
［西班牙］安东尼奥·维尼奥（Antonio Viñao）

杜京容　尹婵杰　周文鼎　译

出版发行	福建教育出版社
	（福州市梦山路 27 号　邮编：350025　网址：www.fep.com.cn
	编辑部电话：0591-83727542　83726908
	发行部电话：0591-83721876　87115073　010-62024258）
出 版 人	江金辉
印　　刷	福建省地质印刷厂
	（福州市金山工业区　邮编：350011）
开　　本	710 毫米×1000 毫米　1/16
印　　张	18
字　　数	262 千字
插　　页	2
版　　次	2024 年 12 月第 1 版　2024 年 12 月第 1 次印刷
书　　号	ISBN 978-7-5758-0232-1
定　　价	55.00 元

如发现本书印装质量问题，请向本社出版科（电话：0591-83726019）调换。

目 录

第一章　学校记忆：教育史学和探索视角/朱里·梅达（Juri Meda）　安东尼奥·维尼奥（Antonio Viñao） ········· 1

第二章　探索学校记忆研究的新方法：教育史学中的版画/玛丽亚·德尔·马德波索·安德烈斯（María del Mar del Pozo Andrés）　沙克·布拉斯特（Sjaak Braster） ········· 8

第三章　构建和重建教育记忆的工具：图片明信片/安东尼奥·维尼奥（Antonio Viñao）　玛丽亚·何塞·马丁内斯·鲁伊斯·芳斯（María José Martínez Ruiz-Funes） ········· 24

第四章　来自过去的旧照片：网络上的校园形象与校园集体记忆的建构/玛塔·布鲁内利（Marta Brunelli） ········· 44

第五章　回忆与年鉴：关于20世纪西班牙宗教学校年鉴的结构与演变的分析/保利·达维拉（Paulí Dávila）　路易斯·玛丽亚·纳亚（Luis María Naya）　伊娜基·扎巴莱塔（Iñaki Zabaleta） ········· 62

第六章　身份记忆学校人物：学校中安达卢西亚身份认同的变化——学校教科书路径（1978—1993）/瓜达卢佩·特里格罗斯·戈迪略（Guadalupe

Trigueros Gordillo） 克里斯托瓦尔·托雷斯·费尔南德斯（Cristóbal Torres Fernández） E. A. 加西亚·谢赫·拉鲁（Enrique Alaster García Cheikh-Lahlou） ………………………………………………… 80

第七章 女性自传中的学校回忆：意大利，1850—1915/安东尼奥·卡尼奥拉蒂（Antonella Cagnolati） 何塞·路易斯·埃尔南德斯·韦尔塔（José Luis Hernández Huerta） …………………………………………………… 100

第八章 讲故事，讲述自己的故事：通过教师个人日记和自传体回忆录追溯集体历史/玛丽亚·克里斯蒂娜·莫兰迪尼（Maria Cristina Morandini） ……………………………………………………………… 116

第九章 "我孑然一身，唯有真理支撑着我"：一位小学教师生活的解读/伊姆雷·加莱（Imre Garai） 安德拉斯·内梅斯（András Németh） … 130

第十章 教育记忆与公共史：必要的交会/吉安弗兰科·班迪尼（Gianfranco Bandini） ……………………………………………………… 144

第十一章 口述证据搜集中的方法论、史料编纂及教育问题/法比奥·塔尔盖塔（Fabio Targhetta） ………………………………………… 157

第十二章 特拉夫尼克教师培训学校学生的学校记忆/丝捷扎娜·苏珊雅拉（Snježana Šušnjara） ……………………………………… 165

第十三章 刻在墓碑上的褪色记忆：19 世纪到 20 世纪早期作为教育集体记忆的斯洛文尼亚教师墓碑/布兰克·苏斯塔（Branko Šuštar） …… 178

第十四章 19 世纪末的建校庆祝：教育初衷与集体再现/拉蒙娜·卡拉梅利亚（Ramona Caramelea） …………………………………… 193

第十五章 通过电影记住学校：意大利共和国根据《爱的教育》改编电影/西蒙妮塔·波伦吉（Simonetta Polenghi） ………………………… 207

第十六章 理想学校的记忆：影视作品中洛伦佐·米兰尼神父的贡献（1963—2012）/帕奥鲁·阿里费埃里（Paolo Alfieri） 卡洛塔·弗里杰里奥

（Carlotta Frigerio） ………………………………………… 225

第十七章　构建记忆：20世纪70年代意大利电视剧《小学老师的日记》中的学校/安娜·德贝（Anna Debè） ……………………………… 238

第十八章　苏联电影中教师作为价值观塑造者的社会神话形象建构/埃丽娜·加里尼娜（Elena Kalinina） …………………………………… 253

第十九章　希腊电影研究：战后时期学校生活的方方面面/戴斯比娜·卡拉卡查尼（Despina Karakatsani）　帕夫丽娜·尼考拉布鲁（Pavlina Nikolopoulou） …………………………………………………………… 260

第二十章　记忆考古学与学校文化：学校的物质性与非物质性/克里斯蒂娜·雅内斯—卡布雷拉（Cristina Yanes-Cabrera）　奥古斯丁·埃斯科拉诺·贝尼托（Agustín Escolano Benito） ………………………… 271

译者的话 ……………………………………………………………………… 279

第一章　学校记忆：教育史学和探索视角

朱里·梅达（Juri Meda）[①]

安东尼奥·维尼奥（Antonio Viñao）[②]

记忆总是很疯狂。我们拼命拒绝忘记，却总是记得，于是我们开始尝试用电子数据把所有的记忆复原，期望我们能在需要的时候用到它。这时"记忆"已经变成我们的关注点，一方面，"记忆"是社会科学领域很多学科的研究目标，另一方面，复原记忆的目的也是为了有意识地恢复叙事的可信度，为了帮我们记住历史本身遗忘了什么，为了能够给予沉默者发声的机会。正是基于这样一种趋势，我们开始问自己"学校记忆"是否存在、它是什么、应该用什么方法去分析它、它的探索视角可能会是什么。

学校记忆的定义

当前学术界对于"学校记忆"概念的理解有很大差异。在 2015 年 9 月 22 日—23 日召开的"学校记忆——教育史学研究的新趋势：阐释学视角和研究方法"国际研讨会上，这种差异表现得非常明显。在这次会上，有很多同行递交的报告并不与"学校记忆"直接相关，有的同行为了宽泛地定义这一概念或者寻找更清晰的理论框架，特意找了一些支撑材料或基础读物作为补充。

那么，到底什么是"学校记忆"呢？虽然目前还没有被一致认可的定义，但

[①] 意大利马切拉塔大学，电子邮箱：juri.meda@unimc.it。
[②] 西班牙穆尔西亚大学，电子邮箱：avinao@um.es。

我们认为"学校记忆"基本包括两种含义：第一，个体对自己在校经历的反思过程，这一过程也是自我重塑的过程；第二，个体、集体或者公众对共享的在校经历的纪念过程。事实上，"学校记忆"还有第三种含义（虽然可能不太贴切），即"学校记忆"也可以指由特定国家的学校或教育系统传递或构建的社会记忆（Bourdieu & Passeron 1970；Bruner 1996），目前关于这一含义的教育史学研究不多，但在其他领域有很多，最显著的是关于文化学习过程的研究（Viñao Frago 2001；Myers and Grosvenor 2014）。除此以外，有的研究关注学校如何发挥社会传承作用以及学校内部的"历史的公共用途"，这类研究也和"学校记忆"的第三种含义有关。

为了避免这种错误观念的广泛传播，我们希望澄清的是，当我们说到"学校记忆"，我们不是指被学校传播的记忆，而是与学校、在校时光、教学等相关的记忆，例如个体、集体和社会构建的关于学校活动和教育过程的记忆。在现代社会，学校教育已经普及，对于处于义务教育阶段的大部分人来说，一天至少有五个小时的在校活动时间，学校活动是日常经历，在这种情况下，"学校记忆"具有丰富的含义（Meda 2014，p.519）。简而言之，从个体层面、世代层面和社会层面来说，学校教育已经成为幼儿、青少年和年轻人的惯常经历，此时"学校记忆"具有丰富的含义，它是一种生活经历，这种生活经历会以高度正式化的形态存在于个体记忆和集体记忆中。

对于以上两种含义的"学校记忆"，教学专家尤其感兴趣的是个体对在校经历的反思。这种反思性的记忆可以减轻认识论方面的压力，通过不断积累经验，就能对未来教师的教学实践形成敦促作用，也允许他们在严密的科学基础上重构自己的教学方法（Rousmaniere 2000）。

从另一方面来看，教育史学家更感兴趣的是"学校记忆"的另一种含义——源自文化记忆领域的一些著名研究（Halbwachs 1950；Assmann 1992，1999）——即个体、集体或公众对共享的在校经历的纪念过程，这一过程主要是分析个体记忆①中教师和学生的自我表征，或分析文化产业②、大众信息传媒③对学校和教学的表征，也包括分析公共组织举办的官方纪念活动，这些纪念活动通常与特定的记忆政策和公众对历史的用法保持一致（Cunningham 2000）④。

最后这种研究视角尤其能对某一点展开深入分析，这一点的史学意义还没有被历史学家正确地置于相关情境下。这一点就是：在某一或大或小的社会群体中，人们对教育的公共地位的感知以及"学校"的公共意象、国家教育体系的公共意象如何演变。

作为历史物件的学校记忆

在21世纪初，由于认识论的转向和教育史研究目标的革新，将学校记忆作为历史物件的教育史研究已经比较成熟。与此同时，普通史学研究领域也开始逐渐关注记忆的政治学以及在现当代社会中历史的公共用途（参考 Eric Hobsbawm、Pierre Nora、Richard Terdiman 等人的研究）。西班牙学术界对这种研究趋势起到了推动作用，一些开创性的研究包括埃斯科拉诺·贝尼托（Escolano Benito 2002,

---

① 个体学校记忆的形式包括日记、自传、回忆录（Viñao Frago 1999，2009）、个人收藏集（Frank 1992；Dei 1994；Altenbaugh 1997；Dougherty 1999；Suárez Pazos 2002；Gardner 2003；Cunningham and Gardner 2004；Bittencourt Almeida 2009；Barausse 2013）等，这些以后可用于制作出版物和多媒体产品，以促进"集体学校记忆"。

② 在这种情况下，集体学校记忆通过文学小说（Ascenzi 2012）、戏剧表演来传递（Cohen 1996；May and Ramsland 2007；May 2010；Girotti et al. 2014），更宽泛地说，也可以通过图像传递（Pozo Andrés 2006；Colleldemont 2010）。

③ 在这种情况下，集体学校记忆通过日报、大众媒体和电视传递（Crook 1999），当然也通过新媒体传递。

④ 公立学校记忆的形式是"学校记忆场所"的创建（Nora 1984—1992；Connerton 1989，2009），例如学校博物馆，学校纪念馆；在街道、广场和学校建筑物中，上面有教员、教育者和教育学专家的名字；牌匾、胸像和纪念碑的揭幕；授予装饰和荣誉；邮票和纪念币发行；由专业协会和公共机构根据特定的记忆（讣告、丧葬祈祷、纪念传单和其他遗体以纪念已故的教员、墓志铭和墓碑等）举办的葬礼纪念活动。关于后者，尤其参见安娜·阿森奇（Anna Ascenzi）和罗伯托·萨尼（Roberto Sani）2016 年的著作。

2011a)和维尼奥·弗拉戈(Viñao Frago 2005),这些研究探究了"学校记忆"和"学校文化"之间的复杂关系。学者多米尼克·茱莉亚(Dominique Julia)定义了"学校文化"的形式和结构,从而使这一主题引发关注(Julia 1995)。

在2009年,法国历史学家皮埃尔·卡斯帕德(Pierre Caspard)指出,成熟的史学分析在教育史学界越来越不同于历史记忆的图式化。他提出这一观点的目的是分析现在的学校和过去的学校的谱系关联,由此得出历史在某种程度上服务于记忆的结论(Caspard 2009)。针对卡斯帕德的观点,安东尼奥·维尼奥(Antonio Viñao)于2010年在教育杂志上发表了一篇文章,文章分析了近几年西班牙和法国的教育史学家如何受到州立学校周年纪念活动的影响。他认为,这些纪念活动可以延伸至其他类型的记忆,比如一些古老院校定期发起的纪念教育传统的活动或者展陈教育遗产的活动,这种活动被认为是真正的"记忆的产物",也是纪念活动的主体(Viñao Frago 2010)。

2011年,奥古斯丁·埃斯科拉诺(Agustín Escolano)在巴西的一本期刊上发表了一篇文章,在文章中他一再表明自己的观点。他认为个人的学校记忆是核心,因为这部分记忆与个体自我叙事身份的构建、自传记忆的形成有直接联系。对于埃斯科拉诺来说,他把在学校里学到的技能组合在一起,将它们转化为程序性的记忆(即知道如何读写等)。根据埃斯科拉诺·贝尼托(Escolano Benito 2011)的观点,这样的理解有助于定义我们自己的身份,使我们能够在社会群体共享的教育活动中辨认自己是谁。

2012年,维尼奥写了另一篇关于记忆的文章,也发表在巴西的一本期刊上。在文章中他关注物质的和非物质的校史遗产。雅内斯-卡布雷拉(Yanes-Cabrera 2007,2010)描述了这种遗产潜在的启发功能,并暗示了这些校史遗产可能的用途:古文物研究、怀旧[①]、放松治愈(参见埃斯科拉诺早期在杜罗河畔贝尔兰加与阿尔茨海默病患者一起开展的实验)、教育和教育史研究。维尼奥·弗拉戈

---

① 关于怀旧对于构建记忆的影响,参见Shaw and Chase(1989)。

(Viñao Frago 2012)不是为了提出纪念方式的参考范例，而是对记忆的用途展开更清晰的分析，主要是为了明确某些记忆用途可能带来史学研究的偏差（比如难以控制的收藏行为、怀旧或不加批判的恋物嗜好），他认为这样的史学分析可能不那么合理。

21世纪的史学研究，尤其是伊伯利亚半岛和拉丁美洲的史学研究，已经采纳了上述文章的观点，并开始投入学校记忆的研究，尤其关注学校生活中行动者的个人回忆录（日记、自传、口述记录等），也关注学校实践中提供信息的物件（Sacchetto，1986）（这些物件的功能是提供信息，但这种信息不是法律法规和教育理论意义上的标准信息），还关注学校实践活动，包括课堂教学、例行活动、教师考核等此类活动[①]。因此，教育史学研究中有一派研究意图把学校记忆视为一种有用的资源，用于解码学校教育的"黑匣子"，因为它能解释（基于实证和物证的解释，而不是理论解释[②]）教室里到底发生了什么，甚至能够挖掘出一些没有被正式文件记录，但发生过的事件（比如体罚、违规做法和其他教学禁忌）。

尽管如此，这些研究的作者仍然在很大程度上将自己局限在个体的学校记忆，不论是物质的（日记、自传等）还是非物质的（口述记录等），把它们视为教育历史的来源，这种观点承袭了经典传统的教育史学研究范式，并没有太多认知论方面的转换，只是用了不同的资料来分析学校生活的历史。

将"学校记忆"视为一种历史过程，而不仅仅是一种历史来源，这一观点得到广泛传播，并改变了现有的研究视角。因为"学校记忆"不再是学校历史的证据，而是新的历史学研究对象，这种研究不仅从内部视角审视"学校记忆"（学校过去是什么样子，或者说它如何塑造自己的形象），也从外部审视"学校记忆"（社会的精英群体和大众群体对学校有何感知），这样能获取社会整体对教育体系的认知。

[①] 同时，卡斯帕德（Caspard）和维尼奥（Viñao）主要关注"学校的纪念政策"，尽管他们运用的是解释性范式和混合方法，但受到的关注却较少。

[②] 比如根据法律、学校课程等想象出来的解释。

个人的回忆录可以从个体意义去理解，也可以被当作一种历史资料，而集体的记忆只能被作为一种过程来研究，因为它代表社会对历史的重构，这种重构融合了"经验性的学校历史"（根据直接参与者的回忆）和"建构性的学校历史"（根据观察者、读者和旁人的回忆）[①]两部分。从这一意义来看，如果追根溯源的话，集体记忆的来源是集体想象，构成这种想象的符号资料既取自特定群体的文化遗产，也可以由文化产业重新创造，还可以被大众信息和传媒创造。

例如，如果我们想理解电影为何以某种方式呈现教学活动，我们需要考虑在电影拍摄之时公众对这种教学活动可能持有的刻板印象或偏见，这就需要我们不仅要分析大众文化、文学或电视节目，也需要分析广告、报纸和杂志传达的内容。

从这一视角来看，系统地分析有关"集体的学校记忆"的研究，可以使我们回到最初的立足点，即对学校现象展开历史学分析。这种分析的社会意义：一方面由文化上层建筑决定（文化上层建筑由统治阶层创造，并通过一种特殊的记忆政策将其保存，如"学校的公共意象"），另一方面也由当时社会中广泛流传的刻板印象决定。"在文化高度发展的当代民主社会，学校是大众普遍共享的经历"（Escolano Benito 2011b, p.12），我们可以认为，学校不只是一种历史现象，而是一种真实的"想象体"。

学校记忆和史学研究新视野

如前，我们已经阐述了"学校记忆"到底是什么，现在我们来探讨学校记忆的批判性研究能带来什么结果。我们认为主要有两个方面：创造新的史学知识和重新定义教育史的文化视野。

我们已经阐述了学校记忆从何种程度能变成一种历史学研究对象以及它如何被历史学家用来获取相关知识——一种定性的知识——关于学校的历史及其实

[①] 也就是"文化消费者"。

践、习惯和例行活动。我们也讨论了为什么学校的历史、关于学校历史的表征、社会对学校持有的公共认知以及常见的刻板印象应该成为教育史研究的对象。事实上，探究学校现象被记忆、被建构的方式，不仅能让我们了解这种历史现象的社会和文化维度，也能帮助我们辨析为何公众对学校持有一些过时观点。

我们已经说明了学校记忆研究的另一个结果是重新定义教育史的文化视野。事实上，学校记忆能被用于研究历史本身，也能被用于解释现在如何看待学校历史、如何理解和重构学校历史。从这一意义来看，基于教育史的视角看，学校记忆研究不能只关注学校历史本身，也应关注现代社会对学校历史的认识，分析这种认识是否正确合理、是否会导致公众意识中形成根深蒂固的偏见或刻板印象。

鉴于这些复杂的原因，对学校记忆展开批判性研究能够拓宽教育史学研究的视野，使我们能够分析历史和现在的关联，把我们现有的研究范式置于广阔的时间维度之下，即"延伸的历史"，例如，历史可能正以"暗流"的形式存在于当下[1]。

这种延伸也是回应国家和国际政治机构的需求，它们往往对历史以及历史与现在的溯源关系感兴趣。维尼奥在研究中提到："教育史学家已经找到了一块可获资助的研究沃土，这种研究得以快速发展，是因为这种研究与前面提及的记忆的用途[2]这一观点互相兼容、彼此支撑。不同于其他领域的是，它满足了社会和相关机构的需求。"（Viñao Frago 2012，p. 11）

我们认为，现在高校的学术研究评估和经费资助体系已经高度行政化，这一点我们不能置若罔闻。现在教育史研究正处于一种新的史学研究趋势下，这种研究趋势的特点是产出非常高、经济回报也很可观。

---

[1] 当埃斯科拉诺（Escolano）认为需要采用考古学方法来"破译并理解存在于教育物质遗体中的隐藏密码"时，他也提到了这一点（Escolano 2012，p. 493）。

[2] 包括考古、怀旧、疗愈、教学和历史用途。

第二章　探索学校记忆研究的新方法：教育史学中的版画

玛丽亚·德尔·马德波索·安德烈斯（María del Mar del Pozo Andrés）[①]

沙克·布拉斯特（Sjaak Braster）[②]

引　言

硫黄岛的士兵们举起美国旗帜，越南战场一名裸体女子在汽油弹的爆炸中逃命，很多这样的图像已经变成一种全球性标识，代表着为世代所知的历史性事件。很多群体了解这些历史事件，并赋予它们相同的意义，这些图像就称为标志性的图像，并逐渐变成一种集体记忆。有的标志性图像非常著名，因为它们反映了重要的历史事件，有时候也与世界上的潮流、运动、音乐、电影等相关。一个有趣的问题是，教育方面是否存在这种标志性的图像？或者从教育史的角度来说，是否存在某些描绘学校生活的图像可以用"标志性"一词来形容？本文主要讨论这种被我们视为"标志性"的图像。我们浏览了美国和很多欧洲国家跨越二十多年的艺术收藏，包括公共和私人在印刷画、雕刻版画、铜版画和石版画方面的收藏品。我们找到了这样一幅画，它描绘的是一群孩子在学校教室里喧闹着，完全没有意识到老师（出现在教室门外的走廊，手里拿着棍子）可以看到他们做的一切。我们暂时把这张图片视为"标志性"的，因为在过去的一个多世纪里，

[①] 西班牙马德里阿尔卡拉大学；电子邮箱：mar.delpozoandres@gmail.com。
[②] 荷兰鹿特丹伊拉斯姆斯大学；电子邮箱：sjaak.braster@gmail.com。

这幅画及其各种各样的改编版本被很多国家的艺术家收藏。

为了细致分析这张"标志性"图画讲述的事件，我们需要明确什么是"标志性"的图画。克莱普（Kleppe 2013）提到了两点，主要是关于标志性图画的传播特点：首先，它们会被复制很多遍；其次，这些复制品不仅包括画作的原型，也包括各种变体。其他的特点包括公众的反应方面，比如这些画可能会唤起某些情感，更重要的是，它们具有大多数人能一眼看出的符号意义。但是这种意义可能会随着时间的变化而变化，最终取决于该图画被置于何种情境下。最后，这种标志性的图画可能暗指一种原型，也可能直接变成一种原型，因此可能承载比图画自身更丰富的内容。从这一层意义来看，它们比较像宗教图像，这种图画的主要目的是让隐含的内容清晰可见。

显然，这种"标志性"图画只存在于一种被沃尔特·本杰明（Walter Benjamin）称为的"机械复制的时代"（Benjamin 1935），因为如果一幅画不能被复制，那么它也无法获得所谓"标志性"的地位。就像本杰明提到的，图像技术的诞生更是造成了这样一种局面，原创的、真实的艺术作品已经失去它的味道了，因为它可以被大量复制。但是我们不能忘记，在19世纪初图像技术产生之前，机械复制存在的形式是版画的大量生产，并且我们不得不提的是，用作版刻的材料很多，比如钢板、铜板、木板以及石块等。在图像技术之前，版画已经被证明是"艺术史上最民主的媒介"（Eichenberg 1976，p. 4）。从这一方面来说，版画（包括雕刻版画、铜版画和石版画）值得更多教育史学家关注，它们既可以作为一种理解教育的资料，也可以作为19世纪分析学校记忆的资料。

在本文中，我们将试着回答，一张关于学校的图画是否能够被定义为"标志性"。我们将首先描述这幅画在公众关注、传播和影响方面的情况，然后解读这幅画的象征性意义，最后分析这幅19世纪的画为什么能成为"标志性"图画。

图片"喧闹的学校"的复制与跨国传播

1809年春天，刚刚成立不久的水彩艺术家协会在老邦德街的画廊举办了他们的第一期展览，艺术评论家对一些不俗的作品给予了高度关注，其中包括一幅题为《青春》的作品，一年前有一本新书与这个题目相似（The Academy，1808）。

艺术鉴赏家之所以对这幅画感兴趣，可能不是因为它的艺术魅力，事实上他们提到更多的是"画法的柔弱之感"，并认为画中光影的使用"与大部分的画作很不一样"。后来得到证明，这幅画的作者获得了很高的奖项，仅次于英国一流的水彩画家如威尔基（Wilkie）和贝尔德（Bird）等人（老邦德街展览，1809，p.493）。真正吸引专家和大众注意的是《青春》的主题，它呈现了被称为是"恶作剧"的画面。这幅画刻画的场景是一所乡村学校的一个教室里，老师离开了，学生们正疯闹着。"从来没有一幅画作如此充分地呈现孩子的欢乐和嬉戏场面，极富想象力，仿佛带着亲切和怀旧之感。"（艺术作品评论，1809，p.183）这幅作品无疑成功地唤起了观众对学校时光的回忆，更进一步说，它似乎激活了观众的感官，让观众能够"听到"孩子们的笑声。这幅画中的人物和他们的表情唤起了观众丰富的感受和情绪，当然也不难想象，也许老师正在回教室的路上，当老师回来后发现学生闹得这么欢，会不会责怪学生，或给学生一些惩罚。

这幅水彩画的作者是亨利·詹姆斯·里希特（Henry James Richter 1772—1857）。很明显，里希特先生支持民主的艺术观（Hemingway 1992，pp.102-103），他相信绘画的人物主角和主题都来自生活现实，也相信艺术创作不是吸引上层精英人士，不是吸引好奇的外行人，也不是吸引术业有专攻的学者们，而是吸引大众的感官，给富有情感和理解力的大众看（Richter 1817，p.57）。在这种观念的引导下，里希特先生从日常生活中取材，他的艺术创作也有日益高涨的市场需求量，其中不乏一些刚刚富裕的中产阶级，他们会购买里希特的画作去装饰房子。这幅《青春》后来很快就被来自南安普顿的国会议员威廉·张伯伦（William Chamberlayne 1760—1829）买下了。由于成了私人收藏品，《青春》后来很少出现在公众视野，不幸的是，这幅画的原作后来竟丢失了。

文化传播学研究尝试量化文学或艺术作品被接纳的程度，往往会考察作品如何被解读、改编、翻译、引用、复制或模仿。对于一件艺术品原作，我们评估它被接纳程度的方法包括考察它是否以及如何被转化成其他形式的作品、考察它是否通过19世纪初期的版画制作技术被复制等。版画被视为画作的"翻译版本"，在版画的制作过程中，版画家会尝试"解读"这幅作品，而不仅仅是"复制"它；版画家会试着传递他/她解读到的这幅作品的含义，并尽可能提供给观众一种接近原作的体验（Michel 2007，p.595）。因此，我们评判艺术作品被接纳程度的第一个标准是，分析这幅作品是否在新的复制技术的影响下被多次复制而变成经典作品。事实上，一位画家的成功很大程度在于他/她的作品多少次被做成版画："一位画家的名气通常取决于画作的版画版本的流行度，而不是画作本身。"（Engen 1975，p.10）另外，版画家的主观取舍很关键；作为画作的"翻译者"，一个好的版画家能够把一件平庸的作品变成一件广受追捧的作品；同样，他们也可以把一幅杰作变成一件平淡无奇的、完全卖不动的作品。

明白了这些，我们再来看水彩作品《青春》的发展轨迹。1811年，利物浦学会的主席们决定每年出版"一件针对历史上某一个主题的版画作品"，并选择第一年就出版那幅"里希特先生备受推崇的作品《青春》"（《月度回忆录》1811，p.57）。这幅版画作品最终没能出版，以至于评论家后来几年都在谈论"为什么里希特的那幅关于学校小孩子的画作没有成为版画"（Anti-Jaundice 1820，p.716）。那时候大家似乎达成一种共识，提倡艺术来源于日常生活的人士一定会很喜欢那幅作品。

里希特先生可能是听说了这些谈论，决定自己把这件作品做成版画，这是超乎寻常的举动，对其他作品他也没有这样做。1822年6月，出版社宣布"里希特先生要出版他的版画作品集"了。（Intelligence, Literary, Scientific & C. 1822，p.123）第一个系列由四幅石版画组成，都是画家自己完成的，并带有一个封面。封面是一幅缩略图，就是威廉·张伯伦先生收藏的那幅《青春》水彩画的印刷画，这一系列都是献给威廉·张伯伦先生的。其他四幅不是缩略图，而是把原作中特定的场景放大了，每一个场景——没有标题、只有一个数字编号——都自成一体。这里画家把原作品的标题进行了拓展，将这一系列命名为《青春——喧闹的学校》,这个标题的第二部分是可能火起来的一个名字,事实上后来真的火了。当时评论家讨论了很多这幅画为什么会火起来的原因,其中有一点是自从原作在1809年公开以后"它就活在了我们的记忆里",画中的"亲切的喜剧画面"给观众留下了深刻的印象,因为"它的主题与我们儿时的记忆那么接近",因为几乎每个人都能够非常好地理解画中的含义,认同它并想拥有它(《美术》1822,p.425)。

这一作品集的出版商是鲁道夫·阿克曼(Rudolph Ackermann 1764—1834),他在19世纪前十年将出版业务扩大至欧洲和美国市场,画家里希特的作品因而也被国际市场所熟知。后来几十年,里希特(Richter)的名字和作品不断出现在各种画廊的目录里。这一作品集中的两幅版画作品分别刻画了两个场景:一是那位老师"不期而至"地回到教室,二是一个男孩正"骑"在教室的板凳上。这两幅版画被多次以铜版画(缩略图)的方式在徽章上出现,或者被收入名家的版画收藏集,比如1830年左右萨缪尔·桑德斯(Samuel Maunders)出版的系列收藏集。

这部作品集中的第13号和第14号作品,标题分别为《愤怒的教师》和《懒惰的学者》,是里希特原始版画的缩小版,但上面并未提及艺术家的名字。在接下来的几年中,又涌现了许多其他版本——其中一些无疑是盗版——这些版本既无复制品也无出版参考资料。为了凸显教师的喜剧形象,许多这样的复制品都采用了《愤怒的教师》这一标题。

里希特先生似乎并不太担忧他的作品集被侵权,可能原因是他当时正忙于另一个新的项目。1823年4月,正值水彩画家协会第19届展览,里希特公开了一幅水彩画新作,题为《青春——喧闹的学校(同一主题第二件作品)》,他声明说这第二件作品是照着张伯伦议员拥有的那幅原作画的,但"它是专门为做成版画"而创作的(《第19届展览》,1823,p.539)。这让评论家很高兴,他们深信第二件作品会和原作一样受欢迎,他们也很确信"观众会感兴趣"(《水彩》,1823,p.286)。于是,他们再次大力鼓吹该画作成功唤起了观众的情感和怀旧之情,观众们看到这幅画会立刻回想起自己儿时的童真童趣的故事。一些评论家仍然把这幅作品称为"青春"(《展览》,1823,p.379),也有一些人倾向于称呼作品完整的名字,但大部分人选择那个短小精辟的标题"喧闹的学校",在画作名气最盛的时期这个标题的流传度更高。关于这幅水彩画,市面上只有一幅出版的作品,由苏富比拍卖行提供(Solkin 2008)。然而,我们不能排除的可能性是,作家自己可能后来又创作了其他版本,比如油画版本。

1825年4月11日,里希特先生水彩画的金属版画出现在公众视野,标题经过了微小的改动:喧闹的乡村学校。这幅作品的作者是查尔斯·特纳(Charles Turner 1774—1857),是当时业界著名的艺术家之一(Whitman 1907,p.17),这位艺术家成名于他的作画手法,他会使用铜版画的线条作为金属版的基础,运用这样的方法使得他的作品有了更多的细节感,有利于更好地传递情感。评论家当然也看出了这一点,他们评价说"保留了这一场景的所有幽默元素""完整地保存了调皮捣蛋场景""这幅姊妹作品很好地凸显了人物的表情和喧闹"等等(《美术》1825,p.556)。

由里希特原作的、特纳制作的这幅版画《喧闹的学校》后来变得非常有名,要了解这幅画在当时的影响力到底多大,我们可以来看看它的复制量。首先,由于金属版画技术的发展,很快就制作了1500幅,后来的技术进步使得这个数字更加庞大。因为用过的原印板可以很快被复原或复制,然后卖给其他版画家,他们会接着制作出更多关于同一幅作品的版画。版画《喧闹的学校》第一版最初由赫斯特公司(Hurst & Co. 1825)出版,但当这个公司垮台后,大量的库存就被另一家公司收购了,这些出版商通过再版这些画赚了不少钱,其中也包括再版里希特先生和特纳先生的这幅《喧闹的学校》。这幅版画后来出现在科尔纳吉(Colnaghi)和普克(Puckle)出版的画册里,后来似乎还在继续再版,因为1864年一份报纸还将它描述为"最新出版的版画"。

这幅画的成功表现了当时中产阶级的习惯发生变化,他们不再满足于只在画廊或画册里看到这样的画作,用这些画作来装饰房子在当时已经成为一种时尚。有关1830年到1890年间的拍卖的一项研究显示,《喧闹的学校》这幅画可以在很多英国绅士的家里看到，而且至少有一半的人家是把这幅画装裱起来作为室内装饰的一部分。之所以这幅画会成为一件室内装饰品，可能是因为这幅画令人觉得熟悉。从1820年左右开始，这幅画几乎成为了版画画廊、版画展览最常见的作品。最特别的是一场名叫"黑胡桃树"的展览，那次展览的空间很独特，是由一棵巨大的黑胡桃树干挖空后做成的。在1827年至1828年间，这棵树分别在纽约、费城、伦敦展出，仅美国就有超过10万人看过这场展览。这棵树的空心部分被装点成客厅的样子，可容纳差不多30人，一共展出约300幅画。展出的画包括世界大都市的版画、英国当时著名的讽刺漫画家威廉·荷加斯（William Hogarth）的漫画，还有一些其他主题的作品，唯一一件教育主题的作品自然就是这幅《喧闹的学校》。

到目前为止，我们讨论的还只是里希特和特纳的那幅版画，我们无法计算在整个19世纪这幅画被盗版多少次，我们还不提基于这幅作品后来创作的漫画等。有一些漫画将原作进行了改编，描绘的孩子们的活动稍有区别。比如说1830年左右由约翰·拜什（John Bysh）出版的《乡村学校里的喧闹》就是如此。特纳的版本后来还被印在了日常用品，如手绢上。后来，里希特的朋友还忍不住"挖苦"他："这下你可要名扬天下了。"（Store 1984，p. 30）从1853至1907年间，很多戏剧制作团队和芭蕾舞剧团会在他们的表演里加入这一生动的场面来"致敬《喧闹的学校》里的著名场景"（《水晶宫》，1871，p. 3），当时观众看到这些场面都很欢乐。我们能见到里希特的这幅画最近的复制品是1900年版的（《喧嚣中的乡村学校》，1890，n. p.），由当时速度极快的复制技术制作的，当时也是受到了极大的赞扬，被公认为是"一幅极具魅力的经典作品"（《每日邮报》，1900，p. 5），凸显了它的经典和复古特点。

这幅画不仅在英国获得巨大成功，在国际上也饱受赞誉，反复证明了它的超凡影响力。不难想象，由于当时印刷画市场的繁荣，英国和法国之间的交流甚多，1825年里希特的版画首次出现在英国时，法国版《喧闹的学校》版画（见图2.1）也出版了，它是由法国画家让·皮埃尔·玛丽·贾泽特（Jean Pierre Marie

Jazet 1788—1871）根据里希特的水彩画创作的。这些证据都表明当时这幅画在法国也一样受欢迎。当时法国还有另外一幅作品，有一些元素是根据里希特的作品改编的，但没有指明参考里希特或贾泽特或任何其他画家。法国还有很多其他的学校主题的画作似乎也参考了《喧闹的学校》的主题和灵感，根据当时出版的时间 1825 年，可见明显是参考了里希特的《喧闹的学校》。另外，我们还发现法国版《喧闹的学校》被印在了一些花瓶等器物上。

图 2.1　法国版《喧闹的学校》，画家让·皮埃尔·玛丽·贾泽特（Jean Pierre Marie Jazet 1788—1871），1825 年基于亨利·詹姆斯·里希特（Henry James Richter）的水彩画创作，私人收藏品

这幅画的国际影响力还体现在它多次被收入版画册，这些版画册大都在 1828 年至 1837 年间在伦敦和巴黎出版，出版语言是英文和法文，这些画册收录的都是当时最具代表性的英国和欧洲艺术。被收录的作品都是基于"钢板上最精细的线条"，画册分期出版销售，直至后来成为完整的版画集。这些画集中的第一册收录了 1071 幅欧洲杰出的版画作品，艺术家是法国著名的版画家艾蒂安·阿奇里·里维尔（Etienne Achille Réveil），总共只收录了两幅教育题材的作品，一幅是

范·奥斯塔德（Van Ostade）的《校长》，另一幅是里希特的《喧闹的学校》（见图 2.2）(Réveil 1828—1834, p. 479)。后来的两册共收录了在当时的 100 年间英国艺术家创作的 288 幅版画，其中唯一的教育题材的版画作品又是里希特的这幅《喧闹的学校》，版画的创作者是法国建筑师和画家查尔斯·皮埃尔·约瑟夫·诺曼德（Charles Pierre Joseph Normand 1765—1840）(Hamilton 1831—1832, 1837, p. 152)。

图 2.2　《喧闹的学校》英文版/法文版，画家亨利·詹姆斯·里希特（Henry James Richter），见 Réveil，1828—1834，p. 479，私人收藏品

这幅版画传到美国是靠一位名叫乔治·埃利斯（George B. Ellis）的版画家，当时流通的媒介是一种特别的小册子（名叫《年报》），是当时一种时兴的圣诞礼物。《年报》当时"主要是用来刊载一些与纪念、友谊或情感有关的作品"(Renier 1964，p. 5)。在美国版的《喧闹的学校》流传的时候，美国传播版画的方式就是通过《年报》。我们都知道，在 1829 到 1831 年间，乔治·埃利斯

（George B. Ellis）出版了一些耳熟能详的作品，包括《小盒子》《礼物》《大西洋纪念品》《夫人的书》等。这些作品都收获了赞誉，尤其是画家的细腻手法深得人心，这种精细度也得益于当时的技术进步。但真正激发更大热情的还是画的主题，"这个场面我们百看不厌……不需要过多解释，整个故事就在眼前了"（《年报》1831，p.177）。当时这幅画的主题似乎激发了人们的文学想象，有一篇文章基于想象生动描绘了画当中每一个人接下来可能会面临的事情（《学校》1831，pp.57-58）。

在不同的国家，这幅画的版画作品大都是为了满足中产阶级群体的需求，然而进入19世纪末期，有一个版本的买家大都是没那么富裕的人。这个版本是由德国出版商舒尔茨（Scholz House of Mainz）出版的，共两册，收录的都是关于动物、士兵、戏剧场景、乡村场景的画，其中标号为145的这幅版画标注了四种语言，似乎表明它可能会吸引很多来自地中海地区的买家。这么多年来，在不同的版本里，尽管标题变了，孩子们的着装变了，这幅画的原型仍然是最初里希特的那幅水彩画（虽然里希特的名字可能也不太常见到了）。德国

图2.3 石版画，画家亨利·詹姆斯·里希特（Henry James Richter）的版画作品集第一系列第三幅，1822年，私人收藏品

出版商舒尔茨拥有大型的平版印刷设备，可以在成本较低的纸张上复制大型的印刷画，这样能生产出价格亲民的作品，供普通大众消费。当乔·舒尔茨（Joe Scholz）接管这家企业期间，尤其是1871—1890年期间，所有印刷画——包括各

种形式的图画、儿童书籍等——都是大量生产，并供全世界消费。根据商业逻辑判断，当时他们选择出版这幅《喧闹的学校》，也表明这幅画流传度广、国际知名度高。

《喧闹的学校》的解读：教育主题的物件和象征性意义

为了解释《喧闹的学校》的标志性意义，我们需要深入研读这幅作品。我们到底看到了什么？这些内容到底代表什么含义？最好的起点就是研究里希特1822年的版画作品集，里面共有五幅画，扉页是《青春》水彩画原作，里面一共四幅石版画，分别详细地刻画原作中的具体场景，从左到右依次是：

（1）男孩坐在长椅上，甩着一把枝条；（见图2.3）

（2）男孩坐在老师的椅子上，穿着老师的长袍、戴着老师的帽子和眼镜假装在看书，前后各站着另外两个男孩；

（3）男孩把长凳子翻过来，导致另外两个孩子摔倒在地上；

（4）男孩正在给他的伙伴们报信"老师马上就要来啦"，而另外两个孩子浑然不觉，正饶有兴致地在门背后画画，还有一个孩子正把书本抛向空中。（见图2.4）

教室里一共有13个学生，差不多年龄，他们中的大多数很明显是违反了学校的规矩，具体表

图2.4 石版画，画家亨利·詹姆斯·里希特（Henry James Richter）的版画作品集第一系列第五幅，1822年，私人收藏品

现在：

（1）第一幅：枝条本是用来惩罚学生的工具，画中却被学生当作鞭子甩来甩去；长椅本是用来给学生坐着读书的，画中却被用来当马骑；黑板本是给学生做练习演练用的，画中却被学生用来玩圈叉游戏；

（2）第二幅：帽子和高椅子本是象征老师的地位，画中却被学生用来玩恶作剧；墨水本来是和羽毛笔一起用于书写的，画中却被倒在扮演老师的那位学生的头上，倒墨水的学生手上没拿羽毛笔，倒是嘴里衔着一支；另一个男孩正伸出舌头挑衅"老师"；从墙上的字看出孩子们正在玩绞刑者游戏；

（3）第三幅：正摔倒在地板上的学生（手上的苹果正从手中滑落），他的膝盖砸坏了另一块黑板；而一个看不太清楚的算盘（可能是被摔倒的男孩挡住了视线）似乎也被砸坏了，算盘珠子散落在地板上；

（4）一截粉笔本是用来在黑板上写字的，却被孩子们拿来在门背后画老师愤怒的脸；最后，被抛向空中的书显然也是孩子们在胡闹。

总而言之，在一所普通学校里能见到的最典型的物件都出现在了这幅画中，但每一件都被用于不同的目的。看看画中的"书"就知道：有两本页面缺失被抛向空中，另外还有六本散落在地板上。只有三本书被好好放置：其中一本在扮演教师的男孩手上，另外两本躺在墙边的书架上。这十一本书中有五本能看清具体是什么书。

（1）第一幅画中：第一本是描摹书法的字帖，第一行可以看出是"芝诺不爱说话"，后面还有五行字，所有字都描摹得不太对，可见学校的教学质量似乎不太好；

（2）第二幅画中：第二本是一本拼音书，是给幼儿用于拼读识字用的书；

（3）第三幅画中：第三本、第四本、第五本分别是一本《伊索寓言》、一本语法书［由18世纪英国著名的英语教材专家托马斯·迪尔沃思（Thomas Dilworth）编写，他编写的教材曾在英国和美国非常流行］、一本数学教科书。

基于这些书目，参考画中呈现的教室里的其他教学材料，我们可以推知在19

世纪初期，学校教育的教学内容主要以读、写、算数为主，所有相关的材料我们在画中都可以找到。除此之外，我们还可以有更多解读。

道德教育似乎是课程的一部分：学生需要学习具有道德感化作用的《伊索寓言》，他们也通过字帖材料接触到古希腊哲学家芝诺，他信奉沉默至上，"这种品质显然是校长和老师最喜欢的准则"（Solkin 2008，p. 117）。除了鼓励沉默之外，这所学校也代表着秩序和纪律；用来体罚学生的枝条便是证据，老师手上拿着的教棍也是类似的证据。被学生当作马来骑的那个长椅上写着"英国希望每个人尽忠职守"，表明当时社会对责任义务的重视。这句话是特拉法尔加海战期间纳尔逊（Nelson）将军对舰队发出的倒数第二条指令，将士们的呼应对每个英国人来说都很熟悉。纳尔逊将军做到了恪尽职守：他英勇殉国，最终英国人打赢了战争。从画中来看，这些英国孩子把长椅当马来骑，显然并没有尽到他们在学校的义务。

画里面还有值得注意的文字信息。孩子们写在墙上的字迹，仿佛是来自绞刑者游戏的一个专门术语"tuzzi muzzy"，现在字典上解释这个词是"花环"的意思，但在维多利亚时代，这个词还有另一种含义"女人性器官"（Partridge 2006，p. 5690），所以看似单纯的《青春》一画中墙上的涂鸦还似乎暗含着这一含义。作者里希特一定是认为，这些孩子在游戏中用这么一个逾矩的词汇更好玩吧。

最后，我们还需要评论画中另外两种象征性的物件。一个是从孩子手中滑落到地上的苹果，苹果马上就要滑进木地板的洞里了。苹果代表伊甸园里的禁忌之果，它代表堕落犯罪，或者代表罪过本身。画中孩子们可能马上就要因为他们的"罪"被老师惩罚，而同时苹果马上就要滑进地板的洞里了。

这幅画中最奇怪的一个符号就是孩子们在玩绞刑者游戏时在墙上画了很多次的"圈中点"，一次是画在被用来当作马骑的长椅上，还有三次是画在木制的书桌上。这个圆圈里面的点是共济会的重要图标，在相关典籍上，我们读到这个点代表一个教徒，外部的圆圈代表他对上帝和子民的忠诚。

总体而言，这幅画主要是想表达一种对峙的画面：一方面是孩子们对学校教育的叛逆，另一方面是学校老师在教学生读书、写字和做算术的过程中让学生保持沉默、服从指令、遵守纪律等方面的要求。这幅画还显示19世纪初期学校教育是相当传统的：课本都是18世纪的，希腊故事仍然是课程中的一部分，教学材料和17世纪使用的材料差不多。老师维持秩序的方法，比如体罚学生，这就更老套了。看到这幅场景的观众很容易联想到过去。这幅画表现出一场正在持续的斗争，新旧事物之间的斗争。从这幅画中"书"的位置也能看出这场斗争的性质：画中的书要么是飞向空中，要么是散落在地上。也有可能是作者里希特从另一幅木刻版画《书战》中获得了灵感，《书战》是1704年出版的一幅讽刺题材的作品，作者是乔纳森·斯威夫特（Jonathan Swift），这幅画描绘了国王图书馆里面书与书之间的战斗。这幅画的主旨是表达以古希腊文化为代表的古典思想和以现代科学为代表的现代思想之间的博弈。

《喧闹的学校》：成为学校题材的标志性画作

在最后一节，我们主要讨论这幅描绘日常场景的普通水彩画为什么如此受大众欢迎、为什么最终变成了19世纪关于学校题材的标志性画作。

或许早在1809年这幅画诞生之日，很多颇有学识的观众就看出了它的象征性意义。当时英国教育普遍采取的教学组织制度是"导生制"（贝尔—兰卡斯特制），这种制度的目的是在大众教育过程中尽可能降低成本、提高效率，它设计了一套复杂的系统，让教师能够利用学生群体来实施教学，对学生的心智和精神活动进行严格管理。里希特的画中呈现了一幅截然相反的画面，画中全然无序的教室里学生们自己掌控着一切，正兴高采烈地做着他们想做的一切。在我们看来，这幅画中有很多地方暗含对这种以规训为基础的"导生制"的不满，因此这幅画似乎是在呼应学生对叛逆的渴望。这样来看，画中处在中心位置的、正扮演老师的学生就完全可以被认为是一个"导生"（选拔出来帮助教师教学的学生）。据考证，里希特本人爱读康德哲学，认同康德的现代性哲学，这也使得他的每一幅作品都"成为一种历史，一种以独特的语言书写的历史"（Richter 1817，p.33)。基于这一背景信息，我们这样解读是可靠的。

当时的中产阶级，尤其是对威廉·荷加斯（William Hogarth）的讽刺漫画比较熟悉的人，一定看出了里希特这幅水彩画的这一层额外的含义。从18世纪末开始兴起的讽刺漫画在学校教育题材中加入了政治视角，这种视角"通常把学校教室比作一个社会甚至一个国家……教室里的学生被比作公民或议员，教师被比作立法、行政、司法部门"（Muller 2009，p.111)。由于在讽刺漫画中，政治家总是被画成孩子的形象，在《喧闹的学校》这幅画中，观众很容易联想到的是一群闹哄哄的议员，尔后长官一回来他们就该受到呵斥了。这幅画在法国和英国具有同等的影响力，似乎形成了一种"镜像效果"，比如议会本身的特点就很相似。一家法国报纸描述某一次议会的辩论是"欢乐的混乱景象"，正是把它比作"喧闹的学校"场景（Nettement 1838，p.109)。几年之后，一家英国报纸重新唤起读者的记忆，刊出了这幅画的几个场景，让读者回忆起了教师手中的教棍等，一时间让读者乐此不疲地谈论很久。当这一熟悉的场景同样出现在众议院的会场上时，这一记忆又添加了一层意义。在会议短暂休会时，当时讲话的首席议员离开了，一名议员从椅子上站起来，"他把自己扮成首席议员的样子"，此时讲话人却突然回来了，惹得众人哄堂大笑。（Secen 1851，p.6）

在教育领域，《喧闹的学校》带有明显的否定意味，因为它强化了一种刻板印象，似乎把学校教师当作了戏谑嘲讽的对象。甚至还有人认为，对于很多观众来说，更有逻辑的解释应该是如果老师离开了，让孩子们自己留在教室里，那老师一定是去了"瓦格和霍斯"酒吧（Rhys 1868，pp.4-5)。这一则评论没有被详细解说，关于老师离开的原因，这一猜测还是相对谨慎的，仿佛暗示老师只是短暂地离开。然而，在18世纪晚期，老师无故从教室里离开似乎是大众集体记忆的一部分。在当时的英国，教师的工资较低，使得很多教师只能在教书的工作之外再做兼职以补贴家用（McKendrick et al. 1982，p.297)，兼职工作可能是在下课后做，甚至也可能会和上课时间冲突。在19世纪，教师突然离开的现象只会在乡村学校见到，可能是因为在乡村学校教师更容易找到兼职吧，这一点也能解释为什么这幅画在1825年改名为"喧闹的乡村学校"。

最终让《喧闹的学校》这幅作品成为标志性画作的原因是它具有原型的特质，也是因为它呈现出了大众集体记忆中非常熟悉的场景。比如，老师离开后教室里喧闹的情景、老师突然回来后学生可能面临的惩罚等。画家里希特的贡献在于他是刻画这一场景的第一人，他的画作不仅唤起了人们的情感和思绪，还直接引发了人们对学校里那段最美好的时光的怀念之情。基于这些意义，这幅画成为一种原型的代表，成为了之后很多艺术作品的创作来源——包括复制品、仿作品、漫画作品等。我们甚至可以说，这幅画创造了一类以它为原型的教育题材艺术作品。

我们可能也要问自己，为什么19世纪的社会没有出现一幅与当时的学校文化相一致的标志性画作。亚伯拉罕·里亚姆巴赫（Abraham Raimbach）是当时里希特先生在圣马丁学院的校友，他回忆了当时那段时期："人们喜欢回忆他们的学校时光，而且总是回忆最纯粹、最美好的部分，至少相对来说是最美好的。"（Raimbach 2011，p. 4）当我们教育史学家研究19世纪的历史时，我们往往首先关注当时学校教育中最普遍的纪律、秩序和惩罚等内容，而当我们考察一些新的史料时（比如版画），我们就会稍微改变我们对孩提时代的印象，比如会回想在惩罚到来之前那最欢乐的、最有趣的时刻。

第三章　构建和重建教育记忆的工具：图片明信片

安东尼奥·维尼奥（Antonio Viñao）[①]

玛丽亚·何塞·马丁内斯·鲁伊斯·芳斯（María José Martínez Ruiz-Funes）[②]

本文是一个大的研究项目的子课题成果，该研究项目是关于19世纪末期到20世纪中期西班牙的学校教育和图片明信片。本文重点探讨图片明信片在构建教育记忆方面的作用以及图片明信片是否可能成为重构和分析教育记忆的资源。在此之前，我们不再赘述图片明信片的简短历史，本文中我们只涵盖与我们的问题情境紧密相关的史料。我们在文章结尾处会提到，关于作为历史和教育资料的明信片的详细研究以及对不同形态的图片明信片之间的对比分析，都是未来进一步研究的方向。

全社会共享和国际通用的沟通工具——明信片：来源和传播

明信片作为一种物件有不同的定义或特征描述。一般定义包括它的装裱、内容和邮寄用途或功能。大体来看，这些定义没有考虑其他的用途，比如收藏功能、商业广告、政治宣传，或者明信片还可能证明历史上某个人物的重要地位等等。本文讨论的明信片主要有以下特点：正面有一张或多张图画并配有一段简短的文字，在1905年万国邮政联盟（Universal Postal Union）达成协议之前，图片明信片上面通常留有一片空白处可供用户留言写字，明信片的反面会有一块区域

[①]　西班牙穆尔西亚大学，电子邮箱：avinao@um.es。
[②]　西班牙尔西亚大学，电子邮箱：mjosemrf@um.es。

专门用来贴邮票、盖邮戳、写收件人的姓名地址，有时候反面还会有一些关于正面图片的简要信息，如印刷局、摄影师的名字和信息等，甚至在20世纪60年代的明信片上还留有正规邮寄地点的信息。基于这些标准，本文不讨论不带图片的明信片，或称"纯白明信片"，这种明信片最早于1869年在奥匈帝国使用，从1873年开始在西班牙流行起来。

如里戈（Riego 1997，p.22）所说，图片明信片出现在19世纪末期，它的诞生主要是基于三种元素的合流和互动：

"第一，作为一种由国家建设的邮政流通体系，明信片可能使社会传播正规化，能够促进合法的社会传播；第二，作为一种国际交流层面的共享符号，明信片上自带的图片可能成为传播文化价值的渠道；第三，印刷技术的进步使得大量低成本的机械复制图片成为可能。从20世纪开始，基于以上三个前提，图片明信片应运而生，它成为一种标志性的产品，甚至是这个时代（20世纪）的标志。然而，它的诞生并非偶然，而是以中产阶级建立起来的文化传播规则为前提。"

因此，图片明信片是一种新的产品，一开始它的首要目的是以低廉的价格传播具有商业性质的简短文本，后来慢慢演变成一种更加开放的文化传播方式，人与人之间可以通过明信片交流和传播不同的主题。可以这么说，明信片上面（至少是正面）可以包含任何内容：图片可以是世界上任何事物，也可以是某种想象的事物，这些图片被创造、传播、邮寄、交换，最后被收藏起来（Guereña 2005，pp.46-58）。作家安德烈·拉匹萨达（Andrea Rapisarda）在《明信片里的世界（1898—1918）》的书中列出了明信片多种多样的主题，描绘了不管他是一位明信片收藏家，或仅仅只是刚刚收到朋友寄来的一张明信片，都能一个人轻松地坐在家里享受全世界美景的快感。

然而，"与任何一种技术性产品相似，一旦明信片超出了它原本的商业沟通范畴",它就会具有更多新的"社会用途",并重新定义"已经存在的用途"(Riego 1997, p.25)。用科索伊(Kossoy 2014, p.181)的话来说,图片明信片的产生:

"代表文化史上一种真正的革命,人们头脑中关于所谓的真实世界的意象、个人或集体构建的关于幻妙宇宙的意象,这些最终都变成了现实中的图片,并最终让普通大众拥有。明信片成为一个'可随时带走的'、五彩缤纷的世界,可以创造出无数的主题,满足公众的想象,因此明信片成为绝佳的收藏品。"

图片明信片:多层面的物件

图片明信片也可以被当作普通的具有邮寄功能的物件,比如它是一种邮寄信件的方式,同时它也可以被当作一种具有收藏价值的物件,或者一种文件分析资料;它还可以被当作一种社会文化传播的途径,可能是普通大众层面的文化传播,也可能是关于具体的领域、活动、主题、团队、组织机构或人群的文化传播。除此它还有很多其他的可能性,比如明信片还可能是出版商、摄影家、销售方、消费者等各类人群开展的某一种商业活动。在以上所有的可能性当中,本文只关注以下三个方面(互相联系的三个方面):

(1)明信片是摄影作品,因此也有创作、生产、传播和解读等方面;

(2)明信片和它上面的图片一起成为构建社会想象的物件,也是构成个体、机构和社会记忆的物件;

(3)明信片是一种艺术表达方式,包括委托制作、生产等过程,同时也是人际传播的方式,包括广告、宣传、营销等内容。

图片明信片是摄影作品

图片明信片的正面一般有一幅或多幅图，如果要分析这些图片，需要把摄影作品当作一个整体，分析所有与之相关的内容。我们主要讨论有关学校的图片明信片，最近这些年学界开始关注可视化的、图标、图像类的史料，这样的明信片已经作为教育史学研究的资料被广泛研究，这些资料既有它的价值所在，又有一定的局限性。

摄影作品是带有机械性质、自动化性质的图像产品，它从一开始就被视为真实世界的"镜像"或模仿性的呈现。与绘画相比，摄影取代了绘画的"写实"功能，于是绘画可以往更加虚拟、写意的方向发展，而摄影是真实世界的如实呈现。但是在不久以前，这一观点是被质疑的。事实上，摄影既不能反映现实，也不能被当作现实，它会改变现实且创造属于自己的现实。它只是现实的呈现或解读，不是现实的翻版。这种对现实的解读是通过运用"摄影语言"实现的，且需要很多人的共同参与，包括摄影师自己。同一个事实，摄像机可以通过不同的方式捕捉它，从理论上来说，可以有无数种捕捉的方式。因此，任何一件摄影作品都只是"一种随机的、文化的、意识形态的、通过知觉编码的创作行为"（Dubois 1986，p.51），因此，摄影作品需要被观众领会和解读，也正因为此，针对同一件摄影作品可以有不同的解读。

基于以上观点，理解摄影作品的关键在于理解它作为一种"足迹"或"索引"能唤起观众怎样的联想。"一件摄影作品就是一个不容置疑的证据，证明某件事情肯定发生过，它可能会有些扭曲事实，但无可否认的是这个'事实'确实存在，或曾经存在过，它可能就是图片中呈现的那个样子。"（Sontag 1979，p.5）且不说摄影作品表达什么含义，至少它记录和见证了"图中的那个事实"真的存在，由于被摄像机拍下来了，这个事实以人的视觉可见的方式呈现在眼前。摄影作品有时候甚至是未完成的、准备中的状态，这样它不仅能表现现实的效果，也能证明摄影的创作艺术的确存在，这种创作艺术的目的指向一种特定的意图或目的，或指向一种特定的现实或情境。

那么，创作现实的代价有多大呢？它被摄像机捕捉，继而被锁定在了某个时间或空间点上，或者某个时间或空间片段上，因此现实具有了"不可移动性"：

"从时间上看，摄影机呈现的图像打断、中止、固定、锁定、分断、抽离了现实，只抓住一刹那的现实。同样地，从空间上看，它分解、选择、提取、隔离和捕捉了现实的一部分。"（Dubois 1986，p. 141）

摄像机从真实的空间和时间里录制一些空间和时间片段，这样现实被冻结、凝固、永久留存下来，因而现实也被改变了。摄影的行为本身就是在选取、提取现实，在任何摄影作品中，现实有的部分被选取了，有的部分被舍弃了。由于摄像机无法捕捉当下时刻以外的东西，为了弥补这种"持续性"的缺失，有时候就会拍摄一系列的图片，或者延长曝光时间，达到捕捉动态的目的。由于摄像机无法把所有空间拍摄下来，为了弥补这一缺憾，有时就会补充一些画面，这些可能只是现实海洋中的一滴水，或者加入一些可能看不见的元素，通过直接或间接的方式呈现这一元素的一部分或者一点迹象。不管用什么方式，总之摄影的过程中总是在选择和提取。留白的地方就是"沉默的话语"——其他空间、其他时刻或其他现实——如果把这些加进来，它们也会成为解读摄影作品的相关因素，这些略掉的因素就是"付出的代价"。付出这些代价是为了把鲜活的现实永久保存下来，为了抓住消逝掉的现实，呈现它的轨迹，给它赋予新的、不一样的生命。

然而，明信片不仅仅是摄影作品，它是基于摄影作品的另一种现实：一种被赋予多种用途的商业产品，它的本质是它是将摄影图像和文字融合的一种邮政产品。其中图像和文字的关系有不同的情况，有的明信片上文字只是图片的解说——图片信息才是最重要的，有的明信片上图片只是一个配图，与旁边的文字可能没什么必然联系。基于这一观点，图片明信片传递或包含四个层面的"现实"：

（1）被摄像机拍下的现实；这一现实从时间上来说已经消逝了，从空间上来说，有的图片会被留存在原始地点，比如拍下的已经被拆掉或改建的建筑物、校舍等；无论是什么方式，拍摄的照片总是代表着过去的现实。

（2）构建的现实；或被照片创作的现实。

（3）重构的现实；与构建的现实相似，但是是从编辑或艺术家的角度来看，这种现实代表着专业人士的眼光，或委托制作及生产的目的。

（4）最后，从明信片的用途来看，还会有各种各样的现实；比如明信片的购买和寄送等背后的行为和意图——有时候会通过明信片上的文字表达出来——包括明信片接收者的行为、观念和使用方式，也包括为了纪念或收藏而购买明信片的用户的行为、观念和使用方式等。

社会想象、摄影和记忆

摄影出现在19世纪到20世纪之间，它是集体记忆最重要和最有意义的表现方式：

"它激活了记忆，放大了记忆，使记忆变得民主化，并赋予记忆从未有过的精确度和逼真度，因此它留存了时间的记忆和历史的变迁……"

"不仅是摄影，我们现在还需关注明信片，它和照片共同构成了新的家庭收藏品，成为家庭珍藏的图像记录资料。"（Le Goff 1991，pp. 171-173）

然而，明信片和摄影作品还是有区别。一般拍摄的照片通常只限于个人或家庭内部共享，后来扩大至别的场合，产生这一变化的原因包括19世纪照片冲洗技术的商业化发展、20世纪旅游业的发展、人们对度假的需求以及相机价格的下降。而明信片却完全不同。从理论上来说，明信片上的图片呈现世界百态，这些明信片可以通过邮寄或收藏的方式在大众中间流通，毋庸置疑，这些明信片是社会和文化价值观的传播工具，这也就决定了什么样的图片能够和应该被刊登在明信片上，什么样的图片是人们希望和主动选择将它们与文字一起传播给他人。简而言之，图片明信片遵照和延伸了社会想象。从严格意义上说，这种社会想象就是特定时期内特定社会群体共享的一组意象，或者我们也可以将它称为社会群体的"视觉记忆"——社会的、个体的记忆——这种记忆被解释为：

（1）一组图像，它与社会现实的某个方面、某个主体或客体、某个特定部分密切相关，比如关于教育和学校世界的那部分现实；

（2）一组构建的、社会群体共享的图像或者一组创造的、想象的意象，包括这些意象所代表的心理表征，比如关于学校世界的心理表征；

（3）一组与特定的片段、时刻、地点相关的图像，或者与个体或集体的生活经历有关的图像，也包括我们上学所在的教育或学术机构的历史事实；

（4）一种既构建也限制想象的元素，或者一种由图片创造的现实，这种现实可以被我们看到，但这样的现实总是通过碎片化的方式呈现出来，以视觉记忆的方式留存历史；

（5）一种冲突和博弈并存的空间，具体是指在图片的生产和传播过程中、在广告和推广过程中的冲突和博弈，涉及如何确定明信片上选择什么样的话题和主题、如何呈现这些话题和主题等。

图片明信片能够"激发人们去回忆、重建和想象"，它是"个体、社群、传统、社会现实、城市地貌、自然风景的综合记忆"，因为"图片中呈现的场景永远不会重复出现"（Kossoy 2014，p.145），留下的只是这些场景的痕迹或足迹。总体而言：

"摄影是混杂的记忆，它是信息和情绪的不竭之源。它是物理世界、自然世界、个体生活和社会生活的视觉记忆，它记录下被选取和被呈现的图景（因为它能留存它），这些图景只是大千世界渺小的一部分。它也记录下茫茫时间长河中暂停的一瞬间，它正是一个永不停歇的、流动的生命里飞逝而过

的一瞬间。"(Kossoy 2014，p. 145)

那么，与这种具有记录功能的摄影照片相比，图片明信片还有其他的特点。图片明信片可以被人们广泛传播，其原因包括邮政体系的进步、图片明信片的收藏价值以及商业、艺术、意识形态、广告、宣传等多方面的原因，因此图片明信片也逐渐成为个体或社会共享的记忆，与我们相关的就是对学术机构和学校教育的共享记忆。因此可以说，在照片的基础上，图片明信片的主要特点在于强化、拓展照片的记录功能，并使之更加民主化。

大体来看，正是那些生产和委托制作每个国家的"形象照"并印在明信片上的人，他们决定着这个国家什么是"最好的""最有特色的""最值得让全世界看到的"，与此同时，也是他们决定这个国家什么是不应该、不值得被传播的。(Riego 1997，p. 27)

人际关系表达和传播的方式：广告、宣传和营销

图片明信片是一种人际关系表达和交流的手段。正如已经说过的那样，它反映或成为某种社会和文化价值的产物，并以此加强和纪念这些社会或文化价值。在我们的案例中，教育机构、它们的赞助人或它们所依赖的实体，意识到明信片所具有的创造记忆力和生产功能，便开始委托制作相册或明信片，以保存、创造或建构记忆。借用诸如"来自……的纪念品"这样的座右铭，通常印在相册的封面上，其措辞方式通常与纪念城市或地点的图片明信片上使用的措辞方式相似，这些用语标志着卡片上图片与记忆之间的联系（图 3.1）。

不管是否明确说明，这种提醒的意思就是，任何使用该新工具的教育机构首先都是受印刷商和特定摄影师委托的，从他们那里定到一些特定的、能够传达其希望塑造自身形象的图片，而非其他图片。因此，图片明信片成为组成其所引用机构的个人和社会形象记忆的一个要素。它们在社会上起到名片和介绍信的作

图 3.1 "来自……的纪念品"位于马德里学校佛罗里达（Florida）明信片册子的封面（1921）

用。它们展示了该机构希望如何在社会上被看到、可视化和被记住。出版包含特定数量的明信片或松散明信片的小册子和钱包，预示着一种特殊的愿望，即希望影响并塑造该机构的社会形象记忆。同样，图像的选择也反映了要呈现给社会的特定理念。因此，我们研究这些明信片的时候，要记住：

——出版图像的目的；

——图像的选择；

——教育机构和印刷厂广泛采用的常见场所的显示规范和显示顺序；

——因机构类型（包括正规教育或福利教育、不同的教育层次、公学或私学、男校或女校等）或图片被委托印刷的目的而打造的纪念品在选择和顺序上的差异。

所有这些都与过程中的各个利益相关者有关：委托方，即教育机构或其所有者；生产者，即印刷厂；摄影师；以及出于任何目的（邮政信件，收藏品，纪念品等）获取和使用它们的人。

在委托、生产和使用方面，几乎从一开始相关教育机构就将明信片（特别是图片明信片）用作广告和宣传手段。在与教育教学相关的出版商中，巴斯蒂诺（Bastinos 1873）和卡列哈（Calleja 1902）常使用这种广告工具（Carrasco Marqués 2004，p.15；2013，p.31）。下面列出了五个事实或方面，它们解释了这

图 3.2 卡莱亚出版社(c.1902)的明信片

些教学机构为何委托印刷那种包含单独卡片的小册子或钱包，可能是出于记录的目的，也可能是出于广告、宣传和市场营销的目的。这些卡片可能是展开的，也可能是松散的。早期宗教学校常使用这种方式，后来一些福利教学机构、学校营地和公立学校也多采纳这种记录或宣传的方式（图 3.2）。

第一，有一种假设是，在多数情况下委托方是宗教教派或会众学校，其成员从法国招募——逃离了瓦尔德克—卢梭（Waldeck-Rousseau 1901）和康布斯（Combes 1902）反集会法律的基督教学校或拉撒路人的兄弟会、玛丽亚团体或玛丽安主义者——或起源于该惯例已被使用和知晓的国家。举例来说，1902年至1903年位于巴塞罗那的名叫博纳诺娃圣母（Nuestra Señora de la Bonanova）的拉撒路人学校的第一张明信片是由其主管即有法国血统的阿道夫·阿尔弗雷德（Adolph Alfred）委托印刷商伯格（A. Berger）制作的（Hill Giménez 2009，p.13）。再比如，还有三张广为人知的明信片，它们以勒瓦卢瓦（Levallois）拍摄的照片为蓝本，由大卫（David）1904年之前在巴黎精心制作，这些明信片展示了马德里的由法国慈善女子会运营的"耶酥圣心学院"的风采。（Carrasco Marqués 2013，p.53）从更广泛的角度来看，如果这一点能够被确认的话，这只是一种模仿他人做法的案例，即引进欧洲国家的教学机构（通常为私人机构）已经使用的一种做法。其证明是，在马德里图片明信片编辑豪瑟（Hauser）和梅内特（Menet）印制的第一批图片明信片中，有两张在1898年和1902年之间被制作，一张是依据由德国传教士牧师费德里科·弗利德纳（Federico Fliedner）于1892年至1897年间建造的埃尔·波韦尼尔（El Porvenir）学校而创作，另一张是依据由英国牧师建造的尚贝里（Chamberí）传教士教堂和学校而创作（Carrasco Marqués 2013，p.52&p.67）。

第二，一旦引入了这种做法，就只能遵循，因为它已经具备一定的象征声望，并已在潜在学校客户的"市场"上取得成功。

第三，这是一种间接的、微妙的广告方式。显然，没有人公开地说图片明信片的投产和制作是出于广告或宣传的目的，而是将其作为一种纪念品供那些可以用它们而不是用书信与朋友和家人进行交流的学生使用。当然，它们也可能由机构的员工、董事甚至业主使用。因此，教育中心拥有自己的"俘虏听众"，他们或多或少被迫使用其明信片。当然，这些小册子、钱包和松散的明信片也可以在适当的时候被当作礼物。送给学生、领导、参观者或家庭成员，或者甚至可以是家长购买之后将它们摆在自己的家里，之后通过这些图片想象自己的孩子学习或生活的地方。正如阿尔伯特·希尔（Albert Hill）在他的两篇文章中提及 1902 年至 1903 年、1908 年、1914 年和 1920 年的四张"老古董"专辑或明信片系列以及 1930 年代的五张"老古董"专辑或系列。1942 年和 1956 年，来自巴塞罗那的名叫博纳诺娃圣母的学校的明信片印刷商"被委托将其制作成图片，用作广告目的"（Hill Giménez 2014，p. 33）。同样，这张专辑包含 1924 年至 1930 年之间在桑坦德发行的 20 张题为"科尔内奥·坎塔布罗"（Colegio Cántabro）的明信片，被曼尼拉（Manuela Alonso Laza）收藏在"广告明信片"的系列中。另外一些收藏明信片是关于企业、旅馆、饭店和专门用于贸易和旅游业的建筑物等或瓦尔迪切拉（Valdecilla）医院或梅南德斯·佩拉约（Menéndez Pelayo）等机构的明信片图书馆（Alonso Laza 1997，p. 80）。

第四，明信片的记录功能和对教育机构的情感重塑或增强的功能最终会相互融合，这些教育机构会被具象化为某些图像，这些图像会体现出这种记忆或印象。在校生往往不能深深感受到自己是所属教育机构的一分子，有这种感觉的更多是已毕业的学生。学校协会、运动队、社区活动、校友会、校服或队服、赞美诗和歌曲等都是创造和唤起记忆或情感的工具，它们使成员们感觉到自己与某一具体的教育机构的历史和传统紧密联系着。

第五个方面（也是最后一个方面）与 19 世纪末和 20 世纪初在西班牙发行的（或与西班牙相关的）第一批图片明信片的内容或主题紧密相关。事实上，通过对这些内容的分析发现，那些具有象征性或历史性意义的建筑物，包括具有文化地位的建筑物（比如普拉多博物馆、国家图书馆、阿尔卡拉综合档案馆、西曼卡斯档案馆等），福利教育机构（比如收容所、疗养院），科学建筑物（比如天文台、气象研究所），古代大学和大学学院（比如萨拉曼卡、巴利亚多利德、圣地亚哥、阿尔卡拉·德·埃纳雷斯、巴塞罗那、奥维耶多、巴伦西亚等院校），系所（比如巴塞罗那和萨拉戈萨的医学院等），中学（比如希洪的约维拉诺斯学校等），工程师或军队的学院和学校（比如瓜达拉哈拉、马德里、毕尔巴鄂、巴利亚多利德等），音乐学校（比如巴塞罗那的市政学校等），教会神学院（比如奥维耶多、圣地亚哥、莱里达等），私立大学（比如耶稣会士的德乌斯托大学等）与宗教团体和会众的学院（比如巴塞罗那、巴利亚多利德、拉瓜迪亚和圣波多黎各的耶稣会等）都被认为是值得复制的。换句话说，虽然没有直接寻求宣传或扩大名声，这些建筑物的性质决定了很多教育机构和建筑物被认为是卓越的，是值得被图片明信片系列复制的是具有纪念意义或象征意义的建筑物。一旦被这么认为，就会有源源不断的教育机构将图片明信片纳入广告中以达到宣传、扩大声望的目的（图3.3）。

图 3.3　耶稣会的德斯托（Deusto）大学；建筑物正面（1902）

关于教育和学校内容的明信片的分类

上面讲述了图片明信片的一般性特征，它作为一种工具，用于承载和传递与特定时期、社会时代、委托方、印刷者以及那些获得和使用它们的人相关的教育或文化内涵。现在有必要对明信片上的教育和学校内容进行分析，通过临时分类，简要指出一些有意义的内容，主要涉及在分析教学机构所有者或董事委托制作的关于特定教学建筑物的明信片专辑、小册子或包装盒时要考虑的重点内容。

尽管分类还有其他标准（例如安装或使用），但此时我们分类的主要标准是图像的内容。首先，我们分析的是那些呈现教育中心的明信片小册子或包装盒，这样看起来似乎与所选择的标准不一致。可以看出，明信片小册子或包装盒所赋予的价值超出了孤立明信片的价值，就像多义词和标点符号会改变话语的含义和内容一样，如果同一图片不是出现在一张明信片上，而是被纳入某项目或某理念的收藏集中，并且根据这个理念，该明信片在收藏集中的位置也会有所不同，那么这张图片也具有不同的含义和内容。但是，这种看法过于简单了。还有一些明信片的收集仅与一个教育机构有关，它们是单独出版、获取和使用的，有时它们是小册子或钱包中小册子的复制品，有时则不是，或者至少我们不知道是否存在任何原始小册子或包装盒。对于后者，我们了解到，当明信片数量超过半打时，即使没有制作小册子或将明信片保存在钱包，其目的也是要制作特定的收藏集。

首先，我们必须区分已经提到的明信片类型，即关于具有教育和文化性质的历史建筑的明信片，这些明信片是代表城镇或城市及其街道、公园、教堂之类的。图片通常仅限于建筑物的主立面，或建筑物的全景。在少数情况下，也可能是大楼梯、露台或回廊。

第二种也同样有趣的是精选出来的图片明信片，这些明信片具有记录性目的，它们用于纪念来自教育和文化领域的某些相关或重要人物。穆尔西亚大学的教育记忆研究中心（CEME，Centro de Estudios sobre la Memoria Educativa）收藏的明信片中的一些重要人物包括：托尔斯泰、席勒、康德、歌德花园、歌德·席勒、狄德罗、朱尔斯·西蒙、伊尔默瑙的歌德，还有佩斯塔罗齐（Pestalozzi）和华金·科斯塔（Joaquin Costa），曼努埃尔·巴托洛梅·科西奥（Manuel Bartolomé Cossío），弗朗西斯科·费雷尔·瓜迪亚（Francisco Ferrer Guardia），马塞利诺·梅南德斯·佩拉约（Marcelino Menéndez Pelayo）和海梅·巴尔姆斯（Jaime Balmes）等西班牙人，以及马德里的克劳迪奥·莫亚诺（Claudio Moyano）的雕像。

第三种是一组内部极为多样化的图片明信片，它们各自独立，不隶属于任何小册子或明信片集，但共同聚焦于学校主题。对于这一类别，我们有必要进行更为细致的分类，其中可能涵盖：

——典型的校园照片，画面定格于一两位端坐于黑板前的学子，学校名称赫然在目；

——街道或广场的快照，无论是偶然捕捉还是刻意构图，都巧妙融入了学校的元素；

——精心策划的栩栩如生的户外校园场景；

——以学校为主题的画作的精美复制品；

——学校建筑或教育机构外观的壮观全景；

——单独呈现或作为系列一部分的引人入胜的学校主题场景与构图；

——学校或教育活动的生动记录；

——旨在传播卫生与健康习惯的，教育意义明确的图像；

——教育行政部门为宣传目的而委托制作的，或自主创作的形象鲜明的学校机构图像。

最后，第四种明信片则以组成小册子或明信片集的形式呈现，它们是一套广义上的教育机构明信片，涵盖了学校、夏令营以及托儿所等多个方面。这些明信片有的能展开成一系列相连的明信片，有的则设计成左侧带有穿孔的小册子样式，还有的既可以单独存放于明信片集中，也可以不放入。每张明信片上都附有对图片的简短说明，并且通常遵循一定的顺序排列，无论是否标有编号。

具有记录目的的明信片册子和明信片包装盒

明信片的小册子和包装盒的内容和顺序，其元素和在"商店橱窗"或"展示柜"中的排列方式反映了实体或委托产品的人员的目的，即他们希望传达的关于教育机构的理念，其性质（宗教、私立、州、福利教育；教学水平或方式；目标受众；按性别或社会群体划分的学生类型等），以及有关如何通过选择的图像或通过明信片的顺序和排列来关联一个人希望关联的内容。简而言之，如何展示"商店橱窗"或"展示柜"将在个人和社会纪念品想象中提供不同的表征方式。

第一批小册子和明信片包装盒是在教育机构所有者或主管的委托下制作的，并且与天主教会或会众有关。它们是豪瑟·梅奈（Hausery Menet）的三个印刷品集：1901 年的两个分别是马德里的耶稣会中学的"我们的记忆"（Nuestra Señora del Recuerdo）或查马廷（Chamartín）的十张明信片和 1903 年的九张明信片，还有另一个约在 1904 年发行的明信片集，其中包含十张马德里的马拉维斯圣母商业学院（Colegio Comercial Nuestra Señorade las Maravillas）明信片，其隶属于基督教学校姐妹会（Carrasco Margués 2013，pp. 51-52），以及由伯杰·弗雷雷斯（A. Berger Frères）1902—1903 在巴黎出版的已被引用的明信片收藏，该收藏由巴塞罗那博纳诺娃圣母学校委托制作，内有二十张明信片（Hill Giménez 2009，pp. 13-16），它们的内容虽然有一些变化，但都遵循了一定的规范，通过特定的图像、内容的各个方面、呈现顺序等来指导人们如何在社会中展示自我，因此它们值得仔细分析。

透过明信片，人们可以从外部进入该建筑，随后在其内部的各个方面与空间内参观。早期的明信片首先呈现了建筑或主入口区域的全貌，包括外观立面或其他值得观赏的角度。接着，明信片展示了入口本身、大厅及访客室。随后呈现的是小礼拜堂、宿舍、浴室、餐厅、图书馆、自然历史博物馆及研究室，最终以花园景色收尾。为了更直观地说明，我们可以参考两本相册的内容，不过其中第一本相册并不完整。

——博纳诺娃圣母学校（巴塞罗那 1902—1903 年）：1. 入口大门；2. 大道和车道；3. ?；4. 木兰天井；5. 主立面；6. 大厅；7. 大厅拱廊；8. 拉萨尔浸信会圣约翰走廊；9. 主楼梯入口处；10. 接待室；11. 厨房；12. 第一部分食堂；13. ?；14. 自修室；15. 博物馆的一部分；16. 游乐场和后立面；17. 后塔；18. 第一部分的宿舍；19. 洗手间；20. 卢尔德圣母石窟。

——马拉维拉斯圣母商业学院（马德里 1904 年）：1. 主立面；2. 正门；3. 大厅；4. 访客房间；5. 教堂；6. 第二部分的宿舍；7. 食堂；8. 教堂的外部视图；9. 公园的细节；10. 花园的后立面。（见图 3.4 所示。）

图 3.4 巴塞罗那博纳诺娃圣母学校明信片册的封面（1930 年左右）

小册子或包装盒一般有 20 张明信片，当然这个规定也可能有一些变化：有时教堂和其他宗教元素会变得更加重要。在其他情况下，其他配套服务可能会吸引那些被视为重要客户群体的寄宿家庭，比如宿舍、浴室、食堂、厨房、花园、游乐区或建筑物及其历史特征。然而，这一初步规定具有两个显著的特征，这些特征会在后面某些情况下得到纠正：一是这些明信片的图片中一般没有教室，如果有的话，教室通常是空的；二是也没有老师或学生，除了少数学生和教师可能在休闲区和花园。

不论内容如何，都不应忽视摄影师的影响，他们将其呈现为"一种动画照片，在场景中创建了新的叙事规范，并被……转换为明信片小册子的格式"（Riego 1997，p.37）。当然，还有一种"坐火车看事物"的呈现方式，当提到桑坦德（Santander）的明信片小册子时，曼努埃拉·阿隆索是这样说的：

"这本小册子就像一条铁路一样往前移动,乘客看到桑坦德的主要景点经过:从他到达车站开始,到下一站游客最多的地区:萨尔迪诺(El Sardinero)。"(Alonso Laza 1997,pp. 74-75)

同样,教育机构的小册子或包装盒将观众从外面(学校或主立面的全景图)通过入口和大厅带到花园,然后在访客房间受到接待后,观众被带到建筑物内的其他房间,然后又被带到公园或花园外。参观结束了,学校的叙事也结束了,这种叙事正是想象性地运用图片来吸引观众,而观众会沉浸在由明信片带来的连续性思考中。

但是,人们并非始终遵守此规范。教育机构的性质及其自身试图呈现出来的样子将影响这种规范和秩序。因此,在1914年至1921年间制作的格拉纳达圣母玛利亚学校的两套明信片中,通过以下顺序构成了一种叙事。首先是关于学校的历史:这套明信片上首先呈现的是1888年和1889年拍摄的两张照片,图片分别显示了吉普赛学生居住的洞穴和"卡门"(来自希伯来语"karmel"的"果园"或"花园")或建筑物以及他们被带到的地方,还有创始人的画像,后面接着是常规工作日的各种活动,包括从早上到下午离开之前所有的活动,特别关注具体教学方面,如阅读和写作、地理、音乐等,显然,这样一来,学生和老师的数量都很多。让自己沉浸在这样的场景中不仅意味着可以纵览学校成立的历史,而且还可以看到整个校园的一天,这些场景与建筑物立面或无人值守的房间和花园的寒冷、永恒、静态和巨大的存在形成鲜明对比,这样的明信片图片给我们提供了包括人类在内的历史记录。与小册子的零散空间相反,这些明信片呈现的是零散时间,或者如果您换一种方式来理解的话,它们提供的是空间碎片,正如巴切拉德(Bachelard 1965,p. 38)所说:"它们保留了压缩的时间。"(见图3.5)

其他类似明信片或多或少地使用此内容。最杰出的案例是,1902年至1956年间委托的收藏数量(九个),总共印刷了257张明信片,显然是基督教学校兄弟会的巴塞罗那博纳诺娃圣母学校。尽管有些馆藏符合所引用的规范(有时略有变

图 3.5　格拉纳达的乡村学校。"卡门"的风景（1921 年左右）

化），但其他馆藏则遵循完全不同的标准。有的重点关注体育节（1908 年发行的 35 张明信片），或者关注学校的高年级（1930 年代发行，有 17 张明信片），当然也有许多关注学生和家庭（节日场景）。另外一个主题是与自然历史博物馆相关的主题。它于 1920 年出版，里面包含 20 张明信片。在其他情况下，明信片数量很多（1914 年收藏的明信片数量为 55 张），因此可以更详尽地了解学校的各个方面。最后，还有一些主题的明信片数量相对少一些，比如 1956 年的那场比赛，当时只有 6 张明信片，旨在宣传学校基础设施的改进，尤其是体育教育领域的变化以及那座体育馆，当时是巴塞罗那举办的第二届地中海运动会，一年后，处于事业顶峰的西班牙体操运动员华金·布鲁姆（Joaquín Blume）又赢得了个人欧洲冠军。(Hill Gimémez 2009，2014)

结　论

本文旨在初步探索教育历史领域迄今很少探索的一种资源——图片明信片。如果图片明信片会被使用，那也是偶尔为之，即使它们所包含的摄影图像呈现的是特定的教育机构。本文初步尝试主要关注图片明信片呈现的画面或不同的方面，将图片明信片作为构成社会想象的工具，也是构成个人、机构和社会学校记忆的工具。与此相关的是，它们也是个体之间传达和交流特定目的、思想和社会文化价值的一种手段，尤其是当教育机构将其用作广告和宣传方面时更是如此。

本文提供的图片明信片的临时分类显示了具有教育或学校特色的图片明信片的目的、内容和呈现方式的多样性。当然，以后的研究仍然是开放的，比如可以继续研究它们的特征、可能性，考察它们作为史料的局限性，关注它们作为传递特定社会和文化价值的功能，详细或比较分析它们的模态尤其是那些由特定教育机构委托制作的图片明信片。本文只提到了简单的明信片，但所提供的几个例子足以说明该资源在20世纪（至少直到1960年代的西班牙）的重要性，因为它们呈现图像并构成个人、机构和社会的学校记忆。

第四章　来自过去的旧照片：网络上的校园形象与校园集体记忆的建构

玛塔·布鲁内利（Marta Brunelli）[①]

研究预设与目的：校园照片、教育史与网络

学界近几年来已经注意到，教育史学家们已开始将研究重点转移到校园图像与照片上，这是由于教育史领域在过去十五年经历了一次"转向"，即从语言学视角，转向记忆视角与视觉视角。（参见 Depaepe and Henkens 2000；Nóvoa 2000；Viñao 2005；Dussel 2013）现如今研究学校照片尤其需要应对各种挑战，一方面，需要与其他科学领域（例如视觉研究与媒体研究）展开新的对话，另一方面则需要重新定义历史著作。我们不应将历史著作中的图片视作一种从他处借用过来、对文字叙述进行补充的图像，而应将其视作一种有其自身价值的研究材料。

对于将图片当作历史研究的材料，教育历史学家们虽展现出了愈发强烈的兴趣（Grosvenor et al. 1999，2000；Depaepe and Henkens 2000；Mietzner et al. 2005），但在态度上亦会有所保留，这一点无可厚非（Catteeuw et al. 2005）。毫无疑问，校园旧照构成了一种强大的视觉记忆刺激，展现了一种在高级社会中普遍共有的生活经历：校园经历——来自不同社会、文化圈层以及不同年代的人皆可以通过照片认出当年的自己（Escolano Benito 2011；Viñao 2012）。因此，学校

[①] 意大利马切拉塔大学，电子邮箱：marta.brunelli@unimc.it。

照片代表了出类拔萃的"社会客体"（social object），即，它能够吸引人们的注意力，并鼓励他们互相交谈，以此来回忆、分享彼此之间的共同记忆，这一点在数字环境中体现得更为明显（若是利用旧照来推动社交交流，那么在真实环境中亦是如此，譬如参与性博物馆）(Simon 2010；Brunelli 2014，2016)。

基于上述前提，将主要目标确定为：对校园照片在 Web 2.0 时代中所扮演的角色进行初步的定性分析。事实上，通过社交媒体、校园照片的这种内在社会关系功能激发网络用户的兴趣，并唤起彼此间共有的记忆，建立人与人之间的纽带并由此催生了电子社群的建立——同时也借助这些旧照片，帮助人们与所谓的"过去"建立起"情感和多感官联系"，甚至在"数字环境的非物质化和再物质化"中亦是如此，这与社会学和人类学研究的结论相一致（Edwards 2010，pp. 30-33）。此外，在塑造数字或数字化校园材料及图片的新管理形式和新公共使用形式方面，我们不能低估当今网络和社交媒体发挥的巨大作用。科马斯鲁比等人（Comas Rubietal 2010）对当前大量数字校园材料通过互联网进行大规模传播的形式、机遇和潜在风险进行了分析，也证明了这一点。

基于上述几点，在本文中笔者将通过大量实例与案例研究对当今网络和社交媒体上受校园照片影响的几种社会实践作初步回顾，总结如下：

——社交共享：共享校园照片，从而共享校园记忆，或将校园照片作为记忆支撑与网络社交关系的支点；

——受校园照片调控的自我曝光与自我叙述，或个体记忆如何促进集体记忆的构建；

——校园记忆的视觉形貌、地点的记忆，或作为社群集体记忆标志的校园建筑物；

——学校照片混搭的实践，对校园照片进行创造性、参与性的再阐述，以此作为学习与知识的工具。

社交共享：共享校园照片以共享校园记忆

我们可以确定，校园照片在社交网络上的第一种社交用途便是用于照片共享，从而共享共同的校园记忆。在这种用途中，校园照片既推动记忆，又是网络社交关系的支点。

现如今，人们可以在多个社交网络上轻松地上传并共享各种类型与质量的照片：既可以在各种社交平台上发自拍，也可以在专业平台上分享专业度更高的照片，这些照片既可以存放进在线文件夹中，也可以拿来公开发售。在这些平台中，Flickr 是一个半专业、活跃度很高且井然有序的照片共享网络，有了这个平台，笔者得以对已发布的校园旧照、发布照片的用户及其最为常见的相关社会实践进行初步的定性分析。实际上，在 Flickr 上，以校园照片为主题的小组有不少（老照片与现代照片）。譬如，有着 270 名成员的"School Portraits"（校园肖像）小组（2005）；有着 337 名成员的"School Photo"（校园照片）小组（2005）；有着 273 名成员的"First Day of School"（开学第一天）小组（2006）；有着 140 名组员的"British School Photographs"（英国校园摄影）小组（2007）；有着 68 名成员的"Class Picture Day"（班级图片日）小组（2008）；有着 149 名成员的"School Group Portrait"（校园团体照）小组（2009）；由 30 名成员组成的"School Cones"（校园圆锥体）小组（2009）；此外还有最近的由 17 位成员组成的"Fotografía escolar"（学校摄影）小组（2011）。

其中创立最早的小组是"School Portraits"（校园肖像），其成员既喜欢分享老照片，也喜欢发布现代图片。因此，这个小组内的照片集从某种方式上见证了这一类型照片的历时演变过程：这一过程不仅体现在摄影技巧和风格上，同时也体现在对这些照片的集体感知与社会功能上。因此，我们既可以浏览较为老旧或者较为传统的照片（譬如班级照、校园年鉴中的肖像、上学第一天或最后一天拍的照片等等），同时也可以查看较新、较非传统的照片，从而发掘类型更为广泛的照片。例如，由学校数学老师兼摄影师马克斯·布林森（Max Brinson）拍摄的学生现代肖像照片集。马克斯每年都会"将他的教室变成一个摄影工作室，并允许他的学生随心所欲地表达自己"（Brinson, n. d.）；再比如，在20世纪70年代，一些学生经常会自己使用便携式照相机拍摄一些自己的非正式照片，并汇集到学校年鉴中。①

在其他一些案例中，小组成员们会以极具创意且意想不到的方式呈现他们的校园照片。例如，有人运用"影像变形"（image morphing）技术，将他所有的校园肖像制作成了一个叫作"时光画廊"（gallery of time）的动画：变换着的一张张相片唤醒了昔日同窗的回忆，他们将永远记住这些熟悉的面孔。（参见Trotman 2005，2008）。

再比如，有的人则用一张普通的集体照激发了多角度的解读，每一个看到这张照片的人都能在心中唤起不同的故事和回忆。下面的这张照片便是一个例子，照片中所有的面孔除了一张没被划掉，其余的全被划掉（图4.1）。

这张照片的主人通过回忆17世纪诗人安德鲁·马维尔（Andrew Marvell）的《致羞怯的情人》（*To his Coy Mistress*）中的一些诗句来激发观众，这些诗句有着明显的死亡暗示和时间流逝的暗示。因此，看了这张照片的人不禁会想：是谁在照片上涂鸦，为什么要涂鸦，或许没被划掉的那个人是唯一的幸存者，涂鸦只是泄愤的举动吗等等问题。但是，正当看了这张照片的人心中慢慢回忆起以前涂鸦过、撕烂过、乱剪过的照片时，照片的主人却表示，这些面孔都是随机划掉的。照片主人在揭晓谜底的同时也即刻揭开了视觉、解读和记忆复杂机制的面纱：一张简单的校园团体肖像同时成为一种社会客体与一种艺术对象，它能够捕捉观看

---

① 参阅用户Dedrick（1975）对Flickr上发布的照片的评论。

者的眼睛和心灵，并出乎意料地激发他/她的想象力。①

图 4.1　沙尔曼（Sharman）（2002 年 11 月 2 日），《永恒的沙漠》（Deserts of vast eternity）。　（图片来源于网络，于 2015 年 11 月 21 日检索于：https://www.flflickr.com/photos/sharman/9587584/in/pool-schoolportraits/，知识共享许可 2.0）

---

①　参看对沙尔曼（2002）这张照片的一些评论：[A]："哇……[……]我的大脑朝着许多不同的方向前进。喜欢这种将旧照片结合的方式……非常酷。"[作者]："我觉得这是一张非常悲伤的照片。我当时正在浏览一些我妈妈年轻时的旧照片。然后我突然觉得，拍下这张照片的这些光彩照人的年轻人即将开启一段未知的旅程，有些人会快乐，有些人会悲伤，但对于我这个无声的旁观者来说，她们的未来不得而知。一切都不得而知，因为这些女孩中的大多数（如果不是全部）要不死于"二战"，要不死于车祸，要不就是寿终正寝。因此，只有一个人没被我随机画上红色叉叉——这是一个笑得很开心的小女孩，随机选的，没有特殊的原因。她真的就是唯一一个到现在还活着的人吗？我不清楚。这些人真的就只剩下一个到现在还活着吗？或许吧。"[B]："哦，你把她们划掉？这张照片勾起了我的兴趣，它让我想起了曾经在跳蚤市场上得到的一张旧照片，是一张结婚照，但是新娘的脸被人刮掉了（也许是照片中的某个人干的？）。也许这个人是想取代新娘的位置？我们不知道答案，我们只能自己脑补一个故事来解读这张照片。脑补各种故事也是挺有乐趣的一件事。"[作者]："在决定不划掉哪个人这件事上竟然难得出奇。"[C]："一张非常有震撼力的照片。"

另一个有趣的主题小组是"British School Photographs"（英国校园摄影）（2007）。这个小组的宗旨是只收集和分享"班级或整个学校的正式摄影……必须身着最为正规的礼服"。因此，这个小组内最主要的相片类型便是经典的学校照片（班级团体照、开学第一天、校园戏剧、学校游览、校园派对、体育活动等等）。此外还有一些日常生活场景的非摆拍照片，譬如某个校园团体在日常工作中被拍到的惊讶表情（Howard 2015a，April 14），或者课间休息时拍到的学生们玩耍的画面（Howard 2015b，January 21），所有被拍到的人都会在镜头前摆姿势。但是有时也会出现一些奇怪的照片，比如在拍正式的校园照时，有时会出现一些意外状况，使得场面变得不那么正式，比如有些学生会露出惊恐或撅嘴的表情，老师则会露出冰冷的目光，女生们的姿势看上去有些紧张，男孩们则回过头去，没看镜头。最后发现，原来是照片背景里的一扇窗户被打破了。所有的这些要素，推动照片的主人以及我们这些看客，一起提出问题，提出假设并重构隐藏在平平无奇的画面背后可能发生的令人意想不到的故事（Howard 2015c，November 22）。

个体记忆与校园集体记忆之间的自我曝光与自我叙述

照片共享网络展现出来的第二种社会实践是受照片调控的自我曝光与自我叙事，在这种实践中，个体记忆参与其中，并推动集体记忆的构建。

菲利普·霍华德（Philip Howard）就是一个典型的案例。此人自2007年12月以来一直活跃在Flickr上，他在上述诸多以校园照片为主题的小组中贡献了许多内容。霍华德以"Their History"（他们的历史）（Howard 2007b，December）为名讲述了"我的故事，也就是那个编号44783的孩子的故事"，也就是讲述一个受到英国慈善机构"国家儿童中心"（National Children's Home）[①] 照料的孩子的

[①] 这个慈善组织就是今天的"英国儿童行动会"（Action for Children）（详情访问网址：https://www.actionforchildren.org.uk/）。

故事。霍华德发布了许多精美照片，有一些是他自己的，有些是他的同伴提供的。这些照片重建了一部视觉传记，并在此过程中形成了几本照片集［例如：《菲利普：一个奇怪的孩子》(*Philip：a Strange Child*)，《在儿童中心的生活》(*Life in a Children's Home*)，《在儿童中心和学校中穿的粗布裤子和其他衣服》(*Dungarees and Other Clothing Worn in the Children's Home and School*)，或《老师把我们放在那里》(*Teacher put us there*) 等等］。通过菲利普的详尽刻画（收录于：Howard 2007a），这些照片揭开了 20 世纪 50 年代到 80 年代之间许许多多英国儿童校园集体记忆的诸多方面。

其中一部典型的相册便是《老师把我们放在那里》。这部相册见证了两个不同教育世界——对弱势儿童的帮扶以及公立学校系统之间的相遇，或者更准确来说，是相互碰撞。对于一个被分类为"特殊"，但却与公立学校中的"正常"孩子一同上学的孩子来说，班级照片成为了他遭遇排斥和侮辱的有形证据，同时也永久记录下了同学和老师眼中的他。相机的镜头无情地盯着这个"特殊的人"，一个常常穿着老式衣服，甚至在夏天穿橡胶靴的人。孩子被有意安排在校园集体照的前排中间，其实是为了显示并突出其与他人不一样的标志——橡胶靴（见图 4.2）。

透过这些照片以及其他的个人回忆，菲利普将自己的传记作为社会客体（即分享的对象）提供给他人：因为他的传记与许多其他人的一样，并且，他的照片被数字化并上传到了网络，为他人所评论。因此，这些照片也就变成了一面镜子，所有有着相同经历的人们都可以透过这面镜子认出自己并由此记起、想起、讲述自己的故事。同样地，在同名网站 www.theirhistory.co.uk 中，我们可以找到主题为"你自己的照片以及其他被照顾者的回忆"（Your Own Photos and Memories of Others in Care）的栏目，这一栏目是应网络用户建议而创建的，初衷是搜集更多的新文本、自传信息以及照片。网络这种记忆媒介十分适合保存、交流并激发大家的新回忆。对于在儿童中心待过的孩子来说，网络变成了一个虚拟的聚会场所，他们可以在这里共享照片、共享回忆、共享各种信息，还可在慈善机构的聚会中与他们的同伴重聚,并最终寻得帮助,以找寻他们自己的身世,或重建喜爱的人的生活故事与记忆,也就是汇聚了许多代英国人的集体记忆。

图 4.2 霍华德(2014 年 3 月 17 日),班级照,来源网络,2015 年 9 月 21 日检索于:https://www.flflickr.com/photos/22326055@N06/14284075966/in/photostream/(知识共享 2.0 许可证。由菲利普·霍华德提供)

地点记忆——作为社群集体记忆标志的校园建筑物:校园记忆的视觉形貌

校园照片不仅可以描绘人物或校园生活场景,而且还可以描绘场景发生的地点,例如古老的校园建筑,甚至可以描绘城市或乡村中的景观。在社交网络 Flickr 上,有几个小组十分热衷于拍摄旧校舍来为他们的校园记忆保鲜。相比刻画校园生活,这些小组更热衷于拍摄建筑物,因为他们的初衷是通过摄影纪念正在消失掉的校园旧建筑,这也许是能够"留住这些历史瑰宝"的唯一手段。

我们不妨举些例子。群组"I Love Old Schools!"(我爱旧学校!)(2007)有

612 名组员；小组 "Historic One-Room Schoolhouses of America"（美国历史悠久的一室校舍）（2008），拥有 329 名组员；"Our Historical School Architecture"（我们的历史性学校建筑），拥有 52 名组员；"Historic One Room Schoolhouses and Churches"（历史悠久的单室校舍与教堂）（2012），拥有 36 名组员；同样值得一提的还有群组 "Schoolhouse"（校园建筑）（2009），该群组由 304 名成员组成，宗旨是收集"来自世界各地的校园建筑图片……新学校、旧学校、使用中的学校、废弃学校、在建学校皆可"。在这个群组的 5000 多张照片中，大部分是现代拍的旧校园建筑的照片；还有一部分是年代较为久远的旧照，这些旧照通常与同一建筑的最新照片放在一起，并由此对比出该建筑是如何随着时间变化的，或哪些东西是一直没变的。[①]

然而，所有这些小组的共同点是：一方面，校园建筑（尤其是乡村建筑）被视作一种奇特而迷人的建筑表达形式，另一方面又被视为社群集体历史的丰碑。事实上，无论是停办的学校、重新修缮的学校，转型为博物馆或其他用途的学校，易地搬迁的学校抑或是彻底变成一片废墟的学校[②]，校园建筑始终被定义为"社群的中心部分"。纵使学校被彻底关闭并废弃，这一角色似乎不会改变。与此相关的一个小组是 "Abandoned Schools"（废弃学校）（2008）。这个小组自 2008 年以来便很活跃，其 567 个成员拍摄世界各地的废弃学校，出乎意料的是，正是由于这些照片固有的强烈视觉冲击力与感染力，才对观看者产生了强烈的吸引力。并且，照片中的学校毁坏得越严重，则吸引力越强，如果学校完全消失，那么吸引力便往上加强。

---

① 与联合学校第 11 部分案例一样，"于 1911 年建于安大略省滑铁卢地区海德堡克雷斯勒路……"。参阅 Michael（2014）。

② 关于网络用户对废弃学校的兴趣，请参阅赛本（Sebben）的照片（2012 年 12 月 4 日）；易地搬迁旧学校的案例是第 10 区鹅卵石学校（District 10 Cobblestone School）（纽约州米德尔波特），"现在是哈特兰历史学会（Hartland Historical Society）的所在地"（参见 Carolyn 2014，September 16）；易地搬迁的案例，请参阅 1883 年 "布卢姆菲尔德校园建筑"（*Bloomfield Schoolhouse*），该校已从布卢姆菲尔德搬至德州的派勒特波因特（参见 Myhre 2015，May 1）。

图 4.3 赖安（Ryan）（2014a，2 月 16 日），澳大利亚维多利亚帕提亚（Patyah）［第 2780 号］贾拉金学校（Jallakin School），图片来源于网络，2015 年 11 月 21 日检索于：https://www.flflickr.com/photos/25245971@N08/12582495265/（©Ros Ryan 版权所有，转载自作者）

在这方面，值得一提的是摄影师罗斯·赖安（Ros Ryan）在2014年实现的另一种有趣的手法。他将同一地点、建筑物或风景的旧照、现照叠放到一起［这种手法叫作"照片混搭"（photo-mashup），我们会在下文进行详细讨论］。其中最为典型的是三所学校的照片：太安学校（Tooan School）（Ryan 2014b），波伊奥学校（Boyeo School）（Ryan 2014c）和贾拉金学校（Jallakin School）（图 4.3）。这三家澳大利亚小型乡村学校始建于19世纪并在20世纪40年代至70年代间相继关闭、拆除。

尽管这些照片都有着详尽的历史信息，但它们真正发挥其潜力，却是要凭借社会学方法中由哈布瓦赫（Halbwachs，1997）提出的"集体记忆"（collective memory）概念以及特吕克（Truc，2011）关于地点与集体记忆相互作用的相关观点，反之亦然。根据特吕克的说法，实际上，"地点记忆"（memory of places）忠实可靠，但十分脆弱，它总是受到不可避免的地点变更或地点破坏的支配；反之，"记忆地点"（places of memory）（即将个人记忆与集体记忆锚定至特定地点）

第四章 来自过去的旧照片：网络上的校园形象与校园集体记忆的建构 | 53

不仅可以保存和验证记忆本身，而且可以触发"地点的物质性与集体记忆之间"的良性、双向关系（Truc 2011，pp. 148-150）。

对已消失学校的照片混搭，便更需要用到此类照片，以便研究［例如利用照相引谈法（photo-elicitation）］① 学校建筑的留存、转变或消亡是否以及如何影响了集体校园记忆的留存。另一方面，类似的混搭可以成为社群集体记忆的视觉支持，也可以成为重建集体校园记忆视觉形貌的基础，即将被遗忘的含义重新赋予给地点，并为正在消失的个人和集体记忆赋予永续的真实性和力量。如今，此类照片混搭项目可轻松使用增强现实技术来实现，譬如伦敦博物馆于2010年推出的免费应用程序街道博物馆（Street museum）：市民和游客可以通过移动设备访问在线带地理坐标的交互式地图，从中发现某地点的旧时影像与历史信息。简而言之，便是将隐藏在我们日常各种地点中的"隐形记忆"连接起来。

显然，在社交媒体上，人们甚是关注各种校园图片，这些照片涉及校园生活和文化的方方面面，当然也包括校园建筑。更重要的是，校园建筑的旧照不仅可以记录正在消失的建筑遗产，而且还可以激发或留存观看者们最为突出的集体记忆（以校园集体经历为代表），尤其是在小型社群和乡村社群更是如此，因为在这些社群中校园建筑在许多代人的生活中始终扮演着核心的角色。

视觉集体记忆及其创造性、参与式再阐述：照片混搭实例

有关校园照片在网络上的社会用途及实践的另一例子是对照片的创造性再解读，即照片混搭（上文也列举了若干例子）。混搭过程以及产生的结果可以作为知识与解读的强大媒介（我们也将尝试证明这一点）。校园历史照片的混搭值得特别关注，因为它可能是校园照片研究的新领域，也可用作为研究正式和非正式教育环境中更广阔文化发展的材料。在笔者看来，校园照片混搭有助于对教育遗

---

① 这种方法通常由人类学家使用，且已被费奇曼（Fischman）（2006）应用于教育研究中。

产的研究，放在学校博物馆中也十分具有教育意义。

从严格定义来说，在 Web 2.0 中，混搭（即：融合）指一个网站或网络应用程序，它能结合不同的已有内容（图像、文本、多媒体对象、网站功能等等），以此创造出新的服务、产品或内容。更具体地说，"照片混搭"是一种数字再加工，将同一地点（但拍摄于两个不同的历史时刻）的老照片和新照片拼贴并分层，形成一张拼贴照片。从技术层面看，照片混搭是数字照片编辑或人工叠加的结果。2009 年，摄影师杰森·鲍威尔（Jason Powell）在其项目 "*Looking into the Past*"（回望过去）中创办了相片集 "*Then and Now*"（过去和现在），用的就是照片混搭这种手法。(参阅 Powell 2006—2014；*Looking into the Past* 2009)。从那之后，便有诸多摄影师开始涉足照片混搭领域，并获得了很好的视觉效果与情感冲击力。其中肖恩·克拉弗（Shawn Clover）的作品便是一个很好的例子。他在 2010 年至 2012 年间完成了一个名为 "*Fade to 1906*"（消逝的 1906）的摄影项目——他将许多 1906 年旧金山地震的照片与现代旧金山城市照片叠放在一起（Clover 2010，2012）。除了完成这一非凡的摄影作品，克拉弗还对照片追根溯源，并对"相片中的第一人称场景叙述"进行了严谨的研究，目的是重建"照片背后准确的历史故事"。

不幸的是，这个项目最终并没有取得多大成功（Clover 2014，July）。然而，建立一个历史"全局"叙事这一理念，对于任何基于相片的历史重构来说，都是十分激动人心的。在这个理念中，"照片混搭"不仅仅是图像上的互为补充，而且代表了一个新起点：即照片的叙事可以为其他外部信息所补充。这种意义深远的图像再叙述为我们提供了一个全新的视角。

因此，以照片混搭为基本手法的摄影项目在世界范围内取得巨大成功，并且数量上与日俱增。它们的魅力在于，一方面，这些照片是一扇透过时间打开的窗户，让我们看到熟悉的地方多年前的样子；另一方面，它们以某种方式，以我们的个人、家庭记忆和故事为线索帮助我们与一个地点的历史连接起来。从这个角度来看，可以说，照片混搭向我们展示了：对历史真正的公共运用［依照罗伊·

罗森茨维格和泰伦（Rosenzweig & Thelen 1998）的研究中所阐明的意义]，乃是人们创造一个过去（过去总是由特定、多重的故事、家庭叙事以及个人经历组成，而且总是充满个人意义）与历史（伟大的历史，书中会有记载，学校里会教）之间连接的方式。

最后一个（不比前文逊色）例子是荷兰历史学家乔·赫德维格·特威瑟（Jo Hedwig Teeuwisse）的作品。2012年，他以历史照片混搭为基本手法，使用了300张"二战"当年发生过战斗的地点的旧底片，完成了作品"*Ghosts of History*"（历史的幽灵）。这部作品将使人、过去、历史、个人和集体记忆之间的全新关系具体化。① 尽管在今天舒适的生活风景中，"二战"的痕迹似乎已经荡然无存，甚至没有一块牌匾或纪念碑提醒我们"二战"曾经存在过，但是这些非同凡响的合成照片有着一股无与伦比的力量，能够帮助我们记住这段历史，就像特威瑟写的那样："在你生活的地方，工作的地方抑或上学的路上，只要人们战斗过，死去过或经历过不一样的生活，那么这段历史便会一直萦绕在我们身边，我们就是历史，历史就是我们。"（参见 Teeuwisse 2012b, October 15。）

校园照片混搭："过去和现在"校园照片集

如前文所述，网络上有许多受"回望过去"启发而创作的照片集，其中很容易找到与校园相关的各种照片混搭。这些照片可能以学生为主题，也可能以较为严肃或较为随意的日常校园生活场景为主题（如：Lazarus 2009），又或者以现存或已经消失的校园空间和建筑物为主题等等。

校园相片混搭可在社交网络、网站上发布、获取。人们会创办协作平台，以供大家收集、共享照片、故事和记忆。譬如，已有一些校园相片混搭（如：Winnall 2011）发布于 ABC Open 平台上。ABC Open 是澳大利亚公共广播组织的一个

---

① 参阅该历史学家的 Flickr 账号（Teeuwisse 2005）与 Facebook 页面（Teeuwisse 2012a）。

项目，该项目发布有关该国周边地区生活的视频、书面故事与照片，旨在鼓励公民多多使用新技术，提升数字素养，同时也会举办各种免费讲习班和培训课程。

在一些公共相片混搭比赛中，同样也可以找到不少校园照片混搭作品。这些比赛由向公众免费开放数字摄影遗产的档案馆和图书馆举办。譬如，由北温哥华博物馆与档案馆于 2010 年开展的 "北温哥华过去与现在的数字相片大赛" (*North Vancouver Then and Now Digital Photo Contest*)（2010），或由澳大利亚与新西兰图书馆于 2011 年启动的 Libraryhack（2011）项目。此类比赛的作品和比赛结果通常在 Flickr 上共享，吸引了 Flickr 用户的关注，有很多人仍记得这些摄影作品中的地点（"这是我以前的学校！太棒了！"）、情景和情感（"我记得 1959 年的时候，当时我才一年级，被这学校吓到了，因为它真的好大。"），他们在旧照片中认出了朋友和亲戚（"我看到我叔叔了……，就是左上角那个。"）。并且，最重要的一点是，这些用户会询问可以在哪个档案库中找到某个学校的历史照片（"怎样才能远程访问照片档案？我在找 1953—1959 年的……"）。①

霍利·马林（Hawley Marlin）（2011a）的作品 "*UF Then and Now—Bringing the Past into the Present*"（佛罗里达大学的过去与现在——将过去带至现在）则证明了向公众免费开放数字照片的重要性。② 他运用照片混搭手法，展现了佛罗里达大学的人与地，令人眼前一亮（图 4.4）。这些混搭照片不仅可以传播并公开历史信息（例如，随着时间的推移发生的场所、空间和建筑物的变化），还可以帮助社区（在这种情况下指的是大学社区）内化更强的集体归属感。正如作者所说："这次经历让我受益匪浅，它提醒着我，让这所大学成为一流学术机构的基底仍然存在于这所学校的人和建筑物中。"

另外，在网站 Detroiturbex（n. d.）中也可以找到极具感染力的校园照片混

---

① 参阅访客对 McCarthy（2010a，August 23）与 McCarthy（2010b，August 23）的评论。

② 以佛罗里达大学为例，该校的数字收藏部门力求将各种 "可永久访问和保存" 的文件以及该大学收藏的各种稀有资料数字化，并通过其网站向公众免费开放大量历史照片（University of Florida Digital Collections n. d.）。

图 4.4　马林（Marlin）(2011b，Summer)，佛罗里达体育馆（1962），图片来源于网络，2015 年 11 月 21 日检索于：http://www.dmarlin.com/uf-then-now/（©Pam Marlin，版权所有，转载自作者）

搭。该网站是在底特律开展的一项城市探索项目，该项目旨在"通过地标和鲜为人知的废弃建筑探索底特律城市的过去、现在和未来"。匿名摄影师将描绘底特律城市经济和社会高峰时期日常生活的旧照片与同一地点（这些地方有的已经废弃，有的甚至已经消失）的现照叠放在一起。在笔者看来，其中有关旧学校"卡斯技术高中"（Cass Technical High School）的名为"过去和现在"的照片集非常值得我们关注。该校于 2009 年废弃，并于 2011 年被拆除，而这些混搭照片的素材则是在年鉴室中找到。在如今的照片中，这个学校已变成了一片废墟，而在曾经的照片里，则有在走廊中活动的学生，有在进行体育活动或戏剧表演的学生，有在教室里上课的教授，也有在整洁的图书馆里与学生合影的图书管理员等等（Detroiturbex 2010）。新旧照片叠放在一起，唤起了我们强烈的感情：一种认知上和情感上的冲突。这种冲突，笔者在其他文献中将其定义为由"与舒适规律的日常校园生活形成鲜明对比的怅然与失落感"所引起的失调（Brunelli 2016，p.461）。有趣的是，Detroiturbex 也是一个参与性项目，它呼吁大家互动起来，市民可以在上面发布照片或在脸书（Facebook）上发表评论。我们在该网站上浏览了一番之后，发现实际上它的初衷并不是要"美化废墟"，而是通过谨慎地重构每个地点的故事来记录历史，因为这些地点总是藏着回忆。[①]

由此可见，网络（尤其是社交网络）上总能找到许多校园历史照片混搭，这些混搭具备超凡的沟通和关联能力。这些照片实际上赋予我们新的视角来看待日常生活中的场所、建筑物、景观（以及学校场所），并反映了其实际塑造（或已经塑造）身份认同（个人和社区成员）的方式。在摄影师汤姆·布莱克韦尔（Tom Blackwell）的混搭作品中，一群"戴着帽子的女孩"正站在英国奥特韦市斯特盖特小学（Westgate Primary School）的旧校门口前。对此，布莱克韦尔发表评论道："我很高兴这些图片引起了共鸣。这必然让我以一种全新的眼光看待镇上熟悉的街道。"（Blackwell 2008）在任何情况下，无论是描绘废弃的地点、消失不见的地方抑或早已大变模样的环境，还是代表过去的校园场景或者校园典礼，这些照片混搭不仅仅可以作为怀旧的手段，还可以充当真正的知识和学习工具。

结　语

本文初步分析了校园照片如何在社交网络上使用，它表明了，互联网正在成为一个愈发庞大且不断进步的视觉开放数据库。诚然，互联网上有诸多照片没有足够的背景信息，但是也有不少照片附有详细信息（例如：已消失的澳大利亚学校的相片混搭）。人们宝贵的评论、照片主人或其他网络用户提供的宝贵信息，都使得这些照片变得更为充实。（如：儿童中心照片这一案例）。在历史学家对视

[①] 这种重构之所以能成功，既要仰仗能从当地档案馆和公共图书馆检索到相关照片与历史数据［如底特律公共图书馆，该馆将其摄影馆藏数字化，其"底特律公共图书馆数字馆藏"（n.d.）可线上访问］，也要仰仗民间分享自己收藏的相片。

觉材料的研究兴趣日增的背景下，在这样一个庞大且体量不断扩充的数据库中获取研究材料，无疑具备前所未有且十分宝贵的优势。但有一个原则依然不变：对照片的研究，不仅需要结合其他研究材料，而且最重要的是，需要有其原始背景信息的支撑（有关照片的拍摄目的、创作地点、创作日期、运用的手法以及同年代的惯用视觉手法等等）。总而言之，就是要有严谨且具体的分析方法（Del Pozo Andrés 2006；Braster 2011；Del Pozo Andrés and Rabazas Romero 2012）。此外，校园照片既是学校集体形象的标志性记忆符号，也是容易数字化、可操作性强、可在社交媒体上传播的物质材料，校园照片的这种特性使得在上文的案例分析中，我们看到了校园照片如何发展新的社会实践，从而促成校园集体记忆的（再）解读与构建。而校园集体记忆则因为个人与集体相片、故事、回忆源源不断地涌上网络，而变得愈发充实丰满。

从严格的教育视角视之，关于校园照片的社会与教育潜力的发展可以划分为以下两个有趣的方面：第一个层面是不断向照片共享平台发布的校园图片的丰富性和多样性，这些照片表明了学校的视觉记忆本身就是一种社会客体，能够吸引多个横向群体的关注；第二个层面是照片混搭在互联网上愈发流行。若考虑到这些图像对"观察"者和"构建"者的巨大视觉与情感冲击力，那么这种愈发流行的趋势便很容易说通。实际上，当一个摄影师意欲构建混搭时，拍摄这个行为的本身就变成了一种复杂的认知行为，其发展经历了多个阶段（搜寻历史照片、辨识旧照中的地点、仔细重现场景并实现从同一角度拍摄该场景的现代照片、叠加旧照和现照）；然而，进行照片混搭也是一种元认知行为，因为它需要对视觉艺术（即便是通过镜头实现的视觉艺术）进行反思行为并发展出解读周围现实的批判能力。

尤其是基于混搭的公众参与项目［如上文提及的 Detroiturbex 网站、北温哥华博物馆与档案馆数字摄影大赛（2010）、澳大利亚 Libraryhack 项目（2011）以及丹佛公共图书馆新近发起的项目]①，它们能够通过与自身的象征性"记忆场所"（例如景观、街道或建筑，包括学校）进行互动，从而吸引一众历史学家乃至普通民众在当下的语境中探索过去。这些项目促进了网络上对校园照片的数字化、创造性重制与共享的社会实践。这些行为表明，校园摄影遗产可以吸收新的生命——这些遗产存在于我们的档案馆、图书馆、博物馆、学校和家中，却常常被我们遗忘。而且，在年轻一代、老一代、家庭、群体、社区成员中，这种广泛传播的学习与个人成长过程可以被激活，且皆围绕着追寻与建立共同集体历史与记忆的目标而开展，即：校园记忆。

致谢

在此感谢所有帮助本人完成该项工作的各位人士，尤为感谢马切拉塔大学的同事罗伯特·桑尼（Roberto Sani）与安娜·阿申齐（Anna Ascenzi）对本人研究提出的宝贵建议。本人对菲利普·哈沃德（Philip Howard）、肖恩·克拉弗（Shawn Clover）、汤姆·布莱克维尔（Tom Blackwell）、罗斯·瑞安（Ros Ryan）与帕姆·霍利·马林（Pam Hawley Marlin）感激不尽，在他们的授权下，本人重现了他们的照片与漂亮的混搭作品。最后要特别感谢露西·豪威尔（Lucy Howell），是她检查了本人的英文翻译风格。

---

① 由丹佛公共图书馆数字媒体实验室 IdeaLAB 于 2015 年 9 月组织的一场基于该馆数字摄影馆藏的照片混搭家庭工作坊。参阅 Denver Public Library（2015，August 26）。

第五章　回忆与年鉴：关于 20 世纪西班牙宗教学校年鉴的结构与演变的分析

保利·达维拉（Paulí Dávila）[①]

路易斯·玛丽亚·纳亚（Luis María Naya）[②]

伊娜基·扎巴莱塔（Iñaki Zabaleta）[③]

简　介

整个 20 世纪在西班牙及其他欧洲国家，大多数由宗教团体及宗教组织开办的名校都会在每年出版年鉴。此种年鉴作为一种宣传文件，主要目的在于传播和散布能使本校意识形态及学术课程更广为人知的话语。此外，年鉴在身份的建构、社会区隔的标志以及学术课程质量的传播方面发挥了作用。此类年鉴文本，由校方自行编纂，并传递了有关其发展演变、学校建设项目、学术活动、游戏、体育乃至其他文化活动、宗教活动、使徒协会、教职员工变更、学生轶事、学校各团体合影、广告等大量信息。因此，此类年鉴作为教育史的重要原始材料，其丰富程度不言自明。总之，年鉴反映了每所学校希望在其学生心中打下烙印的组织形象，因此，年鉴也成为了学生回忆以及未来纪念的要素之一。

---

① 西班牙巴斯克大学（University of Basque Country），电子邮箱：pauli.davila@ehu.eus。

② 西班牙巴斯克大学，电子邮箱：luisma.naya@ehu.eus。

③ 西班牙巴斯克大学，电子邮箱：i.zabaleta@ehu.eus。

本文的目的为分析 20 世纪由各宗教机构开办的男校中具备影响力的团体出版的年鉴的结构与演变历程。[皮亚里斯特会（Piarists）、玛丽学会（Marianists）、马里斯特修（Marists）、拉萨尔修会（La Sallians）、慈幼会（Salesians）、耶稣会（Jesuits））等。] 我们的语料库由 700 余本年鉴组成；其中近 600 本来自西班牙各地，其余则来自世界其他地区。我们对这数百本年鉴的分析突出了其作为宗教学校历史研究主要原始材料的价值，分析方式为厘清其类型、结构和演变过程。上述数百本年鉴提供了丰富的信息（照片、学生习作、建筑物、宗教和体育活动报告等），并发挥了传递价值的功能，即通过连接家校及突出校本学术课程，创造一个更具凝聚力的教育团体。以西班牙为例，此类年鉴的数量和发行量恰好与佛朗哥政权时代相一致，而佛朗哥政权时代对于那些致力于教育的宗教团体及宗教组织而言，是一个黄金时代。

年鉴作为教育史研究的原始材料

由于获取原始材料的难度较大，因此对于教育历史学家而言，对私立宗教学校的研究常常难以进行。对于那些不属于任何一个宗教团体的历史学家，能提供名校详实历史记载者甚少（Ostolaza 2000；Dávila et al. 2009；Rodríguez Lago 2015）。因此，学校年鉴可谓教育史研究的优质原始材料，因为此类文本目标受众广，即就读于具备一定社会声望学校的学生的家庭成员。因此，从此角度看，年鉴便是一种产品，旨在透过宗教团体及宗教组织自身视角，向学生家庭告知、传播及交流整个学年内在学校中开展的活动。年鉴亦是一种宣传手段，需要遵循营销的基本准则。因此，作为原始材料，年鉴的主要特征在于其所描绘的学校形象是由该学校的偏好决定的。归根结底，各个学校执行各自功能，具有显著的倾向性，因此年鉴作为原始材料无法完全保证能以各种常规视角进行解读。年鉴内容旨在为读者描绘特定的学校形象，其价值体现在校方意欲强调的学校特色上。

尽管年鉴作为原始材料存在局限性，但若能分析其中蕴含的信息，则不可否认，年鉴依然有着极大的研究价值。譬如，我们可获取有关信息，包括学校建设项目及建筑翻新、课程内容、学术团体和学术等级、教职员工、颁奖仪式，与学术、宗教和体育有关的校园活动、校园规章制度、学生习作以及在整个学年内进行的活动。所有此类信息皆有其附加价值。年鉴为年度出版物，我们可透过年鉴研究各式各样的活动在年复一年中如何演变、留存和消亡。

诚然，年鉴无法以绝对严格意义上的史学方法来建构一所学校的历史。但是年鉴却使我们能够写下一部学校的形象史，此形象是各个学校力图向公众传播的学校形象。仅单以此功能而言，年鉴便应成为教育历史学家的研究对象，如此方可知悉发生在特定名校中的种种变迁，从而折射出社会、经济和文化价值观（或其他方面），这些价值观显然也是送孩子至学校读书的父母所全力推崇的。

然而，这同样引出了有关年鉴的两个问题：其一为年鉴作为学生对母校回忆的潜在构建因素的价值；其二是年鉴是否如以过去历史现在时记载的文件那般在塑造个体学生未来个人记忆的过程中发挥着作用。需要指出的另一点是，年鉴在一定程度上构成了学生团体的集体记忆；因此，这也给了学生一种归属感，我们可将这种归属感与学校或团体的身份建构联系起来（González Calleja 2013）。

此外，年鉴可归入布迪厄（1984）的社会区隔理论（Bourdieu's theory of social distinction），因为它们超越了身份认同，并表现为一种消费产品，其中社会主体在特定文化服务的消费中扮演着重要角色。在宗教学校中，这种消费产品为由宗教团体提供的形形色色的教育服务，这种教育服务的区隔超越了消费者的社会经济阶级。从这个意义上讲，若我们允许自身用"消费"之类的措辞形容受教育权和选择学校的自由，那么各个家庭选择让子女在特定机构中接受教育便是这个家庭在增加其教育消费价值的体现。

理解这种现象应归入两个分析概念（身份和区隔），因为这是一种社会和文化现象，超越了对特定学校或学院的归属感。除却这些理论路径，我们还应牢记每个宗教机构对其身份或感召力（charism）的定义。有一点绝不能忽略——天主教会的结构高度等级化，其最终目标是基督教教旨的"内化"（internalisation）。

因此，在定义自身具备辨识度的"品牌"（brands）（喇沙会的五角星、耶稣会的JHS徽标、巴黎圣母会的SM等）上，皆采用了与任何角逐在国际市场上的商业公司相同的营销策略，其最终产品由每个宗教机构的特定目标所决定（Dávila and Naya 2013）。

语料库与方法

学校年鉴提供了诸多方面的信息，欲对其进行详尽分析，必先对其加以具体说明。为系统化年鉴的形式与内容，我们首先以巴斯克大学（University of the Basque Country）教育博物馆（Museum of Education）馆藏的729册年鉴建库。这些年鉴中有79%来自西班牙，17%来自欧洲其他国家，4%来自拉丁美洲。我们高度重视此年鉴库，从中我们可分析出这些年鉴的结构、内容和演变的总体轮廓。

表5.1　巴斯克大学教育博物馆①馆藏学校年鉴语料库

宗教团体或宗教组织	年鉴数量	学校数量	年鉴数量占比
基督学校修士会——喇沙会 Brothers of the Christian Schools—La Salle	473	30	64.88
皮亚里斯特会 Piarist Fathers	88	5	12.07
玛丽学会 Society of Mary-Marianists	62	4	8.50
圣母兄弟会 Institute of the Marist Brothers	21	5	2.88

---

① 巴斯克大学教育博物馆，西语馆名：Museo de la Educació n/Hezkuntzaren Museoa。

续表

宗教团体或宗教组织	年鉴数量	学校数量	年鉴数量占比
鲍思高慈幼会 Salesians of Don Bosco	19	6	2.61
圣母圣心爱子会 Claretian Missionaries	12	2	1.65
耶稣会 Society of Jesus-Jesuits	11	4	1.51
其他宗教团体及宗教组织 Other orders and congregations	21	10	2.88
非宗教学校 Non-religious schools	22	15	3.02
共计	729	81	100

构成我们年鉴库的年鉴来自由男性宗教团体开办的学校，西班牙绝大多数学生通常都在此类学校接受教育。宗教团体包括慈幼会、喇沙会、圣母兄弟会、皮亚里斯特会、耶稣会、奥斯定会（Augustinians）以及圣母圣心爱子会（Dávila and Naya 2013）。除其中六本外，剩余年鉴均来自各个男校。需要提醒的是，在20世纪70年代的教育改革之前，男女混合学校在西班牙并未普及。

佛朗哥政权时期是宗教团体致力于办学的黄金时代，这个时期的年鉴数量最多。正是从20世纪40年代到70年代的这段时间里，年鉴提供了最为丰富的信息。我们的年鉴库中有428本年鉴出自这个时代。

在表5.1中，基督学校修士会（喇沙会）出版的年鉴数量之大十分引人注目。这不仅是因为我们可以直接造访喇沙学校，还因为我们能在旧书市场上找到喇沙学校的年鉴。我们相信，喇沙学校的年鉴是最早出现在教育市场上的年鉴，人们将其视为宣传材料的产物，宣传的目的是向资产阶级的特定阶级以及加泰罗尼亚、巴斯克、西班牙社会的上层消费者展现具有一定声誉的产品，即学校和寄宿学校。喇沙学校出版的这些年鉴随后为其他由宗教团体和宗教组织开办的名校所模仿。基于此最清晰的证据是：最早发现的年鉴来自"博纳诺娃圣母学校"（Nuestra Señora de la Bonanova），该校于1889年在巴塞罗那成立，并于1905—1906学年开始出版年鉴。

年鉴的演化

从术语角度看，年鉴这类书卷通常被称为"学校回忆录"（memorias escolares）。值得注意的一点是，部分学校的校友会会出版自己的编年史或年度综论，这类文本与年鉴类似。此类文本，似为仿照英国知名公立学校出版的知名年鉴制作而成，但其直接起源在何处，尚不得而知。年鉴列出了学生、学生资助者以及校本课程。我们可以推断出的是，各学校（尤以英国公立学校为典型）出版的年鉴催生了这种文件类型，并在后来为美国学校所采用。将英、美及西班牙的年鉴形容为其相应时代的"脸书"（Facebook），可以说恰如其分，绝非夸大之言。而当今之年鉴，转由在线技术驱动，其存在不过是旧印刷年鉴的延续。

然而，我们所分析的年鉴似乎有着另外一个起源，这个起源融合了两种不同的年鉴原型。其中一个原型便是贯穿19世纪的一种文件形式，它是20世纪知名中学及职业培训学校（及其他教育等级）年鉴的前身，这种文件由注册机构办公室编辑而成；另一原型则为一类小册子。在不同的教育等级，这种小册子运用于学年末举行的颁奖典礼。此类颁奖典礼高度仪式化，有地方当局与权威学术机构参与其中，并对学生所做的工作作出认可。上述两类文件的结构完全不同，而且更值得注意的是，它们执行着不同的功能。在第一种情况中，该文件是一项行政工作的成果结晶。这种年鉴的前身形式通常在学年伊始在知名权威人士发表演讲后被宣读；在第二种情况中，颁奖典礼的小册子则作为一种社交仪式活动，在学年末被宣读，以庆祝学生在学业上取得的成就。

我们一般倾向于认为年鉴最直接起源于学年末举行的颁奖典礼，但即便如此，我们提出的有关年鉴的假说应解释其双重起源性。已知最早与知名学府相关的年鉴来自由基督学校修士会，即喇沙会运营的学校和寄宿制学校，即"博纳诺娃圣母学校"。为验证这一假说，我们做的第一项任务便是查看这些年鉴是否已由法国喇沙会（于1904年被驱逐出法国，后迁入巴塞罗那）引进至西班牙（Dávila et al. 2012）。这要求我们调查喇沙会在被驱逐之前是否在法国出版了这些年鉴。在查阅了位于里昂的喇沙档案馆（Lasallian Archives）中的现存文件后，我们惊讶地发现在这个法国喇沙学校的重要文献宝库中，竟找不到一份彼时任何一家主要寄宿制学校出版过的此类文件，而第一次世界大战前后，相关文献开始在法国和比利时同时发布。同样，在首次出版年份为1907年的《基督教学校公报》(*Bulletin des Écoles Chrétiennes*) 中，我们亦未发现任何明确提及年鉴的内容，此外，在若干修士团领导所发布的通函中亦同样未有明确提及。我们唯一一次发现的有关年鉴的参考文献是一份1932年的文献，其中讨论了出版物的利弊，尽管其结论清楚地表明了在陈述"（出版物将会）利远大于弊"时，编辑者处于有利的位置，但该文献并没有点明具体方向（Institute des Écoles Chrétiennes 1932）。

回看上述结果，我们可以概括性地勾勒出年鉴演变的下一个时代。在20世纪20年代后期之前，年鉴并不称作年鉴。相反，它们被称为"正式颁奖典礼"（formal award ceremony）或"获奖者名单"（list of award winners）。此种编年体文本在每个学年末供人阅读，体现了对学生因各种成就（学术上、学科上、书法上的成就等等）而获得的奖项的重视。相比编纂一本真正的年鉴，根据学生获得的成绩强调学校的声望似乎更为重要。

然而，20世纪20年代至70年代之间出版的年鉴，许多显著性特征开始显现，例如出现了某些结构及固定章节专门用于展示和宣传学校设施的内容（如实验室、体育设施、教室、宿舍、图书馆、小教堂、食堂等）。此外，关于学校的大多数信息皆可分为三个方面：宗教生活和宗教活动、文化生活以及体育生活，所有活动皆被冠以不同名称。因此，玛丽学会学校使用"亲密生活"（intimate life）或"家庭生活"（family life）二词来指代学校的内部生活。对于喇沙学校而言，我们参阅了其旨在记录本校每月最重大事件的学校编年史。喇沙学校在呈现重大事件方面非常系统，而其他宗教学校则以较为敷衍草率的方式呈现此信息。

从20世纪70年代开始，年鉴经历了重大转变。许多年鉴消失了，直到几年后才以全新的形式再次出版，其中内容仅包括学生团体的照片以及某些活动。这可以用1970年《普通教育法》(General Education Act)引起的学校经费变化来解释。(Puelles 2010；Viñao 2004)同样，学校教育规模的扩大、非专业教师的聘用以及学校自身内部的其他变化，都会导致其对展现所举办的活动不够重视。这些变化标志着一个时代的开始。从史学的角度来看，人们对年鉴的关注度已大打折扣，因为大多数年鉴只发布集体照和学生姓名，在某些情况下还会发布教育设计和课程。

从20世纪90年代至今，年鉴包括集体照片集，还包括学校的一些规章制度、教学人员名单以及校风声明等。从史学的角度来看，这还不足以建立任何模式使我们能够了解学校从事的活动、所教授的实际课程、校友会所扮演的角色等等。

"博纳诺娃圣母学校"的早期年鉴是理解年鉴演变的原型材料。从1906年第一本年鉴出版开始，一直持续到1912年至1913学年度，年鉴皆沿袭了法国的范式被称为"颁奖典礼"小册子（"Award Ceremony" booklets）。必须记住的一点是，耶稣会自1564年起一直进行授奖活动（Institute des Écoles Chrétiennes 1910）。从1913年至1914年学年度开始，"回忆录"（memoria）一词［或"编年史"（chronicle）首次出现，彼时该校正出版其历史摘要，以庆祝其"银禧纪念日"（Silver Anniversary Jubilee）。这个时候，原始名称"颁奖典礼"被修改，修改方式为加上相应的学年［即"颁奖典礼1913—1914"（Award Ceremony 1913—1914）］。这种双重名称一直持续到1926—1927学年度。最终，在1927—1928学年度，名称又变更为"年鉴1927—1928"。后续年份的所有年鉴均使用相同的命名方式，保留了先前版本的四个辨识元素：对学校建筑的刻画、博纳诺娃圣母（Virgin of Bonanova）、从蒂比达博山（Tibidabo Mountain）上看到的巴塞罗那市全景以及喇沙十字架。

学校"品牌":宗教、体育及文化活动

为分析手头上的年鉴,我们对内容(宗教、体育、艺术和文化活动)以及学生回忆的建构(通过学生资料、照片、回忆的话语力)作出了区分,实现研究的目标无需讨论研究年鉴的形式(封面、广告、开本等等)。我们可以使用三个中心主题来分析和评估年鉴的多方面内容。在内容上,正式结构如下:封面、校风概述、学校组织概况、学校章程、宗教活动信息、学年的逐月记事、运动活动、艺术活动和戏剧活动、展示获奖学生的照片集以及学生名单。

大多数年鉴都有一个共同的特点,那就是会描绘出学校里象征性的等级体系。因此,在这些年鉴中,宗教人物与世俗领袖会交替出现:圣母玛利亚、教皇、宗教团体上级、国家领导和学校校长。其中,最常见的是圣母玛利亚的画像以及学校的名称[譬如位于梅利利亚的"卡门圣母学校"(Nuestra Señora del Carmen);位于毕尔巴鄂的"圣地亚哥·阿波斯托尔之贝戈亚圣母学校"(Nuestra Señora de Begoña for Santiago Apóstol);位于巴利亚多利德的"卢尔德圣母学校"(Virgen de Lourdes)等等]。从20世纪30年代开始,教皇以较高频率出现在年鉴中,而佛朗哥的画像从50年代开始在年鉴中几近消失。

年鉴的基本功能是记录就读学生,其中班级集体照片或学生名单的一个功能便是识别每个学生,这种方式宛如没有联上网的脸书。然而有一点不可忽略:年鉴除宣传推广功能外,还具有另一重要功能——记录发生在学校的多个宗教、体育、艺术及文化活动,并将学校作为一种独特的产品"出售"。这种功能建构了学校的身份,并彰显了学校的教学质量。此功能尤为重要,因为其记录着作为学校正式课程补充的各种活动历程,彰显了其课外附加价值。

对于教育历史学家而言,搜集有关此类活动的信息相当困难,因为总体来说,此类活动在学校生活中甚少留下史学证据。但是,鉴于学校将此类活动用作营销目的,因此它们在评估学校进行的活动类型方面具有很好的说服力。

宗教活动：塑造使徒身份？

被研究学校的一个特征是它们是宗教学校，这一点反映在他们的年鉴中。因此，除教授宗教外，对一系列宗教活动习俗的描绘还表明了宗教活动在学校日常生活中的渗透程度。在另一篇论文中，我们讨论了这些活动的目的无非是"让儿童、青少年以及年轻人参与进信仰体验中，信仰体验须确保捍卫天主教信仰在组织框架中，组织框架包括教会圣统制（从主教到教士）、致力于办学的宗教团体和宗教组织以及学生的家庭，以此促进天主教的团结"（Dávila et al. 2016）。所有的一切目的都是为了在课堂之外创造一种宗教体验，途径有二：使徒活动（apostolic activity）[由公教进行会（Catholic Action）训导部门执掌，公教进行会训导部门对大多数天主教学校而言非常重要] 以及圣召（vocations）。在耶稣会（Lull 1997）或玛丽学会等开办的学校中，也同样进行了类似的活动。一个例子便是前文提过的博纳诺娃圣母学校，这个学校在佛朗哥政权的关键时期亦进行了类似活动。该校 1949—1950 学年年鉴对宗教活动的描述为：这些活动"在学院自身的整个基督教课程中广泛分布，且遍布于公教进行会（Catholic Action）、玛丽亚会（Marian Congregation）和圣婴耶稣（Holy Infant Jesus）的整个广大的互补性的课程体系中"。年鉴中还提到，公教进行会于 1940 年在该校成立，并创造了多个"活跃的劝诱改宗的精神活动，使神圣的信仰渗透进学校的规则中"的团体。这些班级团体依靠执行委员会（Executive Committee），执行委员会在公教进行会指导会（Brother Director of Catholic Action）的指导下，根据寄宿学校的结构，执行与学校公教进行会相联立的教区青年联盟（Diocesan Youth Union）的规则和指示。

此外，天主教行动中最宝贵的瑰宝——玛丽亚会（Marian Congregation），通过举办特定的活动提高了生活的虔诚性。在 1950 年，该会拥有 160 个教众。作为典型的第三支（the Third Division）"儿童分支"（Children's Section）的圣婴耶稣会，拥有 95 名注册成员，他们将公教进行会青年意向申请者（Catholic Action

Youth Applicants）带入庄严的虔诚生活中，在日后的生活中，他们将用这份虔诚去履行自己身为教徒的使命。对此，我们还需补充宗教节日中一系列宗教习俗的相关内容。庆祝宗教节日时，庄严程度极高。除每年举行的灵性操练（spiritual exercises）外，相关例子还包括基督君王瞻礼（Feast of Christ the King）、圣母无染原罪（Immaculate Conception）、圣·约瑟的盛宴（the Feast of St. Joseph）、圣约翰·喇沙的盛宴（the Feast St. Jean-Baptiste de La Salle）、基督圣体节（Corpus Christi）以及初领圣体仪式（First Communion celebrations）。

体育活动：塑造阳刚之气？

从年鉴中专门用于介绍体育活动的篇幅来看，体育活动在学校内部所扮演的角色无疑是重大的。体育活动可分为不同的类别：一般意义上的体操或体育教育、团体运动和体育展演（Pérez Flores 2013）。学校内部进行的体育运动类别能够清晰地显示学校的地位；换言之，进行的精英运动愈多（击剑、网球等），学校声望愈大。由此可见，学校选择的运动类型与特定社会阶层的成员身份之间存在着明确的关系（Brohm 1993）。私立学校进行的体育运动具有双重目的：其一为依照体育教育的规范锻炼身体；其二为推进一系列培养社交能力、竞争能力和运动能力的道德、伦理和社会价值观。（Paredes Ortiz 2002）。

从另一个角度来看，在名校中进行一系列体育活动与教会教义以及其赋予男性运动能力［一种"强身派基督教"（muscular Christianity）］的价值相关联。（Mangan 1981）换言之，体育运动是一种基于一系列生理和道德价值观创造男性气质的手段。"博纳诺娃圣母学校"1949—1950学年的年鉴中亦表达了这一理念："致力于合理的教学法，依据庇护十二世（Pius XII）的授权，使学校的体育兼具特色与优势，此举被认为是消解学业负担重这一枯燥特性的必要活跃手段。我们的规章制度为和谐的氛围、教友的相互监督、与其他实体（如教区的公教进行会、学校乃至地区体育联合会）的体育比赛提供了充足的空间和有利条件。"同其他诸多名校一样，在"博纳诺娃圣母学校"中，不论宗教团体如何，学生皆进行足球、篮球、旱冰球、回力球、躲避球、排球和乒乓球运动。因此，学校雇用了体育老师、治疗老师和医务人员。

艺术和文化活动：塑造审美品味？

涉猎艺术和文化活动不仅是为了显示彼时的审美品味，其中一些活动更被认为与学校想要传达的价值相一致，例如戏剧、文学晚会和诗歌比赛。表演西班牙古典戏剧以及阅读西班牙主要作者的文学作品强化了人们的观念，认为这些作品是学生的文学及戏剧修养的必读作品。在某些班级中教授的通俗作品与必读作品形成显著的相辅相成效果。

通常，艺术和文化活动会在颁奖典礼或圣诞节庆祝活动之际准时举行。此外，在一些较有名的寄宿学校中，根据年龄的不同，通常会设立一个固定的戏剧团体或其他团体。另一持续时间较久的活动是合唱音乐，由在校学生组成的合唱团演唱。在一些学校，如"博纳诺娃圣母学校"或"圣地亚哥·阿波斯托尔学校"（Santiago Apóstol），合唱活动是音乐课的一部分。在提供文化培训并参与其中的情况下，学生还举行了艺术展览。

部分学校的年鉴中还载有学生完成的文学作品、新闻作品以及记述实地游览或知名人物采访的习作等等。这是位于马德里的玛丽学会学校"El Pilar"从一开始就推崇的重要价值。实际上，该校后面开始出版由学生运营的名为 *Soy Pilarista*（英语：*I am A Pilarist*）的报纸（Asociación de Antiguos Alumnos del Colegio El Pilar 1995）。

学生资料：学生个人评判或就业指引

学生社会认同的一个关键要素是了解入学学生以及毕业学生（尤其是后者）的概况，这同时也是在不同的家庭以及学生之间的学业及社会纽带中织起一张社交网络。在某些情况下，年鉴提供了往届学生所从事职业的相关信息。例如，

"博纳诺娃圣母学校"的年鉴中列出了1939年至1949年间，有17%的学生继续攻读并获得工程学学位，16%的学生从事医药行业，16%的学生从事法律行业，15%的学生成为了商业和行政管理教师，13%的学生进入了化学和药学行业，7%的学生成为了神职人员，5%的学生成为了建筑师，4%的学生参军，进入其他行业的则占最后的7%。因此，最后一学年的学生照片甚为重要，因为它们提供了有关学生未来职业意向的信息。

然而，在一些喇沙学校、圣母兄弟会学校、玛丽学会学校以及多明我会（Dominican）学校中，每位学生的照片后面都附有对该生在校最后一年的描述、评估、建议及评论，这着实出乎意料。在某些情况下，随附内容还有来自导师或校长的评价。以玛丽学会为例，在位于马德里及圣塞瓦斯蒂安（San Sebastian）的学校中，随附文案由学生们亲笔书写。通过查看文案上的相关信息，如专业方向、心理评估、猜谜游戏和运动能力，我们能够得出其预示信息。

学生资料中的评判性描述的例子可在圣塞瓦斯蒂安的玛丽学会学校1949—1950学年的年鉴中找到。关于往届中学生的评语很简短，但同时也很切中要害，一些对学生的评判性评论如下：

> 相比较同龄人，该生在"小事"方面的表现总是较为突出，昨日之幼稚过失，今日已能用更为成熟的方式处理。该生记忆力胜于判断力，阅读量之大超越了其当前年龄阅读需求。建议：若欲以写作为职业，则阅读方面宜少而精（non multa sed multum），唯有如此方能真正掌握笔头功夫。

> 该生思维能力比口头表达能力强，但其思考速度较慢。一切事务似乎都是他的重大负担，譬如其身体素质和学业知识，但该生自身并无身体缺陷或残疾。这是为何？但该生自己却表示，自己是某一类天才。

> 这是一个好孩子，非常认真和勤奋，言辞简短，但是能长时间保持工作

状态。

该生具备被选为勤劳的埃巴镇中大型公司董事的潜质。

该生略显紧张不安，身体强壮，运用记忆力工作的频率远高于用思维能力。

在我们看来，该生懒惰透顶。其外表、言语、举止皆缺乏活力与朝气……该生日后终究能找到一份工作，虽然找到工作需要相当长的时间。

从某些短语来看，似乎某些资料来源于年鉴编辑者与当事学生之间的对话。在"博纳诺娃圣母学校"的年鉴中，也出现了此类评语，但这种评语仅出现在足球队员的学生中：

该生年龄虽小，但其踢球风格清晰，水平至高。

该生运球能力强，步法数学级般精准。

该生防守能力强，带球过人天衣无缝。

学生照片：没有联网的脸书

在年鉴中发布学生照片是必不可少的一个环节，且趋势已从发布学生个人照转变为学生集体照。这种演变的第一步是将每个学生的头像照片框在绘制好的寓言画中（"博纳诺娃圣母学校"和"圣地亚哥·阿波斯托尔学校"便采用这种方式），下一步每个学生的肖像便组成了整个班级集体。第三步便是在年鉴上发表班级集体照，全体同学同框合影，不仅露脸，还拍下了全身。在某些情况下，集体照还会与个人照组合在一起，学生拍照姿势对称，拍照地点遍布学校各处。

宗教和体育活动摄影的焦点在于每件值得关注的事件，类似地，学生照这种类型的照片构成了一部真实的脸书，即学生名单或学生目录。脸书这个词恰如其分，因为每张个人照片皆附有姓名和班级年份，可准确识别每个学生。

从社会学视角看，集体成员的身份不仅在学生时期至关重要，对于学生的未来更是如此，因为集体成员的身份可帮助学生们建立关系网络，这种关系网能为其成员的未来事务打开方便之门。在能够通过回忆想起其他同学的前提下，使学生回到过去以及过去的生活经验中的一个方式便是运用建构的回忆，这种方法同时也可以使旧同学重新建立起已经断绝的联系。因此，这些照片就像是一张过去印制的"名片"或"访客卡"，根据人们想要获得或追求的资源，在未来某个时刻发挥作用。

未来回忆的话语力

年鉴从个人视角而非史学视角看亦具有巨大价值，其中一个层面体现在它将学生生活经历记录到他们的回忆中，这十分具有趣味性，宛如一个会陪伴学生终生的不可磨灭的印记。年鉴的编辑者意识到，年鉴的重要性不仅体现在营销上或记录事件的发生顺序上，年鉴在作为永久纪念品方面亦具有重要价值。因此，大多数年鉴皆使用文学手法来创造亲密感并促进交流，年鉴成为直接与学生对话的人。

下文若干例子将帮助我们理解年鉴的这个特征，同时帮助我们理解年鉴是如何构建记忆、群体的身份、学校的身份等等，这种记忆构建的目标是将现在经历的一切塑造为未来陪伴学生终生的回忆。位于梅利利亚（Melilla）的"卡门圣母"学校（Colegio "Nuestra Señora del Carmen"）1942—1943 学年年鉴的编辑们正是笃信着上述理念，写下了下文这段话：

31年来，心驰神往，未曾断绝，虽艰难曲折，今始见曙光。年鉴为我名，记录着你们年少时的奋发历程与凯旋时刻。令你们重温童稚光阴，青葱岁月，为我所求。我可以肯定，当你将我捧在手中时，必将对我的艺术封面感到惊喜。封面中，三个伟大的理想和三个伟大的爱汇聚在一起，那是我意欲向你们灌输的理念：卡门圣母（La Virgen del Carmen）以母亲般的温柔呵护着以她命名的美丽学校，信德之标（Signum Fidei）上的星星发出通透的光芒照耀着我们；奉行加尔默罗（Carmelite）的信仰，你将无须翻覆便可穿越人生的海洋，快乐地到达永恒的彼岸。

另一例子出自毕尔巴鄂（Bilbao）圣地亚哥使徒学校（Santiago Apóstol）1947—1948学年年鉴，打开该年鉴便可见下列文字：

今日起，你便拥有了它。在你回忆的桶中贮藏并流淌着的各式各样的记忆印记，必须时刻充溢着这本年鉴的身影，这将为你的余生带来可触动启发的协调之感。有着神奇魔力的时间，调制出利口美酒，将欣悦的光环环绕在陌生人周围，与此同时，你的情感意识将愈发绚烂多彩。

尽管年鉴的信息由学生、老师、校长等提供，但其撰写工作通常由宗教团体的某一成员完成。在某些情况下，校友亦会参与其中。在大多数玛丽学会学校的年鉴中，学生们从年鉴编纂的初始阶段便积极参与其中，参与方式为撰写各种主题的文章，这着实令人感到惊奇。这些文章包括学生对旅行的印象、对某些感兴趣事物的理解乃至对参加学校活动的个人看法，占了数页的篇幅。在玛丽学会学校中，尤其是在20世纪50年代以及60年代，这种合作的模式得到了明显的发展。这可能是非典型的案例，但它们为我们在玛丽学会学校学生参与学校活动方面的方法提供了不同视角。

因此，应将年鉴的话语力理解为一种个人和/或集体回忆的建构，这种回忆的建构代表一个品牌（一个宗教机构），塑造着身份并与两个外围元素（即家庭和校友协会）建立联系。

结　语

历史学家在试图研究私立宗教学校时，时常会遇到许多困难，因此将研究学校年鉴列入教育历史学家的方法列表中，这种方法十分有用。这些年鉴提供了宝贵的信息，尤其是 20 世纪中叶的信息。在本文中，我们对各年鉴的历史演变进行了研究，试图勾勒出其整体面貌。我们发现，所研究年鉴的文本类型皆为宣传推广，满足特定时期的社会和教育需求。年鉴为研究名校提供了内在价值，除此之外，年鉴还构建了立足未来的当下记忆，并与以一系列学校活动为代表的过去联系在一起。

建立学校年鉴资料库后，我们对 20 世纪西班牙的私立宗教学校进行了分析。经分析，我们首先发掘了此类年鉴作为原始材料所拥有的价值。我们认为，应将学校年鉴列入教育史学家的研究任务清单中；其次，我们还发现了年鉴所具备的附加价值，这种价值体现在其建构了学生的未来记忆，方式为通过创作年鉴，让年鉴自身成为学校的化身。年鉴会帮助学生获取认同感，途径为营造个体在集体中的归属感并建构集体记忆。在这方面，可以肯定的是年鉴的各种元素在建构学校记忆中发挥了作用；第三，我们证明了年鉴虽然会随着时间推移而发生变化，但它们具有一些核心特征：包括对学校的介绍；描绘该学年内发生的宗教、体育和文化活动的描写；校本课程；而其中最为重要的便是学生照片，无论是个人照或是集体照，皆构成了一种离线形式的脸书。通过对各类活动的研究以及对照片的分析，我们可以重构这样一种教育经验和教育理念；这种经验和理念清晰地传达了学校的"品牌"及其通过宗教活动塑造学生的使徒行为、通过体育运动塑造阳刚之气、通过文学、歌唱和戏剧塑造审美品味的目标。

最后，我们确定了两个要素，可以帮助我们知悉所分析年鉴的主观价值。其一是通过专业、心理或其他方面的指导来制作学生的个人资料。其二是对学生未来记忆的建构。在这一过程中，年鉴编辑者的声音会影响学生如何将当前的生活经历视为未来的宝贵回忆。

第六章　身份记忆学校人物：学校中安达卢西亚身份认同的变化——学校教科书路径（1978—1993）

瓜达卢佩·特里格罗斯·戈迪略（Guadalupe Trigueros Gordillo）[①]

克里斯托瓦尔·托雷斯·费尔南德斯（Cristóbal Torres Fernández）[②]

E. A. 加西亚·谢赫·拉鲁（Enrique Alaster García Cheikh-Lahlou）[③]

简　介

对安达卢西亚（Andalusian）地区身份认同的研究兴趣依然是科学、政治、文化和教育领域讨论的焦点。在民主过渡时期，安达卢西亚自治主张的觉醒催生了大量与文化和历史身份有关的出版物，并引入了人类学新路径，甚至拓展到教育领域。

1982 年的第 3936 号皇家法令（*The Royal Decree 3936/1982*）将教育权限移交给了安达卢西亚政府。其序言强调，建立教育系统及教育政策的区域分权模式的主要驱动力，是渴求拥有一个特定的身份，并特别关注教育的社会维度和个人维度。这一点将在日后学校中与身份认同相关的各种内容的传播中逐渐显现出来。本研究旨在分析在教与学的过程中安达卢西亚身份认同是如何通过特定工具建立和传播的。

[①]　西班牙塞维利亚大学，电子邮箱：gtriguerosgordillo@gmail.com; trigueros@us.es。

[②]　西班牙塞维利亚大学，电子邮箱：ctorres@us.es。

[③]　西班牙塞维利亚大学，电子邮箱：egarcia24@us.es。

我们尤其侧重于介绍在安达卢西亚环境中有所作为的人物，他们在历史上也成为了安达卢西亚身份的重要支柱。因此，我们主要分析他们在学校所使用的教育资源中被传播的方式与目的。

该研究为描述性研究，划分为截然不同的两个阶段：第一阶段为阐述支撑研究的基本概念：身份认同、学校记忆和教科书；第二阶段，展示从学校材料中分析得出的结果。

身份认同与公众记忆

在西班牙，近年来，尤其是自 20 世纪下半叶以来，由于自治州的形成，人们对特定地区个体身份认同的研究兴趣日渐浓厚，人们在努力寻求一个有别于该国其他地区且带有每个自治州特色的身份认同。

西班牙自 1978 年实行课程改革以来，改革目标便一直是群体内的身份意识，尤其是在社会科学（Social Sciences）以及语言文学（Language and Literature）领域。身份认同的建立需通过记忆，人类需要了解过去才能知道自己是谁。从这个意义上讲，教室是建构以及帮助学生发现自己身份的最理想场所。自布拉斯·因方蒂（Blas Infante）的著作《理想安达卢斯》（*El Ideal Andaluz*）出版以来（该著作增强了人们对安达卢西亚人进步、知识和未来的信心），许多作者已从不同角度对安达卢西亚记忆进行了研究。

阿尔西娜·弗兰克（Alcina Franch 1999）从文化的角度进行了分析；特伦萨多·罗梅罗（Trenzado Romero 2000）从电影的角度分析了安达卢西亚身份的建构；而奥尔特加·穆尼奥斯（Ortega Muñoz 2001）则运用哲学进行分析；迪亚兹·桑切斯（Díaz Sánchez 2004）从青年的角度进行了分析；莫雷诺·纳瓦罗（Moreno Navarro 2008）从文化的角度探究了安达卢西亚身份的特定元素；而最近，比斯·米兰达（Beas Miranda 2013）和冈萨雷斯·加西亚（González García 2012）等作者则运用了我们感兴趣的教育和学校教科书视角进行了分析。

作为身份认同研究材料的学校教科书

法国学校教科书方面的专家阿兰·肖邦（Alain Choppin 1993）在他的一本书中提醒道："学校教科书不仅是教学工具，它们还是社会群体的产物。教科书编写者寻求使自己的身份、价值观、传统和文化永存。"教科书已成为课堂上使用的主要资源。它们一如既往地成为强化文化并借此强化安达卢西亚身份认同的最佳方式。从官方课程与教科书内容之间的相互适应上，我们可以窥得教科书成为身份认同最佳方式的原因。

本研究根据一些所用特定教科书的作者和出版商所持的观念来进行。一些被咨询的出版商认为教科书是"教师工作的辅助工具"，或是"一套以学生的操纵和认知活动为基本组成部分的提案"（Proyecto E. S. L. A. 1989, p. 6）。

正是因为学校教科书身上所蕴含的特点，才使得教科书成为了研究其结构背后蕴藏的过程的合适工具。因此，教科书除其他明确特征外，还展示了"内容公开的目的性、系统性、顺序性、教育工作的适用性、说明性文本风格、文字和插图的结合以及扩展内容的规范"等特点（Ossenbach Sauter 2010, pp. 121-122）。

根据奥特（Otte）的说法，教科书的作用具有双重性，且不可简约化。教科书具有交流和解读的功能，从作者和读者两个视角来看，它们都给出了主观的立场。此外，其"知识的物化结构具有突出的客观特征"（González Astudillo and Sierra Vázquez 2004, p. 390）。

自《比利亚·帕拉斯法》（*Villar Palasí Law*）的处置办法发布以来，鲜有变更能得到认可。1970 年第 14 号《普通教育法》（*14/1970 General Education Law*）的第 5 条附加处置办法规定"学前教育、基础普通教育、一级和二级职业培训以及西班牙学士学位各等级教育系统发展所需的书籍和材料，须依照既定规范，接受教育和科学部（Ministry of Education and Science）监督"。安达卢西亚受让教育职权于 1983 年开始生效，其中包括审定教科书的权力；

(i) 教科书与其他教学材料的审定分别与教育与科学部（Ministry of Education and Science）和安达卢西亚教育部（Department of Education of Andalusia）相一致，教科书与其他教学材料规定了最低教学限度的方案、课程及教学方针，以及对最低教学限度的拓展或补充。为达成此目标，成立了两方专家委员会，向两个主管部门的主管当局提出适当的决议。在任何情况下，教科书及其他教学材料的审定是独立的，且须注明该审定权由教育与科学部以及安达卢西亚教育部所授予。

在上述立法处置方法中，自治政府在不同的教育等级上获得了审定教科书的全部权力，因此可选择具备安达卢西亚地区特色的教科书。这形成了一个转折点，标志着教育部（Department of Education）制定的教育政策将成为出版商和教科书编辑专业人员所遵循的风向标，从而使得学校教学资源适应地区全新的社会和政治现状。

方　法

本研究的主题是借助在安达卢西亚出生的特定人物的形象来研究安达卢西亚身份认同的传播和强化，这些人物在 1978 年《西班牙宪法》（*Spanish Constitution*）颁布之后到 1990 年 1970 版《普通教育法》（*General Education Law*，西班牙语：*Ley General de Educación*）实施结束这段时间内，成为了学校课程主题的人物形象。

我们首先提出这样一个假设：安达卢西亚当地人物对安达卢西亚身份特征的形成未有显著作用；这一假设围绕多个教科书"版本"而形成，因为在包含新课程材料的《教育系统普通法》（*General Law of the Educational System*，西班牙语：*Ley de Ordenación General del Sistema Educativo*）实施之前，在安达卢西亚版的教科书中,身份的许多特征被逐渐融合,并无显著的意义。

整体目标为:在公共政策的基础上分析安达卢西亚的身份建构,如何通过学校环境中教学内容和思想的传播而获得新的发展。

围绕整体目标,具体目标如下:

(a) 分析与文化、政治、创造和思想相关的安达卢西亚杰出人物的存在和重现;

(b) 研究教科书中出现的与安达卢西亚身份认同相关的主要人物;

(c) 研究学校教材中安达卢西亚标志人物传播的方式和目的(见图 6.1)。

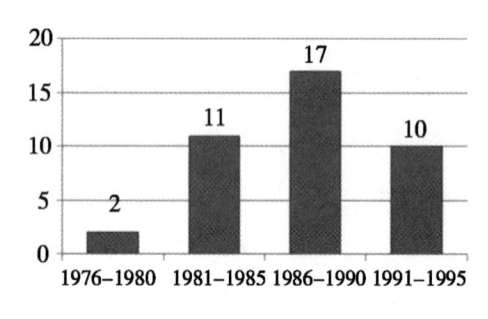

图 6.1　出版年份

人物的筛选依据为其所属的活动领域:哲学、政治或艺术和文学创作。为进行分析,我们所选用的学校教科书均是在 1978 年《西班牙宪法》通过至 1970 年版《普通教育法》实施结束这个时间段内出版的。

涉及"教科书"一词时,我们所指的皆为教师与学生用于讲授与学习特定科目的教科书。教育权限向自治社区的转移有助于安达卢西亚版和国家版两个版本教科书的和谐共存,尽管安达卢西亚版的重要性逐步地凸显,但是两个版本之间仍然和谐共存。在我们所进行的研究中,这种趋势逐渐发展,因此更大数量的国家版教科书被囊括进本研究中。

如表 6.1 所示,样本中有 28 个在安达卢西亚出生的人物,分属不同领域。在这 28 人中,有 13 人出现在语言和文学教科书中,有 15 人出现在社会科学教科书中。

表 6.1 教科书中分析的人物（各科目）

西班牙语言与文学	社会科学	
Fernando de Herrera	Aníbal Gonzalez	Antonio Cánovas del Castillo
Gustavo Adolfo Bécquer	Alejandro Guichot	Bartolomé Esteban Murillo
Luis Cernuda	Blas Infante	Diego Rodríguez de Silva
Pedro Antonio de Alarcón	Duque de Rivas	Velázquez
Francisco Giner de los Ríos	Felipe González Márquez	Emilio Castelary Ripoll
Antonio de Nebrija	Mariana Pineda	Joaquín Turina Pérez
Juan Valera	Miguel Primo de Rivera	Manuel de Falla
Federico García Lorca	Pablo Ruiz Picasso	Niceto Alcalá-Zamora
Vicente Aleixandre		
Juan Ramón Jiménez		
Luis de Góngoray Argote		
Rafael Alberti		
Antonio Machado		

用于数据收集的文件选自国家版和安达卢西亚版的一组教科书，它们主要供学生使用。此外我们还分析了多本为教师提供的教学指南和书籍。最后，我们选取了两个核心科目，即西班牙语言与文学以及社会科学，此两科皆属于初等教育的较高年级（第六、第七和第八）（针对9岁、10岁与11岁的学生）且均在1978年至1993年之间发布，从而界定了《西班牙宪法》通过与上述1970年版《普通教育法》实施结束之间的时间跨度（见表6.2）。

表 6.2 参考教科书（国家版/安达卢西亚版）

版本	数量	百分比（%）
国家版	29	72.50
安达卢西亚版	11	27.50
共计	40	100

我们认为，对于分析传递历史和文学经典这一研究对象来说，社会科学和西班牙语言与文学是最为合适的知识领域，因为它们适应了不同年龄段的学生，有

利于他们的理解和融会贯通。我们收集的数据来自总共 40 册教科书，分布情况如图 6.2 所示。

图 6.2　各学科参考教科书

大部分参考教科书皆是以学生为目标受众群体。但是，教师这个角色在学习的过程中也至关重要，他们可以通过教学指南来确定其教学的首选方法。应当记住，教学指南已被限定在特定的规范之内，因此它在特定的主题上提供的指导意见带有倾向性。还需记住的另一点是，出版商遵循的是官方的教学大纲，且教学大纲应当传递给学生。

为了筛选和分析人物，一个供研究用的参考教科书合辑就此形成。这个合辑包含了在记录最重要信息时所需信息的方方面面。同时，我们也相当于建立了一个数据库，作为分析和解读时的文献背景用。下文为我们收集到的内容：

书目数据：作者、标题、出版地点与出版年份、版本类型（国家版或安达卢西亚语版）以及 ISBN（国际标准书号）。我们还获取了内部参考文献和书本的实际定位。

目标群体（学生或教师）。

教科书的教育等级。

科目：社会科学或西班牙语言与文学。

所分析的人物。

重复：人物重复的次数。

文本元素：文学语录、语义特征、活动、图表等。

超文本元素（插图及图示、符号），以及突出信息的元素（字形和字体样式、文本中颜色的使用、框、文本在页面中的位置等）。

覆盖的课程科目。

与之相关的技能。

该合辑完善、简洁，旨在为参考教科书的内容以及安达卢西亚人物的影响提供一个视角。

本研究所参考的文本基本都包含着一系列教育元素，包括：关于基本主题的课文、一些从原始材料中摘录的文本、基本教学活动和教学支持、插图以及用于强化内容的图表和地图。在某些情况下，该模式还会补充几行参考文献作结尾，如果是社会科学教科书，还会使用思维导图式的附录收尾。无论如何，每个出版社都有着自己的政策，也有着自身对教学过程的理解，尽管如此，教科书仅仅是一个促进教师指导学生的工具。

数据分析

我们对教科书中出现的两大基本组成部分进行了数据分析，即文本元素的集合以及超文本元素的集合（Level and Mostacero 2011）。文本元素由演示信息的文本以及提出教学活动的文本组成，前者通过基础文本以及补充辅助文本的形式将信息传递给学生；后者强化了内容。另一方面，超文本元素由图像及用于辅助文本元素的各种资源组成，用于强调和突出需要强化的内容。在本研究中，文本元素和超文本元素皆具有同等的重要性（表6.3）。

表 6.3　文本和超文本元素

文本元素	超文本元素
基本内容 辅助性文本 补充信息 教学活动与练习 词汇表 图表与图形	图像与插图 符号 文字突出显示

对于文本中最经常提及的安达卢西亚人物，我们将重点放在分析上：首先是整体信息，我们分析教科书的编排和内容结构，以此来区分用于身份认同研究的不同人物的表现模式；其次是构成安达卢西亚身份特征的要素。一方面，我们对呈现出来的文本要素进行了分析（其中融合了书面交流），方式为区分赋予安达卢西亚身份意义的词语；另一方面，我们也对超文本元素进行了分析，超文本元素包含了图像和符号，以某种方式辅助了身份认同的传递。在安达卢西亚地区的象征标志（旗帜、颂歌和徽章）以及图像（绘画、摄影、制图）上，我们尤为重视，并对那些伴随各个人物出现在教科书中的超文本元素进行了分析；第三，我们将待研究人物的身份分为三大活动领域：哲学（思想）、政治和艺术创作。我们将文学、建筑、音乐、绘画和雕塑等归入到艺术创作领域中。我们所采用的分析方法为定量、定性相结合，但尤为注重定性方法，并以定量方法作为内容分析的辅助手段。

结果与成果

通过数据分析，我们得出了以下结论：

1. 对于教科书的一般性质及编排的相关数据，应对两个要素予以强调。第一个元素与教科书的编排直接相关，尤其是社会学科的教科书。国家版本教科书的结构通常将来自不同出版商的书籍串联到一起，但各自治社区的特别版教科书出现后，就提供了多条辨识该地区特征的路径。因此，国家版教科书中所有专门描写安达卢西亚的内容均没有按照安版教科书的结构来呈现。目前已发现两种不同的范式，其中一个范式将专门描述安达卢西亚的内容编排为西班牙历史的附录，但这些内容仅存在于某些单元中。另一范式则专门介绍了多个有关安达卢西亚的话题，呈现安达卢西亚的情境化信息，但对于不同历史阶段的信息，则有所取舍。另一方面，该学科的课程包括道德和公民教育的一般性内容以及该地区的具体化内容。第二个元素则与各部分内容的结构以及用以强化内容的辅助性技巧的呈现有关。

2. 对安达卢西亚人身份元素分析的具体结果。在文本元素上，经分析，强调安达卢西亚特征的名词和形容词甚少，具体有：安达卢西亚人（Andalusian）、安达卢西亚（Andalusia）、安达卢西亚主义（andalusism）、安达卢西亚地区主义（Andalusian regionalism）及区域居民称谓词（demonyms）。

各人物的呈现甚少有超文本手段辅助。最显著的案例是政治领域的人物，尽管总的来说，任何一幅附在文本旁的插图在任何时候皆不能表明安达卢西亚的特定特征。

3. 关于活动领域，可确定的是在学校教科书中出现频率最高的是艺术和文学活动（65.52%）。政治和哲学领域仅占总数的35%，且前者频率高于后者。虽然理论上可将这些数据用作于每个人物出现的次数，但实际情况却有所不同。如表6.4所示，在文学和艺术领域，人物重复出现的次数更高，达到85%以上，其次是政治领域，而思想界则鲜有人物重复出现的情况出现。无论如何，我们发现特质身份的传递在政治人物中具有更大的力量。

表 6.4　人物（依照知识领域切分）重复出现次数

知识领域	次数	百分比（%）
思想	20	2.28

续表

知识领域	次数	百分比（%）
政治	98	11.17
艺术创作与文学	759	86.55
共计	877	100

各领域受分析的具体人物如下表所示（表6.5）。

表 6.5 各知识领域人物

思想	政治	艺术创作
Alejandro Guichot	Antonio Cánovas del Castillo	Diego Rodríguez de Silva Velázquez
Fray Bartolomé de las Casas	Emilio Castelary Ripoll	Bartolomé Esteban Murillo
Francisco Giner de los Ríos	Mariana Pineda	Pablo Ruiz Picasso
	Felipe González Márquez	Joaquín Turina Pérez
	Miguel Primo de Rivera	Manuel de Falla
	Niceto Alcalá-Zamora	Fernando de Herrera
	Blas Infante	Gustavo Adolfo Bécquer
		Luis Cernuda
		Pedro Antonio de Alarcón
		Aníbal González
		Duque de Rivas
		Antonio de Nebrija
		Juan Valera
		Federico García Lorca

续表

思想	政治	艺术创作
		Vicente Aleixandre
		Juan Ramón Jiménez
		Luis de Góngoray Argote
		Rafael Alberti
		Antonio Machado

按领域划分的分析结果如下。

思想领域

思想领域的人物最少，仅有弗朗西斯科·吉纳·德洛斯里奥斯（Francisco Giner de los Ríos）、巴多罗梅·德拉斯卡萨斯（Bartolomé de las Casas）和亚历杭德罗·吉乔（Alejandro Guichot）三人。参考教科书中的绝大部分存在着这样一种趋势，即更多地关注政治事迹的主要人物或艺术创作者，尤其是致力于绘画和文学的创作者。

当然也存在某些例外，其中我们要重点介绍由"Grupo Blanca de los Ríos"草拟的教科书。在人物所处的历史时期上，除巴多罗梅·德拉斯卡萨斯外，大部分人物皆来自现代。在所有人物中，呈现出该地区最具安达卢西亚特色和特征的人物是亚历杭德罗·吉乔，因此他也被评为"一个具有清晰区域特色的知识动向，尝试着通过风景、习俗和人文来发掘安达卢西亚"（Castejón et al. 1991, p. 69）。事实亦是如此，亚历杭德罗·吉乔被认为是安达卢西亚地区主义的推动者之一，在他的影响下，人们渴望通过清晰明确的区域主义运动，在西班牙国家内部寻找安达卢西亚的历史渊源并重振该地区。然而，应当指出的是学校教科书中对安达卢西亚区域主义运动的反响很小，尤其是关于吉乔，因为在所有选取的教科书中，他仅出现过五次，且全部出现在安达卢西亚版的三本教科书中。

在教科书编写传统中，弗朗西斯科·吉纳·德洛斯里奥斯的思想占据着举足轻重的地位。他是关键教育革新运动和自由教育学院（Institución Libre de Enseñanza）创立的关键人物。总体而言，他并不直接强化安达卢西亚的身份认同，因为大多数教科书在教育界和该国的革新过程中都扮演着他们需要的角色，但由里奥斯·布兰卡（Grupo Blanca de los Rios）撰写的 SM 发行商教科书（国家版）则不然，书中有一段由吉纳本人撰写的有关教学方法的文案，其配图中出现了一个安达卢西亚律师。它反映了西班牙作为一个国家的发展和意识形态开放的概念，这一点反映在关于克劳泽理念（Krausist philosophy）以及关于自由与进步的价值观的论述中：

> 克劳泽主义（Krausism）得名于德国哲学家克劳泽（Krause 1781—1832），在西班牙具有理性主义和自由主义的政治特征，对教育产生了巨大影响。西班牙克劳泽主义的主要代表人物包括萨尔梅隆（Salmerón）、吉纳·德洛斯里奥斯以及古美森道（Gumersindo de Azcárate）。（Castejón et al. 1991，p. 69）

在选定的人物中，如塞维利亚人巴多罗梅·德拉斯卡萨斯，在参考教科书中对该人物有着更为深入的分析。但是，如同吉纳·德洛斯里奥斯的案例一样，该人物的安达卢西亚出身并不是直接传播的，我们只有参与到强化身份认同的教学活动中，才能接触到有关其安达卢西亚身份的信息。从这个意义上来说，我们可以找到不同类型的课本练习，其中大部分练习的目的在于搜寻该人物的其他相关信息。从最简单的练习"了解以下每个人物，并为每个人物写一篇短文；……弗雷·巴多罗梅·德拉斯卡萨斯"（Castejón et al. 1986a，b，p. 9）开始，再到其他能诱发新的练习的强化活动。

此教学活动包含两个部分。首先，学生在搜索有关作者的信息并完成任务的基础上，自己发掘安达卢西亚的渊源："在一本百科全书中查找弗雷·巴多罗梅·德拉斯卡萨斯的有关信息，并写一篇有关其生平以及其保护印第安人的文

章。"（Ruiz Carmona et al. 1992，p. 133）

在第二部分中，为了介绍其他在美洲功勋卓著的安达卢西亚人，巴多罗梅·德拉斯卡萨斯与该地区之间的联系得到了明确阐述："你或许与在美洲功勋卓著的其他任何安达卢西亚历史人物做了同样的事情。"（Ruiz Carmona et al. 1992，p. 133）

政治领域

政治领域是身份认同中更具代表性的另一领域。在我们分析的安达卢西亚政治人物中，布拉斯·因方蒂被认为具备了更多的身份特征，虽然这个人物仅出现在其中三本教科书中，这三本教科书为安达卢西亚版社会科学书籍。布拉斯·因方蒂在教科书中以"安达卢西亚家园"（Andalusian homeland）之父兼架构师的身份出现，因此这也强调了安达卢西亚人从属于一个国家，却独立于其西班牙人身份的身份认同感，并传播一种特定的政治文化以及情感元素。同样地，在符号（徽章、颂歌）中体现的安达卢西亚身份认同的外部标志依旧与布拉斯·因方蒂这个人物相关联：

> 布拉斯·因方蒂于1915年出版了《理想安达卢斯》（*El Ideal Andaluz*）。三年后，第一届安达卢西亚大会（Andalusian Congress）正式举行，并宣布了自治，采用了绿白旗帜，并确定了徽章和颂歌。（Castejón et al. 1986a，b，p. 155）

教科书中指出，"布拉斯·因方蒂之死似乎也意味着安达卢斯主义的终结"（Equipo Aula3 1992a，b，p. 222），这一点以西班牙内战的开始和对自由思想与自由表达的噤声为标志。因此，布拉斯·因方蒂乃至于安达卢西亚人的声音被枪支压制住了。

安达卢西亚的身份认同同样也经由其他形容词表达出来，这些形容词用于描述西班牙政治领域的几个代表人物。在教科书中,卡诺瓦斯·德尔·卡斯蒂略(Cánovas del Castillo)以一名"杰出人物"(outstanding figure)的身份出现,他的名字象征着和平、繁荣、秩序与福利的历史时期,他的出现便保证了推动"政治稳定的时代"(an era of political stability)。他以安达卢西亚人的身份在书中出现,他的特点是反对维护"资产阶级地区主义者和工人的有组织的部门"(bourgeois regionalist and organized sectors of the workers):"卡诺瓦斯·德尔卡·斯蒂略创造的政治系统边缘化了地区主义资产阶级和工人有组织的部门的政治生活。这项政策导致统治集团与该国其他地区的剥离。"(Castejón et al. 1991,p. 56)

另一个主要政治人物为玛莉亚娜·比内达(Mariana Pineda),她自称是"自由阴谋家"(liberal conspirator):"她是来自格拉纳达的一名年轻女性,在费迪南德七世(Ferdinand Ⅶ)的第二个专制时期被判处死刑,并因绣制一面带有'法律,自由,平等'(Law,Freedom,Equality)字样的旗帜而被处决。"(Castejón et al. 1991,p. 37)

在我们所分析的教学材料中,诸多人物,如埃米利奥·卡斯特拉(Emilio Castelar)、何塞·罗德里格斯·德拉博尔伯拉(José Rodríguez de la Borbolla)、胡安·德·迪奥斯·阿尔瓦雷斯·蒙迪扎巴尔(Juan de Dios Alvarez Mendizábal)、米格尔·普里莫·德·里维拉(Miguel Primo de Rivera)以及尼斯·阿尔卡拉·萨莫拉(Niceto Alcalá Zamora)同样具有很强的代表性。在教科书中配有大量的西班牙政府前首相费利佩·冈萨雷斯·马克斯(Felipe González Márquez)的图片和肖像画,虽然没有着重强调他的安达卢西亚出身,但这些配图能增强他在历史中以及西班牙政治上的地位。他的传记,特点诸多,却唯独不像在教科书中这般配图众多。

艺术与文学创作领域

艺术和文学创作领域涵盖了来自文学、文化、艺术、绘画和音乐界的人物。研究最多的两位文学作家是胡安·巴雷拉(Juan Valera)和佩德罗·安东尼奥·

德·阿拉尔孔（Pedro Antonio de Alarcón）。前者的安达卢西亚身份并不明显，只有当有人将其评价为"具备强大叙事能力的安达卢西亚小说家"时，方才变得明显：这句评价通常会在这位作家的照片旁用单独的文字加以强化说明（Equipo Blanca de los Ríos 1984a，b，p. 16）。从某本安达卢西亚版教科书中，我们可以读到"西班牙现实主义小说的奠基者中的代表人物就有安达卢西亚人中的佼佼者：巴雷拉和阿拉尔孔"（Equipo Aula3 1992a，b，p. 114）。这些描述不管在超文本元素的形式上还是在数量上通常都微不足道。

教科书上的另一位安达卢西亚杰出作家是费德里戈·加西亚·洛尔卡（Federico García Lorca）。他跨越了纯粹的安达卢西亚地域，其出身只是偶尔被提及；在这些被提及的情形中（总共五个），皆先验地传达了对安达卢西亚身份的认同："出生在格拉纳达，安达卢西亚主题一直是他灵感源泉"（Lázaro Carreter 1992a，b，p. 107）。我们还从一本安达卢西亚版教科书中发现以下内容：

> 安达卢西亚诗歌界中胡安·拉蒙·希梅内斯（Juan Ramón Jiménez）和安东尼奥·马查多（Antonio Machado）的出现将安达卢西亚作家推上了西班牙文学和世界文学的最高维度，因为他们的追随者人数众多，且地位甚高。在"27年一代"（the Generation of 27）中：加西亚·洛尔卡、阿尔贝蒂（Alberti）、阿莱安德罗（Aleixandre）、塞努达（Cernuda）是当代西班牙诗歌的基石。（Equipo Aula3 1992a，b，p. 244）

与希梅内斯和阿尔贝蒂一道，他们被评价为安达卢西亚的魔法（the magic of Andalusia）（Equipo Aula3 1992a，b，p. 248），来自格拉纳达（Ruiz Carmona et al. 1992，p. 226）和安达卢西亚（Castejón et al. 1986a，b，p. 158）。同样地，阿尔贝蒂的地位体现在他在教科书中被提及的次数以及对其作品的强力支持上：诗歌、照片、挽歌、绘画等。作为"27年一代"（the Generation of 27）的一员，教科书中对他有诸多描述（安达卢西亚的魔法、安达卢西亚、西班牙裔诗歌的支柱……）。同加西亚·洛尔卡的例子一般，我们可以读到有关其安达卢西亚出身的内容；"阿尔贝蒂……和许多其他安达卢西亚艺术家和文学家离开了家园"。(Castejón et al. 1991，p.159)

教科书中围绕诺贝尔奖获得者胡安·拉蒙·希梅内斯的内容数不胜数，与他的作品相关的内容亦是如此。他被评价为"安达卢西亚知识分子"（Andalusian intellectual）(Castejón et al. 1986a，b，1991，p.159)，他在战后被流放，在"远离故乡莫格尔（Moguer）"的地方死去，莫格尔正是他出生的地方。(Lázaro Carreter 1992a，b，p.127)。他被定义为安达卢西亚作家（Andalusian writer）(Equipo Aula3 1992a，b，p.244)，教科书中突出了他作为一个才华横溢的诗人所写的无数诗歌和作品，而他的出身也因此淡化了。(Lázaro Carreter 1992a，b，p.84) 另一代表人物伟大诗人德·龚果拉（de Góngora）(Hernando and Grence 1993，p.159)的形象被大量的图片及超文本内容所加强，其出身也因为被放入次要位置。我们可读到的有关其出身的相关信息条目相当少；"伟大的安达卢西亚诗人"(the great Andalusian poet) (Castejón et al. 1986a，b，p.169) 以及他出生于科尔多瓦（Córdoba）这一事实 (Lázaro Carreter 1992a，b，p.267) 是其中仅有的两条。此外，安东尼奥·马查多（Antonio Machado）是在《西班牙宪法》通过后的第一版国家版教科书中以一个伟大诗人的形象出现 (Zapater 1978，p.261)，他的形象也通过与一本安版教科书中"具有清晰区域特色，努力通过风景、习俗和人文来发掘安达卢西亚"的知识动向相联系而建立起来 (Castejón et al. 1991，p.69)。安达卢西亚知识分子，出生于塞维利亚，死于流亡这几项事实是在谈及其出身时会直接涉及的内容。另外，朱莉娅·乌塞达（Julia Uceda）（只出现了两次）和费尔南多·德·埃雷拉（Fernando de Herrera）之类的作家并不具备同等的知名度和地位，教科书中涉及他们的内容少之又少，且并未提及其安达卢西亚出身。

"27年一代"(the Generation of 27) 的成员在教科书中按出身划分，其中大部分皆为安达卢西亚人。作为例子，我们应该强调路易斯·塞努达（Luis Cernuda）（Castejón et al. 1986a，b，p. 158）和诺贝尔奖获得者维森特·阿莱克桑德雷（Vicente Aleixandre）（Zapater 1978，p. 264；Equipo Aula3 1992a，b，p. 244）的形象。相对比之下，贝克尔（Bécquer）在我们的定量分析中脱颖而出：在他的名字旁边，有一座位于塞维利亚玛丽亚·路易莎公园（Parque de Maria Luisa）的纪念碑的图片（Equipo Blanca de los Ríos 1984a，b，pp. 87-91）；他的诗歌出现在多本教科书中（还有他的画像）；他还与安达卢西亚有所关联："在19世纪，安达卢西亚通过古斯塔沃·阿道夫·贝克尔（Gustavo Adolfo Bécquer）这一人物为当代诗歌开辟了道路。"（Equipo Aula3 1992a，b，p. 114）他出生在塞维利亚（Portellano and Guardialo 1984，p. 120）。

在音乐领域，曼努埃尔·德·法雅（Manuel de Falla）和华金·图里纳（Joaquín Turina）脱颖而出，这两人皆象征着安达卢西亚对西班牙音乐史做出的贡献，这一点是通过教材中拟定的某些教学活动传递的。"安达卢西亚音乐家与将作品献予安达卢西亚的音乐家之间的关系……图里纳（Seville 1882—1949）……"（Equipo Aula3 1992a，b，p. 245。）

绘画在安达卢西亚具有广泛的代表性。委拉斯开兹（Velázquez）是最杰出的画家之一，在学校教科书中享有特殊地位。在某些书中，有完整的一页内容专门介绍了他的品质（Hernando and Grence 1993，p. 160），他的许多艺术作品直接以西班牙绘画之名出现在课本中，并被誉为天才之作（Equipo Aula3 1986，p. 223），教科书中同样可以找到他来自塞维利亚这一信息（Equipo Aula3 1986，p. 230；Rozas et al. 1984，p. 249）。该地区的其他人物包括牟利罗（Murillo）："在绘画中，有了牟利罗，塞维利亚便达到了顶峰。"（Castejón et al. 1986a，b，p. 169）此外还有毕加索（Picasso），其名字在教科书中反复出现，且"他的天才引领他一生都处在不断的艺术进化中"。教科书强调了其作品的广泛性，乃至宣称"他的贡献越过了安达卢西亚的边境"（Equipo Aula3 1992a，b，p. 244）。

4. 关于教学流程，特别是运用教学活动来强化知识的习得，最常用的突出信息的方法包括使用阴影文字、粗体文字以及文本方框。

结论与讨论

通过对参考教科书的研究和分析,我们可以得出结论,认为教科书的传统保持了下来。书中人物皆是历史上的伟大人物,并反映他们参与过的历史上的重大事件,从而使传说和伟人的榜样得以永存,其中以社会科学领域的教科书为典型。通过分析,我们可以得出结论,人物在教科书中提及的次数与安达卢西亚身份的传播程度不成正比。因此,对于那些有意义的词汇,其确定的不仅仅是相应人物的姓名在书中出现的次数,更重要的是体现了安达卢西亚人的特征。亚历杭德罗·吉乔(Alejandro Guichot)与布拉斯·因方蒂(Blas Infante)的例子便是如此。

在教科书的版本方面,身份的传递是渐进的。研究分析肇始于1978年《西班牙宪法》批准后,带有"安达卢西亚"标签的第一版教科书直到几年后自治区获得教育职能时方才出现。尽管有关安达卢西亚的各种议题在第一版安版教科书中便已出现,且势头强劲,但安达卢西亚的概念和身份的特征则以隐晦的方式出现,且在后续版本中不断得到扩大。我们还得出结论,在大多数案例中,与区域环境相比,本地环境得到了更好的强化和传播。一个略为奇异的例子便是吉纳·德洛斯里奥斯的人物形象,他在一本国家版的教科书中传递了其安达卢西亚身份,而专为安达卢西亚学校出版的教科书则忽略了这一点。

此外,在对安达卢西亚版教科书的分析中,应指出的一点便是除玛莉亚娜·比内达(Mariana Pineda)和马利亚·赞布兰诺(María Zambrano)外,并未出现其他杰出的安达卢西亚女性。尽管此二人对西班牙的历史和文化具有重大影响,但本研究涵盖的历年教科书中仅有几个关于她们的典故。因此,在我们所分析的教科书中,性别差别没有得到同等对待,因为男性人物的出现次数多于女性人物。

辨识安达卢西亚地区受研究的人物有三大主要属性词:其一为该地区八个省

份的别称；其二是概念词，例如提及"安达卢西亚"（"Andalusia"）、"安达卢西亚文化"（"Andalusian culture"）、"安达卢西亚的本质"（"essence of Andalusia"），理想"安达卢西亚人"（the ideal "Andalusian"）（参见布拉斯·因方蒂）的文案；其三为如伊西德罗·德拉斯卡吉加斯（Isidro de las Cagigas）一般知名的作者的言论。该作者经常为《贝蒂卡与安达卢西亚》（*Beticay Andalucía*）期刊的定期撰稿人，在其名为《安达卢西亚地区主义研究笔记》（*Apuntaciones para un estudio del regionalism andaluz*）的系列文章中，他对安达卢西亚的热爱反映为"理想的表达，他坚持认为，把安达卢西亚人的历史意识作为该地区发展的推动力十分恰当"（Castejón et al. 1991，p.161）。所有这些概念皆指安达卢西亚公民的特别的、独有的属性，这些属性强化了这种地区主义形象，使安达卢西亚的光芒盖过了本国的其他所有地区。

图片和图画等超文本元素是学校教科书中使用的另一种资源。但是，在我们的研究中，除却那些在标题中便能清晰点明人物特征的案例外，超文本元素在表示人物出身或所在区域时，极少能够直接确立人物的安达卢西亚特征。

在历史教学中，内容的传播不应仅仅致力于传播与国家身份和意识形态相关的已开发内容，而应为学生提供分析本土身份的价值及构成的能力。除认知功能外，教科书还传播有关所研究主题的情感过程，尤其是那些旨在传播学习者所居住地区知识的情感过程。从这个意义上讲，我们认为这一方面是未来研究的目标，可推动整项研究的完成。

最后，我们想指出的是，本研究只是第一步，后续仍需从其他角度并使用其他类型的材料对该主题进行全面研究。因此，尽管自教学产生以来，学校教科书一直是教学过程中使用的主要工具，但通过分析教科书并不能得出知识传播的现实状况。从这个意义上说，我们意识到教科书仅是一种工具，但老师所扮演的角色则至关重要。在分析这一主题时，还必须考虑到学生的活动，学生的活动与教科书中提出的教学活动应区别对待。因此，我们必须继续研究教职员工如何使用教科书及其他教学工具来传播和构造安达卢西亚的身份认同。

第七章 女性自传中的学校回忆：意大利，1850—1915

安东尼奥·卡尼奥拉蒂（Antonella Cagnolati）[1]

何塞·路易斯·埃尔南德斯·韦尔塔（José Luis Hernández Huerta）[2]

个体身份与职业身份的建构：女性教师的教育

众所周知，意大利半岛从众多小国林立到转变为民族国家联合体，这一过程十分漫长，且问题重重。这些阻碍和问题对一个现代国家的建立构成了非常现实的威胁。人们希望意大利半岛能与其他欧洲国家一样，建立起高效、集中的政府，后者在这方面已形成了时间跨度较大的稳固传统。实现这一目标所会遇到的艰难险阻不仅仅体现在于经济和政治上：统一的意大利必须以某种方式融合多种多样的人类学现象，并融合多元文化现象，因为身在其中的人们全然无共同之处，甚至不说同样的语言，他们已然习惯于截然不同的生活方式，难以被同化。在如此矛盾的背景下，举例来说，我们只需了解哈布斯堡王朝（Habsburg dynasty）优良政府的光辉传统。哈布斯堡王朝曾统治伦巴第-威尼西亚王国（Lombardo-Venetian Kingdom），其政府的优良传统体现在官僚体系上和法律上。另外，我们还可了解萨丁尼亚王国（Kingdom of Sardinia）建立起来的高效行政机构。上述二例皆与意大利南部悲惨荒凉的"边远落后地区"形成鲜明对比。因此，对刚成长起来的意大利的新领导人来说，一个乌托邦式的挑战便是团结和统一各种各

---

[1] 意大利福贾大学，电子邮箱：antonella.cagnolati@unifg.it。
[2] 西班牙巴利亚多利德大学，电子邮箱：jlhhuerta@mac.com。

样全然不同的习俗和生活方式。实际上，各种传统的存续顽固地束缚了政治阶层所重视的现代化计划，将工业化的进程几乎拉慢到了如同蜗牛般的步伐。

欲在新的需求和旧的生活方式之间建立起充分的渗透作用，须克服的主要障碍便是文盲问题。1861年的人口普查（首次在统一的意大利进行）发现72%的女性和84%的男性是文盲，且在南北之间与城乡之间存在重大差异。扭转这一棘手局面的一项措施便是在全国范围内建立地方学校并招募教师入职教学，这一举措虽雄心壮志，却充满争议，实行起来也绝非顺风顺水。事实上，教师数量极度供不应求。在1861—1862学年，只有17000名教师在公立义务教育学校任教，其中只有不到10000名具备必要的资质，而全国扫盲项目若想有取得成功的机会，则至少需要50000名教师。（Genovesi 2000，2003；Corbi and Sarracino 2003；Chiaranda 2010。）

所谓的《卡萨蒂法》（*Casati Law*）这部法律最初于1859年在萨丁尼亚王国获批，后扩展至整个统一的半岛，它建立了不少于四十一所国立中学，即斯库尔师范学校（Scuole Normali），其任务是开始为未来的全新师资力量做准备。这些学校对已完成第四年初等教育的十六岁男孩以及完成第三年的十五岁的女孩开放（女孩较为"早熟"）。1867年设计的课程涉及了若干学科的基本"要素"，为学生提供"学制较短、强度较轻"的中等教育形式（Cives 1990）。需要填补的教学岗位数量巨大，因此有必要通过开设为期数月的"补充课程"来进一步加快这一进程，以期为教师培训铺平道路。此外还成立了特殊的斯库尔地方学校（Scuole Magistrali），其中有不少设置在了农村地区，这些学校培养未来可任教初等教育一到二年级的教师，这类学校在1877年成为义务学校。人们普遍认为，新教师只需学习他们所要教授的知识即可，尤其是对于女性，人们认为她们对于教育小孩具有"天生的"秉性。

毫无意外，这种速成模式导致了教师的专业能力不强。但是仅从数字上看，该计划是成功的。短短几年后，一支名副其实的新任教师队伍进入了学校系统，他们决心获得一个能够给予他们理想工作保障、尊严和社会地位的职位。从斯库尔师范学校批量毕业的年轻人们，手上拿着这张来之不易的文凭，心中怀着具有重大社会意义的公民使命感，出发前往意大利的各个角落，给这个刚统一不久的国家教授一门公用语言，并向新公民传授阅读、写作和算术的基础知识。

这些具有开拓精神的年轻人中就有许多女性。若不关注19世纪中叶以来为她们而准备的课程的连续性和差异性，就不可能了解统一意大利的教育历史（Soldani 1993，1996；Covato 1996）。若能尝试审慎地分析出哪些培养计划更加适合未来将在十分传统的教育环境中工作的教师，我们将能够透过本研究重新构造一幅统一后女性教育形式及手段的详细图景。本主题的大量文献表明，承担学校女学生教育任务的相关人士有意建立和实施一套与男生截然相反的教育模式。不仅如此，他们还研究如何削弱学校的革新力量（革新力量的存在对学校教育本身而言是毋庸置疑的），并删减、审查和去掉那些被认为不适合"柔弱女性"（gentler sex）的文学作品和作者。这清楚地表明了，文化并不被视为普遍权利，它必须根据学习者的性别量身定制。

角度虽有不同，但历史研究和教学研究两者皆无一例外地阐明了现代化进程与学校教育之间的关联（Ulivieri and Biemmi 2011）。事实上，对于这种转变，已有不少人进行了详尽的调查研究，这些研究丰富、文献脉络清晰，考察了一个统一后的国家所遭遇的政治困境［统一后的国家将学校视为"制造意大利人"（make Italians）的主要场所］，并分析了教学项目以及负责执行的组织。此外，自20世纪80年代以来，在彼时有关女性问题与性别关系的研究激增的背景下，学界发表了不少有关女性化以及斯库尔地方学校招聘标准的有趣研究。当时还有不少跨越年代的故事得以发布，主题便是担负教学艰巨任务的女性个体与女性集体的经历。30多年的时间中海量的研究成果使我们能够依据今天的问题与范畴，拥有空前充足的研究材料审视当时的女性教师与其教育生涯，以及其职业生涯中浮现的种种惊人矛盾。我们还可以透过20世纪之交出版的文献，确定彼时教师职业的主导刻板形象与集体形象，这种形象在现代化的矛盾需求与传统处事方式的存续之间形成。此外，这股研究热情也激发了人们对地方和国家档案馆、当代报纸和回忆录的探索，也大大颠覆了我们对老师刻板形象的看待方式，这种固有形象受到埃德蒙托·德·亚米契斯（Edmondo De Amicis）的宣扬并深扎于集体意识中（Bini 1991）。

事实上，从原始材料中呈现出来的女教师的形象远没有我们预期中清晰，且显然更充满矛盾性。尽管我们并不缺少有关该主题的原始资料抑或参考文献，但欲描绘出此种全新类型专业人员社会和文化形象的完整图景绝非易事，仍有大量工作需要完成。我们必须着重于个人生活的重建，将注意力集中在女教师社会出身、家庭关系，教育背景以及更普遍意义上的文化包袱（cultural baggage），此外还有她们的工作环境和社交机会。换言之，我们必须剖析影响一个人整体教育情况的种种因素。这种方式很有价值与优势，从中我们可以观察到关系、阶级和群体网络的形成机制：在本研究中，便是指女性精英的形成。

研究主要目标：贯穿不同时代的回忆录

解放与教育的双重主题是这些女性教师教育工作者、儿童书籍作者传记的基石。她们的人生故事揭示了学校和教育持之以恒追求的目标，并且，为了与时俱进，她们乐于将自己描绘为充满激情且勤奋的读者。在19世纪末，识字几乎成了精神独立的代名词，象征着习俗上的革新与行为上的活力，这两者皆对一个统一意大利的各个广泛领域起作用（尽管存在不小的困难）。依照时代的习俗和信念，我们的先锋女英雄们也通过阅读和写作来发现新世界、新视野，而她们的回忆录则揭示了她们在冒险进入未知世界时最深层次的思想和情感，她们延展了规则的界限并打破社会禁忌，因为她们正努力构建着自己的个人身份与职业身份（Arslan 1998）。若探索其自传的经典主题，我们会注意到，所有的这些女性，无论其教养、年代和出身的社会阶级如何，都将自己描绘成一个独自阅读的孩子并为这一形象赋予了根本的象征意义（Arriaga Flórez 1997）。

尽管存在这种相似之处，但女性教师们学习职业能力的学科领域则呈现多样化、多面化的态势，且存在许多固有的矛盾。在其不断演变的过程中，个体在非常有限的社会空间中可采取的行动也十分有限，而社会空间自身也并非全然没有矛盾和不确定性（Durst 2005）。然而，记录女教师这种特殊经历的第一手资料（女教师们表达自我的平台）为我们提供了有效的工具，用以探索她们的回忆录和书信，从而确定矛盾所在并揭示其中的空白和遗漏，以此开始了解这些善于自我改变的女性冒险家个人意识成熟度的生活（Ascenzi 2012）。

这些女性作者生动地描绘了她们在严重歧视女性的体制中所遭遇到的种种困难。围绕个人意识成熟度中心主题，她们多次提到过分拥挤的教室、不完善的教学设施、工作的不稳定性以及不停被调岗且受制于墨守传统且能力不足的权力部门。这些当权者坚决反对这些年轻、更具前瞻性的年轻女教师进行任何现代化尝试（Ghizzoni and Polenghi 2008）。虽不得不倚仗传统的自传体模式和固定的写作策略，但这些女性作者的回忆录仍为我们讲述了各种不为人知的经历，包括她们所做出的种种牺牲以及所遭遇的重重阻碍。这些阻碍使得她们的处境更加严苛，也正是如此，我们方能从严苛中辨别出她们的道德品质。在她们自己笔下，她们对叛逆的渴望转化为对自我超越的渴望；这些女性教师自己扮演成传奇英雄——时刻准备为自身使命而牺牲一切的战士（Gabrielli 2010）。

然而，在沉醉于这些处于黄金时期女性所书写的独具魅力的回忆录之前，我们必须对她们的童年稍作思考，我们应在1850年至1950年这一整个世纪的跨度之间进行有针对性的研究，从而揭示她们成长和自我发展过程中发生的重大事件。对于跨度较长的时期，我们应予以优先对待。1850—1950年是一个变化巨大的时期，学校系统如此，女性在社会中的认知角色亦是如此，整个国家更是如此。这种剧变又催生了其他重大变化，打破了此前一直实施并维系的教育模式。

我们创建了一个由46本印刷或手写作品组成的资料库，主要集中于当时的自传、日记、回忆录以及其他各类自传叙述，以期对上述变化进行研究。我们深谙，勒热纳（Lejeune）将这一体裁描述为"回顾性的散文叙述，一个真实的人叙述个人存在，并强调他的个人生活，尤其是有关其自身性格的故事"（Lejeune

1975，p. 12）。现如今，自传作品作者的复杂关系已成为受到追捧的研究路径，作者既是自传的叙述者，又是主角（Brodzki & Schenck 1988；Bunkers 1990；Hoffmann & Culley 1985）。创建资料库的目的是验证作者对其描述的事实进行了何种深度和广度的审查，或故意改变事件发生的时间顺序以达成自己的目的。这种有意的偏离目的在于让事情的发展与一个成熟主角意欲描绘的图景相吻合。诚然，真实事件与作者笔下对事件的叙述之间的差距成为了备受追捧的基本研究主题。在很大程度上，这种现象造成了对描绘自我和个人存在及心理发展图像的渴望，该图像贴合了成年时期形成的框架，强硬地删减了不适应整体设计的任何事物（Goodson 2015）。

自传作品的主要分析范围并不包括所有的叙述内容，而是仅限于描述作者童年（6—10 岁）以及对青春早期（11—15 岁）回忆的内容，这两个时期是个人身份发展以及寻觅合适榜样的关键阶段。初看，所研究的时间段 1850 年至 1950 年显然包括三个不同的时代，每个时代之间不连续，且都具有自己的特征：首先是 1850 年代出生的女性，她们大约生活至第一次世界大战期间方才去世；然后是生活在 1880 年代至 1930 年代之间的女性，她们经历了法西斯的崛起；最后是活跃在 1920 年代至第二次世界大战之间的女性群体。

揭开事实与回忆的脉络

得益于史学工作者们的宝贵工作，从 1970 年代至今，涌现了数量巨大的文献，尽管如此，仍有很多文献处于隐藏、不受重视、未被提起的状态，尤其是那些记录女性经历的非常规档案（Cagnolati 2012；2014）。我们仍需要为众多分散的个体提供发声的机会，恢复此前未被承认或被低估的传记资料的地位，追随那微弱的踪迹和稀疏、零散的线索，搜集宝贵的"证词"，来揭开这些女性在世界之旅中留下的足迹，并由此认清她们所经历的历程中走过的每一步艰辛、流下的血和泪，以及她们身上所具备的坚韧不拔的自我意识。这些女性（统一的意大利的第一代作者）会选择分享生命中的哪些时刻呢？（Huff 2008；Durst 2005。）

自初次落笔写作起，女性为身份而进行的努力便显而易见了。无论是记录日常生活的细微之处抑或对重大事件的看法，女性作者们始终侧重于自己的内心，忠实地叙述着自身意识对亲身经历的心理共鸣。每一件发生的事情，无论公事还是私事，都深入了她们的心中，得到了细致的思考，且受到了批评或评判，其目的在于巩固符合当时霸权文化规范的行为模式，或者恰恰相反，破坏事物原有的确定性并将它们投射到新的冒险世界中（Mason 1980；Lensink 1987）。尽管时代要求女性，应恪守礼仪并保持矜持，以此来掩盖她们的个人欲望，但她们的叙事所传达的语言和张力揭示了，无论作者是寻求顺应时代精神抑或反抗整个当下现状，文字都成为了争取解放的有力武器。

女性作者们普遍有着分享亲身回忆、理解自身存在方向与矛盾的欲望，因此这也强化了这些女性作者的自我叙事。此外，对留下具体自我痕迹的渴望，也强化了她们的自我叙事，因为通过文字留存下来的自我痕迹能超越人类寿命局限而永续留存。（Rubin 1996；Eakin 2008）我们已然知悉，这种需求自古以来便强化着个体的心理，并将其牢固地植根于文化教化（在人类学意义上），无论是书面还是口头，都将其根植于超历史的叙事传统中。因此，这一点是自传这一类型文本的关键。自传在18世纪随着"自我"意识（Ego）的传播而开始获得了力量。自传体维度的真实模型在自我崇拜的意识中更加频繁涌现，并受到世界新世俗观——一个向资产阶级的自我吹嘘开放，并将成年、白人、男性人类实体化的宇宙。事实上，正是在19世纪，我们见证了自传文学的兴起，这在文学上证明了，个体与世界之间的关系以及个体在社会中的位置，皆发生了时代性的变化。追求自由的动力，无论是为个人主义所粉饰，抑或为政治所歌颂，都将焦点转移到了一个精准而关键的目标：发展一个有着无限自我实现空间的个体。

个体陷入了一场斗争中，斗争对象是一个不通情达理的社会以及僵硬的资产阶级道德准则，它们阻遏了个体遵从内心驱使而行事的自由。在经历完这个浪漫主义阶段之后，20世纪重塑了自我（Ego）意识与其自传表达之间的联系，直至其成为了集体想象的核心要点，并渗透到个人书信与社论的输出中。生活故事变得愈发亲密；英雄不再占领中心地位，叙事转而围绕边缘小人物，让他们讲述自己的生活、私人时刻和生活中的细节，将声音和色彩归还给我们从未知道过的人物（Heilbrun 1997；Smith and Watson 1998）。

为充分认识这种转变的伦理价值，我们必须加倍强调女性成为活跃个体的意愿。女性要成为活跃个体，需要运用语言，同时需尽其所有一切可能的力量。事实上，我们深知，三千多年来，父权制社会贬抑女性的思想、情感、观点，而要在 20 世纪之交让这绵延数千年的沉默开始发声，是何其困难！在这个棘手的选择背后，是由来已久的公共领域与私人领域的分歧，前者自远古以来便是根据男性规则、标志、修辞和讲演艺术而构建；而后者则是一个牢笼，戒备森严，密不透风，无法为外部眼光所穿透。若女性美德未遭受重大苦难与巨大挑战，这些障碍便不会被颠覆。女性的美德是指女性道德上的良好声誉。在几个世纪的历程中，这些障碍慢慢变得无形，几乎无法被看见，但仍然难以被完全克服。

20 世纪初，女性们尝试着打破这些壁垒（真实的和隐含的），先是涓涓细流，后成排山倒海之势。她们攀登到包围她们的围墙之上，并证明自己是全方位发展的公民。争取女性权利的斗争在其战斗人员的自传中有着详尽的描写，讲述了女性落入了潜意识深渊的过程，寻找所做抉择的动机与意义以及挖掘最深层次原因。因此，书面文字可使叙事线索变得更为复杂，利用了存在水平的变化、参照与偏差，并依照集体经验与个人事务，进行重新调整，并与具体空间及时间联系在一起以此来使自我（Ego）合法化（Holroyd 2002）。

然而，有一点我们不能忽略：女性作者正行走在危险的钢丝绳上，一端是私人生活，另一端是公共形象。前者即女儿和妻子的身份，是传统留给女性（即所谓"较为柔弱的性别"）的角色，并受到某一男性的专属监管，或丈夫，或父亲；后者即她们作为"女性作者"的崭新且略不寻常的公众形象。公私领域之间的妥协，只有经过大量的深刻自我反思以及逐渐获得对其所扮演角色的新认识，方能达成。众所周知，根据历史常识，文学活动属于"公共"领域。尽管过去有文化的女性写下了自己的信仰、日记或回忆录，但这些仅为纯粹的私人听众而写，包括一小部分的家庭成员，并未考虑到更大的目标听众群体。另一方面，自传着眼于个人意识，并倾向于努力填补"记忆中的空白"，因此成为了自我意识与向外界开放私人世界的工具。在这种公与私的选择中，我们发现了这些女性的挑战、勇气以及偶尔的固执，她们决心展现自己供世人审视，将内心最深处的思想公之于众（尽管会经历必要的审查），以构筑自己的形象，这个形象可以对抗时间流逝，削去了掩盖真实自我的面具（Cagnolati & Covato 2016）。

"学习于我，自始至终犹如一个派对"：后统一时代在都灵的学校中求学

值得分析的第一本材料是一本日记，里面对格拉齐亚·皮兰托妮·曼奇尼（Grazia Pierantoni Mancini）、其家人以及当时的意大利身上发生的事件有着详实而深刻的见证。彼时的意大利仍在建设当中，但在当时的集体想象中，这是一个备受期许且真实的意大利。该日记的名称为《印象和回忆》（意大利语：Impressionie Ricordi①，英语：*Impressions and Recollections*）（Pierantoni Mancini, 1908），这个名字十分贴切。由于各种原因，它在读者的脑海中留下了深刻的印象。首先，日记本身是女性写作中相当普遍的一种文学体裁。其次，它记载了在国家建设繁忙时期发生的一系列非同寻常的事件。最后，其对自我意识（Ego）的探索，十分有趣。有趣的还有其对青春期身份建构的探索，青春期的她们面对着家庭和社会环境，即成长环境所施加且必须严格遵循的行为模式，因此她们必须应对复杂的同系化过程。（Santoro 1987）

然而，我们必须自问：《印象和回忆》属于哪一类型的文本。我们能否将其简单地归类为"日记"，即中规中矩的日记，从年轻女孩的笔中写出的无关紧要却合乎情理的内容？抑或是，它超越了对事件的亲密描述，在传记的领域上停

---

① 本书由安娜·桑托罗（Anna Santoro）在"意大利作家"（Scrittrici Italiane）系列丛书（Pierantoni Mancini 2005）中重印；本文所指为该书的 2005 年版。

留，不局限在生理领域，而是延伸至心理领域和理论领域？这并不是一个容易回答的问题，尤其是考虑到其女性作者在这本书中运用的多种方法与策略。展现在我们眼前的文字就像是在多个层级上进行的复杂叙述，其中的观点变成了一种只能从女性视角来观察、审视与判断世界的个人看法。

显然，《印象和回忆》并不是自传，但我们也不能轻易将其定义为一系列的"回忆"（recollections）。用"亲密的日记"（journal intime）来表达兴许最为合适，这种说法强调其叙事策略是根据作者的意愿，将多条主线相互交织在一起，并且使得彼此之间合理化。作者的目的是为某些留下深刻印象的公共事件发表透彻的见解，从而使它们交织在自己的生活画卷中，严格上说，是私人生活的画卷。事实上，使这本书变得有趣的地方是在于两个世界之间过渡的流畅性——对公共事件与私人生活之间交替的巧妙处理，以及能在两者之间找到融合点（Cagnolati, 2013）。

《印象和回忆》创作的那几年充满了狂热与激动，难忘的事件一个接着一个。事实上，作者选择在1856年9月开始自己的日记，并于1864年12月26日停更，这绝非偶然；这一时期跨越了意大利的一次历史性革命，格拉齐亚似乎已主动肩负起记录这些重要时刻及其个人经历的任务。因此，家庭聚会和私人情绪（总是表明作者清醒思考的能力）与时代的历史事件交织在了一起，为她的叙述提供了背景，并且常常成为她敏锐而深刻的评判主题。

作者忠实地记录下了这些岁月，读者能够依照作者的叙事重心以及作者年轻心灵中的心声，把握住事物的变化发展，并分辨出这些事件在她年轻的心灵中所引起的回响。虽然日记是从故事中间开始写的，让我们没办法从头了解整个故事，但作者在意大利统一后的头几年（1856—1860）里，每隔两周到一个月就会写一篇日记，记录得非常详细，就像是每天都在写一样。日记里讲到了萨伏伊王朝的政治活动，还有加里波第的战役冒险，这些都清楚地表明了作者的写作目的。

格拉齐亚出生①的家庭完美融合了对国家的忠诚、对统一事业的政治热忱和对文化的热爱，格拉齐亚所具备的种种特点也正是在这样的环境下培养出来的。激动人心的聚会、友谊以及在家庭环境中培养起来的关系，为格拉齐亚的个人成长指引了方向。她小小年纪便被迫承受父亲曼奇尼（Mancini）流亡所带来的苦楚。她在都灵和那不勒斯之间辗转度过了成长的岁月，然而，这两个城市也是她所珍视的城市。②格拉齐亚天生观察力敏锐，她积极参加与家庭有关的事务，对于那些想要分析年轻女孩灵魂中如何构建起复杂的晚期爱国主义后浪漫文化的人来说，格拉齐亚是一个完美的案例。尽管在撰写日记时她已经成年，但格拉齐亚仍努力精心选择叙事角度，并主动自我审查，尽力地捕捉她在统一之前动荡岁月中度过的年少时光和青春岁月。因此，她的回忆录是有关教育构建模式的宝贵资源（Valentino 2005）。

格拉齐亚日记中反复出现的主题是学校，若考虑各个事件发生时格拉齐亚所处的年龄，这一点便不足为奇了。在她的诸多回忆中，承载着对儿时友谊的感情和有趣的点点滴滴，而其中有一位老师尤为突出——他在她的生命中反复出现（D'Antuono 2008）。这位老师便是弗朗切斯科·德·桑蒂斯③（Francesco De Sanctis），1857 年他在位于都灵的艾略特学校（Miss Elliott's school）教书，默默

---

① 格拉齐亚·曼奇尼的确切出生日期存有争议：《意大利传记字典》（Dizionario Biografico degli Italiani）中记录她的出生日期为 1841 年 5 月 16 日；但安娜·桑托罗（Anna Santoro），班迪尼·布蒂（Bandini Buti）和比利亚尼（Villani）则认为是 1843 年；瓦伦蒂诺（Valentino）则认为是 1842 年 1 月 16 日；特奥多罗·罗维托（Teodoro Rovito）认为是 1844。格拉齐亚本人在其日记的最后一页（1864 年）上表示，她已经 22 岁了，因此这个问题有待商榷。

② 格拉齐亚后来与奥古斯托·皮兰托尼（Augusto Pierantoni）结为伴侣，并于 1868 年结婚，他们彼此间找到了情感上的稳定与安宁。夫妻二人虽聚少离多，但依旧生育了三个孩子：比阿特丽斯（Beatrice），里卡多（Riccardo）和多拉（Dora）。婚后，夫妻二人移居至佛罗伦萨并居住到 1880 年，然后移居罗马，随后格拉齐亚在罗马建立了一个知识分子交际圈子。

③ 德·桑蒂斯与格拉齐亚之间的书信可在由费雷蒂（Ferretti）与马佐基·阿莱曼尼（Mazzocchi Alemanni）编辑的《弗朗切斯科·德·桑蒂斯，书信》（Francesco De Sanctis，Epistolario）（Turin：Einaudi 1965）中的第 19 卷找到。

无闻，后来他离开意大利，前往苏黎世大学（University of Zurich），并在那里担任意大利文学教授。尽管离以前的学生距离较远，但他仍继续跟进以前学生们的学习进度，因为他们已经对诗歌和散文培养出了无限的热情。格拉齐亚在她的日记中实时地记录了他们的书信往来，这也为我们看待老师和学生之间的关系提供了一个独特的视角。德·桑蒂斯担当着关怀者的角色，愉快、深刻地追忆着他与艾略特学校年轻学生们度过的愉悦时光，而格拉齐亚显然是他最喜欢的学生。在信中，他询问到了格拉齐亚家人的消息，并对被流放者身处的悲惨境况发表了看法。他鼓励她与他认识的几个女孩建立友好的关系，因为他觉得这些女孩都是通晓事理且正直的人。他还对格拉齐亚积极的一面以及友善的性格表达了夸赞，但在批评其习作时也直言不讳，认为她的习作过于天真，过于呆板。格拉齐亚不断地给老师寄作文，以寻求指导意见。所有以德·桑蒂斯署名结尾的书信，皆表达了对格拉齐亚对能留存老师美好回忆的希冀，这是老师与年轻学生及其家人建立牢固情感纽带的切实证明。

事实上，在格拉齐亚记忆中的教育环境里，她在所接触的人群中接受到的是道德指导，而不是教室和其他学习空间本身。我们看到，格拉齐亚上德语课十分专心，这门课每周上三节，年轻的女老师教会格拉齐亚如何去阅读并热爱浪漫文学经典，如席勒（Schiller）的《唐·卡洛》（*Don Carlos*）等。作为学生，年轻的格拉齐亚分析了这位老师在她的生命中所扮演的角色，她是一位自由、独立的女性，依靠自己的文化知识谋生。格拉齐亚还为我们描绘了许多其他人物的生动面貌，这些人皆扮演了教育者的角色，譬如法国年轻女性研究所（位于都灵）所长德尼萨德先生（Monsieur Desnisard），格拉齐亚对他进行了甚为有趣的描述。相比给学生的语法练习或论文打分，德尼萨德更喜欢讲故事。格拉齐亚在那所学校待了大约一年，与来自更卑微出身背景的女生同窗学习。对厨师玛丽埃塔（Marietta）为学校食堂做过的最高级的饭菜，格拉齐亚十分喜爱，记忆犹新。

格拉齐亚回顾学校时光时，是怀着真挚的感情，这一点毫无疑问。她不记得要完成的练习、课程或家庭作业，而记得游戏、欢乐的笑声，尤其是与同学之间的深厚情谊，这些纽带注定长存于生命之中，就如同与埃德蒙托（Edmondo）的表亲特蕾莎·德·亚米契斯（Teresa De Amicis）所铸就的纽带一般（Guidi 2007）。

身在文化的摇篮中：佛罗伦萨的年轻巴奇尼

艾达·巴奇尼（Ida Baccini）在学校教科书和儿童读物方面颇有建树，还当上了多本刊物的管理人员，得到了读者的普遍认可（Baccini 1904）。她在1904年出版了她的自传，这部作品颇具吸引力。这部自传完美地运用了勒热纳（Lejeune）的理念，成书于作者的晚年。彼时艾达正着手描绘一幅自己的画像，以某种方式证明她所做过的选择是合理的，而她的选择常与当时的道德、社会趋势背道而驰。巴奇尼是20世纪之交的知识分子，她运用她那极高的叙事天赋和高度的自我审查直觉，详细地描述了她一生中的几座里程碑。《生活》[①]（意大利语：Una vita，英语：A Life）在呈现给读者的内容中有着非常明显的时间跨度上和事件上的遗漏。这本自传的主题和章节经过作者的精心选择，只提供能镶嵌进成年艾达马赛克墙中的碎片。她描绘了这样一幅图像：一个热情且成熟的年轻阅读者、一个博学多才的学习者以及一个反抗现状桎梏的顽强斗争的孩子，而这也使得一个强烈反对规则（学校规则、家庭规则和公共道德）的形象的形成合理化。

在艾达复杂的教育历程中，有两股引领力量，尽管这两股力量并不均衡：学校教育与想象。艾达所说的"学校教育"为何意？在她的记忆中，"学校教育"似乎反映在几个不同的层面上。一方面，它代表着每日读书、练习、歌曲和背诵、一系列测试、功课和学习的集合，而根据她自己的看法，她时常对这些事物感到无聊，因为这些题材老旧、重复，且自说自话。但是，每每忆及激动人心的事件和瞬间，她便会充满欢乐，而知识丰富且成熟的她，似乎对年轻时的自己充满了

[①] 本文所指皆为该书的2004版，由洛伦佐·坎塔托雷（Lorenzo Cantatore）作引言与注释。

难以掩饰的自我满足感和自我正义感。她倾向于根据大家熟知的标准一笔一画地描绘出自己的形象,列出事实,合理化自己的形象。在她整本自传中,她的个人画像自始至终都在强化,其形象建构反映了其成长的各个阶段。

当艾达还是"一个只有五岁的孩子"时(Baccini 2004,p. 42),便就读于由"三名未婚女性"主持,一个兄弟和一个牧师协助完成教育任务的一所学校中。这一描述打开了一个窗口,从中可以窥探到那个年代许多为年轻女孩设立的学校中非常真实的场景:这些学校除了教年轻女孩阅读、写作、算术外,还会教"柔弱"女性所必需的技能——缝补和刺绣所设立的多个省级学校。它向我们展示了当时在整个意大利半岛非常普遍的一种教育方式,这种方式仅仅是为了确保女孩们不至于沦为文盲,并且在日常道德和宗教教义方面可以得到粗浅的指导。

按照我们的标准,实现上文教育目标所需要用到的方法,简单至极。艾达叙述了几段故事,揭示了她的老师们所采用的方法(教师在这个岗位上的资质,我们无法推测,他们是否已从斯库尔师范学校毕业,也不得而知)以及学生们如何接受老师的指导。譬如,她对她的老师盖吉(Gegia)所讲述的该隐和亚伯(Cain and Abel)故事的显著戏剧化情节具有强烈且情绪化的反应;这个故事一如既往地在年轻的艾达心中激起了对该隐被排斥和孤立的同情心。她还高兴地讲道,她用许许多多"无恶意"的小谎言掩盖了自己又一次忘记做作业的事实(Baccini 2004,pp. 44-48)。这幅关于她上学时的画像是精心绘制的,但侧重于年轻女学生与周围人群之间的人际关系和情感关系,这些人帮助她成长并引导她适应成人世界。

对于少年时期在利沃诺(Livorno)一所学校上学的时光,艾达进行了更为详尽和全面的描述。艾达记忆中的这所学校由伍利埃特(Wulliet)家族管理,艾达对这所学校怀揣着强烈的怀念之情。学校中有很多友好且讨人喜爱的人物:才华横溢却又敏感的教师——地主亚瑟(pater familias Giuseppe),他的妻子特丽莎(Teresa)还有她的五个孩子,他们的形象,以及他们对年轻女学生们悸动的心灵所产生的显著影响,都在自传中有详细的描述。然而,想要记述在学校中度过的时光，对学校课程的完整叙述是必不可少的，艾达的自传在这方面也并没有做得很好。首先，她强调所接受教育的有效性，学校所采用的教育实践与方法皆是基于最新的教育理论。事实上，她也很快告诉我们，这所完全现代化的学校同时教育男孩和女孩（Baccini 2004，p. 78），与此同时，学校的一般教学主题，如地理、国家历史等等，为学生提供了探究自然科学与学习外语的宝贵机会。

伍利埃特先生对艾达的作文表示赞赏时，艾达会显露出满足感，此时她的心中不乏当之无愧的自豪感，而她的习作也得到了偶然到访学校的知名人士的诸多好评。她明智地将这些写作上取得的成绩归功于她在阅读和理解素材方面的不懈努力，因为这让她有能力处理那些远远超越其年龄段认知水平的主题和概念。作为一名热情的阅读者，她与我们分享了她最喜欢的书（这本书在她这个年龄段的女生中很受欢迎）：费奈隆（Fenelon）的《忒勒马科斯历险记》（*Télémaque*），书中主人公的冒险让艾达完全沉浸在古典的地中海世界中，一个充满阳光、象征意义、色彩和美丽的地方。

显然，巴奇尼正有意着手描述一个与自己的成年版本完全相符的孩子的形象，这个孩子深谙自身的成长机制，身上汇集了她天性中存在的难题，所有细微处的困惑，展露无遗（Cantatore 2004，2014）。透过她的记述，学校教育，以及其所有合乎规矩的仪式，对于那些有幸成为其中一分子的人来说，是通往其他世界的门户——它是一个通往书本中描绘的他人生活的门户，这些书籍和记录对一代人的集体想象力作出了贡献，也正是得益于这一共同的文化遗产，一代人才拥有了共同的交流密码（Baccini 1912）。

结　语

仅对这两个案例研究进行分析，就揭示了正在进行的一项跨学科研究工作的丰富资源，这项研究正努力将教育史的主要线索（即个体记忆、学校教育历史以及统一后的意大利的教育路径）拧在一起，以构建一项传统，在这项传统中，接受各种层次训练的女性（老师、教育者和儿童读物的作者）以坚定的决心将自己融入社会场景中，并充分认识到她们应扮演的基本角色。若将教育视为自传体记述中身份建构的一种手段，我们仍有许多路径可以探索：作为一个地点的学校；供阅读和思考的书籍；遇见塑造自我形象并引导儿童、青少年和年轻女性成为成年人的人；尽管整个教育环境有限，但她们所走过的路，尤其是友谊、家人及社区、教区和地区的其他重要人物。这些因素中的每一个在创造个体的心理构成时都起着决定性的作用。而且，从自传作者们对个人经历的叙述中，我们可以挖掘出有关这些更广阔层面的重要线索。先不谈这些作者写自传时已成年，具备自我意识，在作品中会运用神秘化以及自我审查的方法，但如果我们想从手头上孤立且混杂的描述片段中建立一个清晰的整体，则必须谨慎地剖析自传中叙述的事实、事件和情节，如此方可让光芒照进黑暗中，将各种分歧、共同点和不连续的现象融入整个大背景中（Holroyd 2002）。

在特定情况下，自传为我们提供了学校与学生之间相互作用的丰富信息，从中可以挖掘出与本研究的五个基础性关键要素相关的有趣且极富启发性的事实：教育实践、学习路径、共享的物理空间（学院、教室、走廊和校园）、校友之间的关系（无论是友好、友爱，还是仇恨、嫉妒）以及与权威人物的情感联系。这一系列研究的初步成果表明，在女性自传作者的记忆中，最重要的是情感关系，而不是学习的课程或者陪伴了青春绝大部分时间的建筑物。这些自传展现的图景是人和情感，它们为年轻学生的意识以及温柔的灵魂留下了不可磨灭的痕迹。

第八章 讲故事,讲述自己的故事:通过教师个人日记和自传体回忆录追溯集体历史

玛丽亚·克里斯蒂娜·莫兰迪尼(Maria Cristina Morandini)[①]

从不同角度看问题

近年来,通过对国家和地方图书馆目录的分析以及对国家日记档案基金会(Fondazione Archivio Diaristico Nazionale)[②] 所保存资料的审查,学者们得以系统地开展研究,收集到大约30名意大利小学教师的回忆录。这些文本内容各异,体现在撰写所处的历史时期所采用的语言形式和类型以及作者在描述他们自己的经历是采用分析还是综合的方法。这些回忆录的时间跨度相当长:从意大利统一(1861年)之后的一段时间到20世纪70年代。[③] 在一些案例中,一些作者为我们提供了他们早年教学生涯的概要总结,在另一些案例中,这些作者则通过提及他们最初接受的培训和私人生活,重建了他们整个教学生涯的丰富细节。因此,这些文本有助于追溯19世纪和20世纪影响意大利学校体系的关键变革。除此之外,日记中还记录了向男女同校教育的转变,户外活动的引入,以及从仅教孩子们简

---

① 意大利都灵大学,电子邮箱:maria.morandini@unito.it。
② 1984年,图蒂诺(Tutino)在阿雷佐省的圣斯蒂法诺(Pieve Santo Stefano)建立了国家日记档案基金会(Archivio Diaristico Nazionale),馆内有大量自传体著作(日记、信件、回忆录)。比照布里希尼(Brighigni)(2008)。
③ 20世纪90年代和21世纪初的回忆录为我们提供了对第二次世界大战期间和随后几十年学校生活的回顾性重建。

单地拼写单个辅音和元音转变到采用"全球性"阅读教学方法的转变（首先识别整个单词，然后是音节，最后是单个字母）。大部分的故事发生在乡村，那里的教师通常首先担任临时职位；因此，作为一个整体，他们提供了意大利从北到南整个学校生活的横断面。作者的教育措施往往不仅针对学龄儿童，而且也会针对更成熟的学生，这一点可以从为服兵役的年轻人开设的夜校和对扫盲课程的各种叙述中得到证实（Carrara 1934）。①

在这些小学教师的回忆录中，无论是按照日记格式还是更具独特的讲述风格，都将他们的记忆投入到书写的页面上，随着时间的推移，他们的记忆变得更甜蜜、更令人怀念。在有些情况下，除文字外还附有照片和其他材料，如学生的抄写本、诗歌、当地报纸文章摘录或根据真实情境创作的短篇小说。② 这些文本大多数是由印刷厂或出版社出版的，但有 10 份左右是手写打字稿被提交给了年度皮耶文学奖（Pieve Literary Awards），这是一个由之前提到的国家日记档案基金会（Fondazione Archivio Diaristico Nazionale）组织的活动。作者选择出版他们的回忆录似乎有多种原因：有的是为了将过去作为遗产传给新一代，有的是为了分享一生教学所经历的欢乐和悲伤；有的是为了填补退休后的空虚，有的希望为年轻人和未来的教师提供自己在学校工作的丰富经验，这一目的往往受到家庭成员和熟人的鼓励。

作者们作为普通人，在相对默默无闻的情况下，凭借着他们谦逊和奉献的品质，供职于私人机构、慈善机构［其中最著名的是罗曼诺（Romano）农庄的学校

---

① 保罗·卡拉拉（Paolo Carrara）用大约十页的篇幅讲述了他在教"波洛尼亚"第 40 步兵营成员时的经历；他的学生是来自意大利南部的二十名士兵，他向他们教授阅读和写作的基本知识。

② 大多数回忆录都提供了索引，以将其组织结构体现为章节或段落。作者似乎利用了多种来源：零散的笔记，个人日记条目的材料，课堂记录。有些人完全依靠自己的回忆，主要是他们自己认为可靠的回忆。

教委会]① 或履行着市政当局的日常工作（负责提供1911年的公立小学教育）。② 他们中有些人当了一辈子的教师，有些人在当了几年教师后成为校长或督察。在选择教师职业时，有些人是遵循家庭传统，有些人则遵循了自己发展的意愿。无论如何，他们中的许多人都是意大利教育界的知名人士：其中包括教育学家兼小学见习教师圣·朱弗里达（Sante Giuffrida 1842—1929）［托达罗（Todaro）2014］；恩里科·巴里利（Enrico Barilli 1868—1961），教育部公务员，成功的教科书作者［隆巴尔迪（Lombardi）2013］；莫斯卡（Mosca 1908—1983），记者和儿童作家［阿森齐（Ascenzi）2013］。从他们回忆录的字里行间，可以发现他们对宗教的不同态度：一些作者表达了对礼拜场所和礼拜仪式的漠不关心；另一些作者则具有明确的世俗观点，对作为宗教团体的成员怀有敌意（例如，一位作者是严厉批评修女，指责她们选择逃避世界）；还有一些人则宣称自己是天主教徒，这一身份使他们更容易与所供职的农村小社区建立联系并被他们接受。比如一个父亲，尽管需要儿子帮他做农活，但他还是会很高兴地支持儿子去上学，因为老师会经常讲到上帝。(Carrara 1934) 一些文本清楚地反映了其作为公民的道德参与及政治理想：巴里利（Barilli），一位接受过实证主义培训的民主党人，在小学教师协会中发挥着积极作用；杜兰特（Durante），被社会主义理想所吸引，是小学教师工会的领导人物。回忆录也反映出作者不同的教育背景，因为他们并非所有人都选择了最短或最传统的方式成为小学教师。事实上，他们有些人在获得教学文凭之前就接受过其他类型的学习：例如，相当一部分人之前已经完成了古典中学的课程，这种人文背景赋予了他们优雅甚至富有诗意的写作风格，让他们能恰当地选择语言和运用隐喻来表达情感和情绪。

---

① 该机构为罗马周边农村地区的贫困人群提供了福利和基础教育。20世纪初，由国家妇女联合会罗马分会的一批妇女创立，该组织逐渐脱离母组织，设立了成人教育班和托儿所，其课程和进度设置适合农村生活的需要（Alatri 2000）。

② 1859年11月13日的《卡萨蒂法》（Casati Act）规定，市政当局要全权负责初等教育，从确定合适的校舍到支付学校的办学费用，以及招募教师和支付工资（Morandini 2003）。

回忆录提到了不同时期的政治局势，这在法西斯时代尤为明显，但也适用于启蒙运动和第一次世界大战时期（Parrino 1929）。在某些情况下，作者仅回顾了法西斯学校通过历史、地理和意大利语课程，以及通过爱国颂歌、游行和集体操组织的青年协会（Coppelli Bongiorni 1999）所传达作为意大利人的魅力和自豪感。而在其他情况下，他们强烈赞扬政权，引用墨索里尼（Mussolini）本人使用的修辞和宣传风格。后一种办法的例子是薇拉（Vella）的《乡村生活》，这部作品在1929年由法西斯主义学校（La Scuola Fascista）举办的主题为"实践中的教育改革"（1923年）的竞赛中，不出所料地获得第三名。[1] 这部作品之所以引起人们的兴趣，是因为它根据竞赛指导方针，涉及当时学校政策的主要变化：在宗教课程被废除几十年后它将作为小学必修课程被重新引入；承认小学教师的职业尊严，并为小学教师开设七年制中学课程，其中首次包括了拉丁语和哲学[2]；小学改革的基本原则，如课程的推荐性质而非规定性质；师生关系是一种精神共融的观念，这是出于理想主义的教育观点所决定的。其他一些回忆录也提到了影响教育的立法措施：例如包里利（Barilli 1951）讨论了1911年颁布的《达尼奥·克雷达罗法案》（Daneo-Credaro Law），该法案将以少数人口为中心的初等教育责任从市政当局转到省级教育委员会。[3]

这些文本从理想和现实日常两个角度为小学的历时性研究提供了一个关键的来源，研究内容包括小学作为对个人和集体的指导和教育、教学实践和社会关系

---

[1] 这篇87页的文章，并没有分成几个部分，1930年9月21日在西班牙国家歌剧院报（La Palestra Fascista）的附录中发表（第38页）。"教育改革"一词是指由著名哲学家通过1923年颁布的一系列皇家法令对整个教育体系进行的重组，这些法令分别涉及中学教育（5月6日）、学校管理（7月16日）、大学教育（9月30日）和高等教育以及初等教育（10月1日）[详见查尼兹基（Charnitzky），1996]。

[2] 在此之前，小学教师被要求参加由兰扎（Lanza）部长于1858年创立的小学师范学院，该学院为实习小学教师提供一个为期三年的中学课程。关于意大利小学教师的资料，见：[科瓦托（Covato 1994），迪波尔（Di Pol 1998），桑托尼·鲁吉乌（Santoni Rugiu 2006），奇奥索（Chiosso 2007）]。

[3] 这项由达尼奥·克雷达罗（Daneo Credaro）提出的立法改革，在法西斯时期被扩展到意大利的所有城市[贝蒂（Betti 1998）]。

的场所。鉴于意大利的教育历史学家最近才开始对自传体著作进行系统的研究，这是意大利学术研究的一个新的领域。在回忆录中，学校被描述为一个物理空间：从校舍本身（通常破旧，往往在临时地点，如农舍，前教区的房间）到狭小、家具简陋的教室，再到教师的房子，通常是一个独立的小房间，挤满了老鼠，没有电或自来水。舍蒂诺（Schettino）描绘了他来到意大利南部一个小村庄的凄凉景象：学校的门和墙被长期暴露在恶劣环境中破旧不堪，隐藏在玫瑰花丛和厚厚的篱笆后面几乎看不见；屋里面，地板上覆盖着一片片灰泥，透过几个大洞可以欣赏到天空的屋顶；房东答应提供两个支架，三块木板和干草来铺床。特别是，那些回忆录中讲述了一些校舍，这些校舍设备很少或几乎没有设备，但却因其朴素而显得庄重。安塞尔米（Anselmi 1877）深情地回忆了阿布鲁佐（Abruzzo）一个山村里的两间干净透风的房间，附近教堂里的两排长凳供学生使用，还有一把胡桃木的高脚椅供教师使用，椅子爬满了蛀虫，椅子腿根本就立不稳。

教师的叙述为我们提供了许多关于他们在课堂工作的信息，至少在早期阶段，这些工作的特点与其说是在他们培训期间所学的教学方法，不如说是在常识推理、特定背景或随机事件的促动下尝试的一种教学策略。死记硬背的教学方法被实践教学所取代，而实践教学往往依赖于年轻学生的想象力和主动性。例如，在历史教学中，回忆录的作者们用歌曲、模拟战争或邀请学生创作和表演爱国英雄主义的场景的方式进行叙述；这些场景通常是老师读给他们听的著名故事的改编［主要来源是埃德蒙托·德·亚米契斯（Edmondo De Amicis）的小说《心》］。也有明显的证据表明，有人试图将课堂学习与日常生活联系起来，例如，通过设置涉及买卖的、问题来教授数学，尽管这些问题只是以游戏的形式呈现；一些教师甚至把报纸作为他们夜校教材的来源。另一个反复出现的教育策略是，从当地的物理特征和拟人特征两方面强调了当地遗产和归属的价值：教师经常带学生去散步，这是进行户外科学课的一个有用举措，教师还经常鼓励学生阅读当地作家的作品，以便他们在熟悉的传统和价值观的基础上习得基本的知识结构。最近的回忆录有时会提到教学辅助工具（地理地图、插图读取器、彩色粉笔）和学生使用的材料（后来被钢笔取代的墨水笔、硬纸板或皮革制成的书包和课本，以及带有线条和图形的绘图画册的影印本）。

老师们逐渐学会了如何与只说当地方言的学生交流：经过多次尝试，他们意识到严格执行纪律并不能取得预期结果，而当学生在爱的氛围中，依照其生活经验中产生的相互信任和兴趣时，方能实现良好的效果。保罗·卡拉拉（Paolo Carrara）在他的回忆录中总结了教师在课堂上最常用的吸引学生注意力和保持沉默的技巧：提高声音、用教鞭敲击桌子、为不同类别的学生（好的、坏的、中等的）排座的策略。这位老师描述了他自己在那不勒斯由 50 个街头儿童组成的课堂上的艰难经历：当他决定把与他们的关系建立在交往原则的基础上时，转折点出现了，通过对他们表现出深情和更亲密的身体接触来表达："我牵着他们的手，让他们围在我的小书桌两边。"（Carrara 1934，p. 77）与此密切相关的是惩罚的主题，作者一方面强调需要找到尊重人格尊严的惩罚类型，另一方面强调教师的能力（包括在直觉层面上），如何最好地开发学生自己的兴趣和情感。例如格里菲尼（Griffini 1961）意识到，一些简单的事情，比如没收一个学生的破旧的帽子，就可以构成一种有效的惩罚。

作为社区的学校

这些回忆录还提供了作者们对小学的深刻了解，他们认为小学是由学生和教师组成的社区，从更广泛的意义上说，是由其监督者（校长和/或督察）组成的社区，教师们通过访问、视察和诸如信件和报告等间接通信形式不断与他们接触。

学生们被按照外表和性格特征加以描述，并从一个宽容的角度，思考他们的行为、情绪和梦想。乔瓦尼·莫斯卡（Giovanni Mosca）特别擅长和敏锐地刻画学生的内心，而且简洁明了。从一个学生以为老师看不见他在黑板后面做鬼脸，到那个总是被甘草弄脏脸的学生。从一个学生总是用大写字母 M 写"妈妈"这个词，以体现美好而深情的情感，到那个脸色苍白且身体瘦弱的同学，总是闭着嘴,生怕那些"不规则动词,一个接一个"会从嘴里冒出来。马蒂内利(Martinelli)是班上最有想象力和独创性的学生,他在夏夜里捉到一只萤火虫并把它放在盒子里,盒子里还特别放了一片叶子供它吃;第二天,他还热情地把他的"战利品"带到学校,打算与同学们分享他的快乐,却没有意识到在此期间,小昆虫已经死于密闭的容器中。这位老师对此进行了感人的描述:

马蒂内利把小盒子递给我。"先生,您想看看吗?"

我逐渐打开盖子的时候说:"让我们看看这美丽的萤光。"还得不让萤火虫逃走……

但是,这盏灯在哪里?不在那里,我们看到缩的叶子上枯死了的萤火虫……

马蒂内利问我:"先生,萤火虫会发出很多光吗?"我怎么会说不能呢,孩子的幸福在于相信呀。

我关上了盖子。"马蒂内利,那可是一道亮丽的光芒啊。"……

萤火虫死了,但孩子却不知道。小盒子里漆黑一片,但他认为有绚丽的光彩。就好像那小虫子活着时一样。

相比之下,来自卡塔尼亚的教师朱弗里达(Sante Giuffrida)在其两年的教学生涯中,运用科学严谨的方法分析了31名学生的样本。他为每一个学生写了一份两页或更长的个人资料,并附上一张素描和一份有关学生如何度过他的成年生活的描述。这些素描侧面反映了一种观念,即外表与道德品质密切相关,朱弗里达通过阅读人类犯罪学之父塞萨尔·隆布罗索(Cesare Lombroso)的著作中获得这一观念。另一方面,追踪学生的成人情况是为了说明心理观察的重要性,这是教师用来引导学生获得最初的自我意识,进而选择与自己相适应的生活道路的工具。因此,在朱弗里达的许多叙述中都指出,过去学生的童年特征与其后来选择的职业之间存在着密切的联系,这并不奇怪。弗朗切斯科·阿巴泰利(Francesco

Abatelli)没有继续学业,只为了获得管理家庭财产所需的最低技能而寻求私人补习,萨尔瓦托雷·特罗姆贝塔(Salvatore Trombetta)在小学时就因"刻苦维护秩序和纪律"而最终晋升为意大利邮政局的检查员,这反映了他在小学时就具备的意志力和执行力(Giuffrida 1913,pp. 185-186)。[①]

回忆录将童年描绘成充满艰难和挑战的形象,这不仅涉及发生在特定历史时期或特定背景下发生的特殊事件,而且同样发生在正常的生活环境中。这些挑战包括从移民子女到奥地利统治下意大利领土上的难民子女,许多儿童可能患有无法治愈的疾病(脊髓灰质炎、白喉);从生活在学校,寄宿家庭的孤儿,到学生需在田里工作,带牲畜放牧或照顾弟弟妹妹,而他们的父母常不在家。在最后提到的案例中,老师们经常运用巧妙的策略来帮助学生上学。例如,杜兰特(Durante 1974)将他的上课时间表分为两个班次(从7点到9点30分;从10点到13点),这样作为牧羊人的学生可以在清晨上学;他还决定把没有课的星期四专门用于体育和游戏,拒绝接收在前一周未经证明缺席或迟到的学生参加。

老师们自己在回忆录中的形象也很突出,作为自传体叙事,教师职业的理想表现和具体的日常经验交织在一起。不同作者间的批判性反思和对其角色的认识水平差异很大。有的单纯是按照事件的时间逻辑进行报告,并在某些情况下显得支离破碎和不精确,有的根据教育理论,对教师形象进行深刻分析。安妮塔·法布里斯(Anita Fabris)在《两个轮子随风而去》(*Due Ruote e Via Col Vento*,1990)一书中使用了简短的句子,对不同的战时困难条件进行了简单的描述;而伊尔达·瓜纳利(Ilda Guarnelli)在《在学校和学校里》(*Nella Scuola e per la Scuola*,1917)一书中,通过引用福禄培尔(Fröbel)著作中的观点和论述作为支撑,主张观察和游戏的重要性及关键作用。

回忆录中呈现的教师形象是多方面的,因为教学不仅与促进学习有关,也不

[①] 此为第三版。第一版出版于1874年,第二版出版于1885年。版本的数量反映了该书广泛的发行量,同时,在专业教育期刊以及普通出版社也都发表了许多有关该书的文章。

仅仅针对年轻人。在19世纪的意大利，文盲率很高，这意味着工人阶级上学的主要目的是获得基本的阅读和写作技能以及算术知识。然而有趣的是，在通过回忆录重建他们的教学经验时，我们样本中的作者似乎告诉我们，"基础知识"的传授只是课堂生活的一个方面。他们经常提到一个重要的教育方面，即通过培养其先天品质和本质上的高尚情感来促进年轻人发展的能力。其中一位作者将教师比喻为一个农民，把杂草从地里拔出来，以促进作物的生长；正如农民的满足感在于看到丰收一样，因此，教师的教育工作不取决于任何形式的公众认可，而只取决于"自己良知的满足"（Ferrara 1906，p. 25）。

这里讨论的是一种既培养心智又培养情感的教育，目的是培养成熟的成年人，使他们能在社会环境中生活和工作，从家乡熟悉的环境到国家更广泛的环境；因此，这种教育的目标是促进有意识地接受幸福和谐的价值观，这些价值观是家庭和更广泛社区的福祉的基础。因此，我们不应惊讶地发现，样本中的教师将小学教育视为"一个民族繁荣的主导因素"和"奠定社会基础的关键因素"。用玛丽安娜·朱塞佩·雷库皮多（Marianna Giuseppa Recupido）的话来说，是"谦卑的先驱者"，她离开大都市前往偏远地区，在那里她努力在农业劳动者和牧羊人的子女中传播"和平与爱的信仰"，并致力于"在社会金字塔底层和顶层的人之间建立起深厚的联系"（《复苏》1921，pp. 10-11）。在达到政治和行政上的统一但仍然缺乏共同的语言和文化认同的时期，老师经常还扮演着国家教育者的角色。由于教师的不懈努力，意大利这个国家之前往往只在人们的想象中与某个女性的名字联系在一起，现在在全国小学生的眼中，他们的祖国成为了拥有自然之美、辉煌的历史、盛产艺术家、圣人和诗人的故乡，因此对祖国母亲产生归属感和自豪感。

然而，对那些献身于教学的人来说，教学不仅仅是一种职业或谋生手段，而是一种天职，是一种相当于祭司的职业（反映在使用宗教术语来描述这一职业上），人们还必须生来就合适准备毫无保留地投入自己的时间和精力。虽然康塞塔·费拉拉（Concetta Ferrara）强调天生适合是成为一名教师的关键条件，但保罗·卡拉拉（Paolo Carrara）告诉他年轻的同事们，他们不应是"贪财的人"，而是"使徒"，他们的职业被称为"爱的使命"（Carrara 1934，p.13），是基于父母和后代之间的亲情纽带。回忆录还提供了几位女性作者如何担起精神上的父亲身份。皮亚·格里夫尼（Pia Griffini）写道，当她年轻的女性同事厌倦了不断做出牺牲，对自己的失败感到失望并对自己和未来失去信心，她如此鼓励她们：

> 老师认为，如果学生感受到了我们情感的真挚共鸣，他或她会以信任来回应……没有什么比一个孩子把手伸进老师的手更甜蜜的了，有时他会轻轻地喊着："妈妈！"精神上的母性是对我们所有努力的最神圣的回报。（Griffini，1961，p.45。）

教师的角色不仅仅局限在校园之内；在学校教学活动（白天和黑夜）和日常社会互动中，他或她还扮演着乡村教育者，是当地文化的中心，充当着儿童和成人精神导师的角色。许多回忆录描述了农场工人在田地里辛苦工作了一天后，有时没有任何休息，就匆匆赶去上夜校的情形。其中这类最有趣的经历是安吉拉·贝拉（Angela Vella）讲述的关于她1930年代在西西里岛一个受到移民现象影响的乡村担任教师工作中的经历。当地的土地只适合种植葡萄，这是一项既艰苦往往又毫无成效的工作，因此当地男性被迫到国外寻求财富。这意味着他们必须学习如何读写，因为法西斯政权只允许有文化的人移民。这就解释了为什么有45名不同年龄段的男性在蒙纳塞拉（Monacella）（总人口的比例非常高）进入夜校学习，以获得小学文凭。

论文前面引用的回忆录提供了一个完整的、在某种程度上具有典型意义的学校概况，从学生如何划分班级到具体实施方法，从教科书的内容到所追求的教育关系模式都涵盖其中。最引人瞩目的一个方面是，教师决定在每节课结束时大声朗读与当地有关的短篇小说，以此激发学生对阅读的热爱。她取得了成功：每次当她伸手去拿那本书时，班级就会安静下来，学生们的脸上都浮现出一种几乎令人感动的期待；班上有些人甚至试图模仿老师，在课间休息时召集同学一起读书。到了周日，薇拉（Vella）会以西西里作家乔瓦尼·韦尔加（Giovanni Verga）的小说《勉强》(*Malavoglia*) 为基础阅读：每次聚会，她都会用所有人都能读懂的简单语言介绍大约十页的小说。她本人显然被农工学生对故事人物的兴趣和他们对故事人物的共鸣能力所打动，她写道：

> 韦尔加（Verga）笔下的人物成了我的学生们真正的伙伴，他们以友好的方式分享并争论着这些人物原本生动有趣的绰号；因此韦尔加笔下的人物就这样在朴实善良的人们中得到了重生。(Vella 1934, pp. 51-52)①

从教育的角度来看，非正式交往似乎也起到了同样重要的作用。从冬夜拜访学生的家庭到漫长的夏末在乡村街道和广场上进行的"友好"交谈。保罗·卡拉拉（Paolo Carrara）回忆说，日落时分，当他坐在一棵树下时，周围都是劳工，他们肩上还扛着工具，为了享受与老师聊天分享和相互学习的乐趣，而推迟了回家的时间；这些不识字的人们"有着如此根深蒂固的责任感、荣誉感，这在受过教育的人身上很难找到"(Carrara 1934, p. 27)。有时，教师会对当地的需要很敏感，会积极地参与或领导社会经济或文化事务，从而与教区牧师和市长一起成为社区的主导。罗泰利尼（Rotellini 1924）就是一个例子，他在卡尔皮内托·罗马诺（Carpineto Romano）镇建立并多年指导农业和工厂工人互助会，并为工人阶级建立了社团和一份报纸，报纸用简单的语言编写，不带政治色彩，并向所有人开放。

然而，教师对自己的使命的认识和对日常工作的极端投入，与他们在学习期间形成的期望却因恶劣的环境和现实条件而破灭，在某种程度上形成了鲜明的对比，这削弱了他们在教学过程中产生的期望。这些回忆录见证了他们因经济回报

---

① 薇拉还向她的学生介绍了意大利文学的其他伟大作品：从圣弗朗西斯（St. Francis）的《创造圣歌》到但丁（Dante）的《神曲》，她会试图讲述其中的第一段。

微薄而牺牲和困苦的一生：在 20 世纪初，男教师的月收入仍然只有 75 里拉，而女教师的月收入仅为 62.50 里拉；在第一次世界大战爆发前，这种情况略有改善，分别增加到 87 里拉和 75 里拉。这些论述还强烈谴责任人唯亲，认为任人唯亲的陋习依旧是任免教师的基础，而且有出于政治、宗教和经济原因解雇教师的倾向。在 1911 年以前，市政部门在管理小学教育方面独断专行，这常常造成对教师不适当的压力和不公平待遇。这使妇女处于特别不利的地位，因为她们常常成为上级或地方当局不公正指控或骚扰的对象。埃内斯托·巴里利（Ernesto Barilli）特别谴责了一系列事件，他的一些女同事成为受害者：从一名女教师因遭市长迫害而被逼到自杀，再到皮埃蒙特一名年轻女教师被她曾拒绝的主管谋杀（Covato 1996；Ascenzi 2012）。他还回忆说，他自己早年当教师时曾两次被迫辞职：一次是因为个人原因，另一次是因为帮助农场工人向他们的雇主争取利益。

教师的生活也是漂泊不定的，样本中的许多作者几乎每年都会调往其他学校：科佩利·邦吉奥尔尼（Coppelli Bongiorni 2000—2001）在八所不同学校担任了七年的代课教师。这些学校往往坐落在偏僻的地方，只有换乘多种形式的公共交通工具才能到达，并在下班后沿着泥泞、雨雪冰冻的道路行走。在这些地方，老师们出行不是坐电车或火车，而是骑自行车、手推车、骑着驴子或骡子四处走动。临时就业（代课教师）的初期阶段可能会持续很长的一段时间，涉及一系列中间步骤，以得到人们非常渴望的长期职位，为此还必须通过竞争性的考试[①]。

安东尼奥·杜兰特（Antonio Durane）的回忆录揭示了当时流行的选拔过程和程序，以及候选人可能经历的评估类型。他描述了一场由罗马市政府组织的竞争性考试。他和他的兄弟于 1910 年参加了这场考试：他研究了一本教育史手册并阅读了《学校权利》（*I Diritti delle Scuole*），为书面评估（包括一篇论文题目）和口试（即在考官面前给班级授课，授课内容是随机抽取的未知主题）做准备。

除了物质和后勤上的困难，教师们还面临着很多心理上的挑战。他们在远离

[①] 本详述包括实际的考题：论文题目为如何协调和整合家庭和学校的教育行动；口试涉及给一组五年级小学生讲授一堂关于酒精饮料的课。

家庭和家乡的地方工作，那是一个陌生的、有时充满敌意的地方，教师会充满孤独感。在那里，极端贫穷和无知有时会使当地居民对获得基础教育的机会产生怀疑，即便不是怀疑，至少也是漠不关心。多西·朱利昂尼（Dorsi Giulioni 1977），在回忆她当老师的第一年时，讲述了她如何因为从孩子们那里得到的爱，才使她留在马尔凯地区的小村庄里的生活稍显明亮。她在那里待了两三个月，从来没有回过家，因为没有交通工具，加上她微薄的工资，而买车或买马的费用又高得让人望而却步。埃尔维拉·阿佩尔蒂·奥尔西尼（Elvira Apperti Orsini）这样描述她在前往塞尔瓦诺瓦（Selvanova）偏远村庄途中的精神状态：

> 天上下着毛毛雨。在漫长的山路上，陪我上山的年迈的父亲不得不停了好几次。一路上我们从来没有见过一个人，我默默地走着，被一种巨大的沮丧感压得喘不过气来……。我看着那些树林，那些黑暗的岩石，一想到我将在那里度过的生活，我的心就揪在一起！我们到了村子……。我觉得自己像在沙漠里。外面什么声音也听不见，除了单调的雨声敲打着窗玻璃，偶尔还有狗在远处吠。（Apperti Orsini 1911，pp. 9-10）

因此，同一所学校或附近学校的女教师很自然地会相互支持，而不仅仅是专业上的支持：在漫长的假期里，由于没有课要教，也没有机会和亲戚朋友在一起共度时光，同事们会聚在一起吃午饭，散散步；他们有时甚至会分享他们简单的晚餐。安妮塔·法布里斯（Anita Fabris）回忆说，她和其他同事一起前往省会城市领取工资的。

在这种情况下，教师们在回忆录中有时会表现出对自己失败的无能感，夹杂着失望和痛苦，这并不奇怪。格里夫尼（Griffinni）描述了伴随着她整个学年的挫折感：最初，因为她觉得自己对心理学的知识"匮乏"和"不完善"，无法与学生有效沟通；到了年底，她感到很痛苦，因为她意识到学生们在农忙季节大量缺课，几乎荒废了几个月来辛苦努力的教学成果。然而，她的灰心丧气却并没有导致她就此认输投降:"一个强烈的内心声音命令我保持突破。"(Griffinni 1961, p. 37) 她没有后悔选择这个职业,她继续将教师作为个人职业。卡拉拉(Carrara)将这种认识概括如下,他写道:

> 如果教育工作者的使命真的可以被称为职业的话,我将永远祝福自己决定拥抱这一崇高的职业的那一天。感谢上帝给我分配了这个位置。如果我能重生一百次,我依然会选择当一百次老师。(Carrara 1934, p. 60)

另一方面,只读一些段落是不够的,在这些段落中,老师们——无论男女,都带着悲伤和深情回忆着当学年结束时,或他们退休前在学校的最后一天,向学生告别的场景,这时候,强烈的情感参与进来,即使是那些有自己的家庭生活和孩子的人都难以自已。

这些回忆录不仅有助于我们重建教学的时间跨度内课堂生活和教育活动的画面,还为我们呈现了意大利教师形象,这与人们对意大利教师的刻板印象明显不同。人们曾认为小学教师的素质很差,仅仅是指令的执行者,倾向于将教师作为备选职业。相反,这些自传体的叙述描绘了教师们具有强烈的进取心,对教学事业充满热情和奉献精神以及坚定不移的责任感,他们深刻意识到时代赋予他们的重要使命;在 19 世纪和 20 世纪,这些教师默默无闻地培养了几代意大利人。

第九章 "我子然一身,唯有真理支撑着我":一位小学教师生活的解读

伊姆雷·加莱（Imre Garai）[①]

安德拉斯·内梅斯（András Németh）[②]

本文前半部分的标题，我们借用了匈牙利小学教师伊姆雷·托斯（Imre Tóth）的回忆录标题——《我一生的小说》（*My Life's Novel*）。2012年春我们看到了这本回忆录的手稿[③]，当时该回忆录仅有亲笔手稿，尚未有印刷版。之后，我们于2015年底[④]将其出版。(Tóth 2015) 作者在书中描述了自己的人生及作为小学教师的职业生涯，他的教学生涯始于20世纪上半叶的1947年，并于1986年12月达到退休资格。

对于研究者以及那些对20世纪匈牙利政策与社会历史感兴趣的人来说，这本小说在诸多方面皆趣味十足。一方面，托斯的小说融合了多种不同的回忆录类型。但它融汇了有关小学教师以及较低阶层人士生活与教育状况的有价值信息。另一方面，这本小说读起来趣味十足，读者可以读到一个个多彩而又充满挑战的

[①] 匈牙利布达佩斯罗兰大学，电子邮箱：garai.imre@ppk.elte.hu。

[②] 匈牙利布达佩斯罗兰大学，电子邮箱：nemeth.andras@ppk.elte.hu。

[③] 我们使用"小说"（novel）一词作为标题并暗示托斯手稿体裁的不确定性。该手稿的编辑版于2015年出版。参见Garai, 2015。

[④] 感谢博士生达维·彭斯（Dávid Pénzes）与埃里卡·库巴尼（Erika Kubány），他们帮助笔者将手稿转换为文本编辑计算机程序。还要感谢尼古丽塔·奥拉（Nikoletta Oláh），她在文本输入工作完成后帮助修正、检查了文本。在仔细审阅若干遍后，祖苏萨·侯莎尔（Zsuzsa Huszár）与作者儿子伊姆雷·阿尔帕德·托斯（Imre Árpád Tóth）对文本进行了核准。在发布过程的前期工作中，他们对笔者的帮助巨大。

故事，这些挑战既有个人生活的，也有政治事件的。

本文将对个人回忆录及自传的形成过程进行梳理，并对其在历史研究中的运用方式进行概述。然后，我们将尝试确定这本手稿的体裁，并指出一些有关其创作过程的背景信息。在此基础上，我们将尝试探索该文本的主要意义层次。本文分析所用文本为回忆录手稿之初稿，该稿于1990年12月完结，并包含对地方及国家政治变革事件的回顾。[①]

历史研究中回忆录的变革与回忆录的鉴赏

现代欧洲之根基是在18至19世纪间经济与社会变革中形成的。在这些变革的中心，即欧洲大陆的西部地区，我们可以看到"工人阶级社会"以及能够实现自我成功的现代个体的形成。参与进生产过程中，不仅有助于实现个人目标，而且对全人类有所裨益。正因如此，时间的功能发生了巨大的变化，它开始具有了一种规范功能。顺便一提，对于回忆录而言，个性化的传播在回忆的观念上带来了缓慢但显著的变化（Németh 2010，pp. 49-52；Siba 2010，pp. 44-45；Heller 2015，pp. 34-35）。

因此，这些现代化进程也改变了回忆录的功能。在法国，个人回忆录最初与贵族阶层[②]紧密相连。由于现代化进程，这一群体在政治和经济领域逐渐失去了重要地位。通过撰写回忆录，他们进行了一种象征性的探寻，以反对国家的"官

[①] 应托斯家人的要求且为遵守隐私准则，在托斯手稿的公开发表版本中，我们省略了1986年以后发生的事件。省略这部分的主要原因是这部"小说"的编辑版本亦能很好记录托斯的生活。在省略的这部分中，托斯以日记的形式记录下了他在抵制匈牙利社会主义工人党（1956年至1989年匈牙利的执政党）的反对派政治组织中扮演的角色。但是在这部分内容中，托斯同样也披露了大量有关其政治对手的敏感信息。然而，似乎有必要将这部分纳入我们的分析范畴中，因为这部分内容隐藏着该回忆录的逻辑曲线，其最终结论包含了作者意图的关键信息。

[②] 世袭贵族试图将自己与"穿袍贵族"群体区分开来，因为后者是因为购买官位而获得了贵族地位。

第九章 "我孑然一身，唯有真理支撑着我"：一位小学教师生活的解读 | 131

方历史叙事",从而保留其优势地位的某些元素。后来,在17世纪后期,国家开始支持撰写回忆录,因为回忆录可记录有趣且实用的信息,供后人了解政治家生平以及他们在不同政治行为中的动机(Nora 2009, pp. 164-169)。1789年发生的法国大革命以及随之诞生的现代法国改变了历史回忆录的角色:资产阶级和贵族撰写并出版了他们的回忆录,并希冀可以借此留住旧制度(法国从文艺复兴末期始至法国大革命止的旧制度)的一部分。大多数情况下人们不对这些回忆录进行修订,因为它们的任务并非为了证明历史的真实性,而是使读者产生对国家命运的共鸣(Nora 2009, p. 157)。

受德国唯心主义哲学启发的历史主义,也在1870年后减弱了回忆录在法国历史研究中的势头。档案文献成为了与国家事务有关研究的主要资料来源。历史学家对档案文献进行研究,从而对历史问题做出判断(Romsics 2012, pp. 52-54)。而自年鉴学派创立后,基于个人叙述的历史著作变得更为重要。与日记的写法相关联,一个全新的历史叙述空间被开创出来,其中社会学与心理学的研究方法①发挥了重要的作用(Kovács 2012, pp. 26-27; Romsics 2012, p. 234)。而在回忆录的当代应用上,社会流动性与现代社会的发展在某种意义上发挥了巨大的作用(Varga 2003, pp. 101-102)。回忆的过程要求对个人的生活事件进行回顾性分析。随着传统社会价值观念的消失,上帝无所不能的力量逐渐式微,而传统社会的框架也发生了变化。此外,普通人的生活节奏加快了,可以影响个人命运的历史事件亦会大大增加。(Nora 2009, p. 173)

因此,对回忆录的研究是在迅速变化的社会进程中为应对历史研究的挑战而催生的。莫里斯·哈布瓦赫(Maurice Halbwachs)是回忆录研究最重要的人物之一,他从传统的角度区分了个体记忆与集体记忆。哈布瓦赫理论构建的要旨是,个体回忆可经由人际关系来加以解读,因为人类意识及记忆本身皆因社会交往而产生(Németh 2010, pp. 70-71; Kovács 2012, p. 24; Heller 2015, p. 36)。记忆

---

① 这些全新的方法路径方法对历史构成了巨大挑战,因为语言和后结构方法质疑历史研究方法论是否科学(White 2006, pp. 864-865; Romsics 2012, pp. 232-233)。

可以通过象征性的斗争在下一代中发展为传统。社会中不同的参与者有各自的利益，因此他们试图扩大对过去解读的影响力（Romsics 2012，pp. 234-235）。

扬·阿斯曼（Jan Assmann）则强调了哈布瓦赫模型中与集体记忆相关联的交流层面。他将集体记忆划分为四个维度：可形成共同习惯的模仿层面、客观记忆、交流记忆以及文化记忆。阿斯曼还将记忆的形成过程定义为一场象征性斗争，因为社会中的各个群体都在试图垄断和扩展他们对其他群体叙事的解读（Németh 2010，pp. 71-72）。在交流记忆层面，同代人与目击者的角色十分重要。他们以自身的角度审视并解读不同的事件或现象。诚然，这种形式的回忆具有多层次的解读。阿斯曼认为，记忆的真实性是由历史政策决定的，历史政策又受到不同政治角色之间竞争的影响。这些政治角色寻求的是有利于其政策乃至名声的解读。在交流记忆中，个体通过自身经历来思考生活中的事件。此外，文化记忆与过去保持着距离，不受任何个人影响，且可凝聚为历史记忆。从数十年的时间跨度来看，它可能会在两种类型的记忆之间跨越（Kovács 2012，pp. 26-27）。

根据皮埃尔·诺拉（Pierre Nora）的论证，历史与记忆的分道扬镳始于史学的兴起，历史学以其批判性与分析性的方法将记忆和社会现实拆解。记忆的文化已经通过传统农业生活形式的逐渐远去而悄然改变。诺拉提出，对回忆宣示主权即创造了"记忆之场"（lieux de mémoire）。记忆之场帮助我们回想起一种现今社会已难觅踪迹的历史片段。如今，前工业化信息传递的时代已为个人回忆所取代，这些回忆成为了我们体验个人及公共身份方面的重要纽带（Nora 2009，pp. 18-23；Ferreira and Mota 2013，pp. 698-699）。

创造自我身份的文书：自传

对回忆录的研究可以划分三个方向：第一个研究方向是从历史、心理学和哲学有关问题的角度来审视回忆录。第二个研究方向是研究个体记忆与集体记忆之间的联系。此研究方向重视回忆录的"技巧"。第三个方向是文学史，该方向从文本体裁特征出发得出相关结论（Dobszay 2010，p. 36）。

从确定回忆录体裁的研究路线来看，由菲利普·勒吉恩（Philippe Lejeune）提出的自传和自传契约的概念可以整合个人记忆与集体记忆之间的联系。勒吉恩认为，自传是一种散文叙事作品，通过记录个人生活事件，我们可以探寻自我身份的形成和巩固过程（Varga 2003，p. 9）。当读者阅读作者的回忆录时，自传契约所达成的共识便成形了。作者保证了回忆的真实性，这种真实性指的是现实的某个方面。这种现实是由作者亲身创造并加以解释的（Siba 2010，pp. 94-95；Varga 2003，pp. 7-8）。[①] 勒吉恩将自传与日记相区分，因为前者是一部封闭的作品，会有终点，并且结构完整。事实上，自传作者亦会解读其作品的结局。而日记是一部未完成的作品，时间的推移会催促作者书写新一篇的日记。日记的中断通常是由意外事件造成的。但是日记与自传之间，存在着一定的联系，因为我们可以将自传作为文献来阅读，而日记亦可成为一个连贯的叙述。连贯性取决于阅读和编辑作品的方式（Varga 2003，pp. 13-14）。

自传有一基本特征——叙述形式。这是思维方式的一个重要元素，在形成身份认同的过程中起着关键作用（Siba 2010，pp. 70-71；Németh 2010，p. 73）。寻找自我身份认同是一个历史过程，在这个过程中，按照规定顺序讲述生活中发生的事件是寻找身份的一种手段。因此，对生活事件的回忆是由作者建构的。作为一种叙事框架，它可能与政策或社会的变化有关。有时候，线性叙述可能会有所变化，这取决于叙述者的意图；作者向我们叙述一个故事，并选择了其中对找寻其身份认同而言十分重要的元素。若叙述者与主人公是同一个人，那么便可能创造出一种双重时间结构。其主要原因是，在面对其经历时，作者对自身有着不同的视角（Siba 2010，p. 84；Kovács 2012，p. 30）。

[①] 一方面，契约的真实性是由准备发表的科研机构所保证的。另一方面，也可以通过诸如机构和个人身份本身之类的信息来保证，这些信息可以帮助确认作品和作者（Varga 2003，p. 9）。根据勒吉恩的解释，我们同时也帮助实现了对现实的解释（伊姆雷·托斯提出）与回忆录读者之间"达成契约"。

这种现象与对记忆的选择性态度有关，因为我们无法记住我们经历过的所有事件。回忆的过程取决于我们想要回忆什么样的记忆片段，以及我们对一个事件或现象有着什么样的联想。在这个过程中，人不可避免地要向其他个人、团体或整个社会明确自己的关系。就上述概念而言，意识形态可以在选择过程中发挥关键作用，因为意识形态可为回忆者提供一个重新定义的结构。在叙述和唤起记忆过程中，回忆者以一种能够填补过去和现在观点之间的鸿沟来引导被重拾的记忆（Ferreira & Mota 2013，pp. 705-708）。

关于自传，似乎十分有必要强调其双重教学意义，这种意义可以通过两种方式体现。一方面，自传对代表下一代人的读者而言起到教学与道德教育的目的。另一方面，校园经历或教师的教育观点极大程度地反映了作者的观点，并且通过这些观点，可以反映其所在社区和社会的世界观。顺带一提，教师回忆录可能包含有关教师专业发展过程的更多信息和相关愿景（Nora 2009，p. 181；Ferreira & Mota 2013，p. 714）。

匈牙利小学教师自传的解读框架

伊姆雷·托斯（Imre Tóth）自传的修订版本可以清晰地划分为四个章节：第一章叙述了其童年与青年时代。这一章的篇幅占整个手稿的三分之一。在本章末尾，托斯成为了一名小学教师并结了婚。第二章的主要内容是关于他组建家庭、匈牙利独裁统治时期、1956年革命事件以及起义失败后的遭到报复的经过。这一章也展示了他为了再次获得教师资格的"探寻过程"。第三章生动地描绘了托斯的教书生涯，还有他与新政权以及新政权在当地社区的代表所做的斗争。第四章即最后一章举例说明了1987年后他的家庭和政治生活所发生的变化。托斯在国家和地方的政治变革进程中发挥了积极作用。

对于这部手稿的创作背景，我们几乎不得而知。但是，似乎有一点可以肯定的是，作者和与他同为小学老师的妻子都有在特定时间写日记的习惯（Tóth

2014，p.77）。兴许，作者在回忆的过程中，参照了自己和妻子写过的日记。到1986年他退休领取养老金时，作者可能已用这种方法完成了第一版手稿。作者原本打算将自传出版，对此，我们可以从一些交叉引用中找到一些有关作者尝试发表其初版回忆录的痕迹："我12月31日就符合退休条件了，妈妈（编者注：指作者的妻子）也要从图书馆离职了。同时，我给教职工们送了一份50页的手稿作为送别礼物。"（Tóth 2014，pp.108.）然而，可以确定的是，作者后来又修订了手稿。兴许是受此后1989年的事件的影响，方才做了修改，能够佐证这一假设的就是作者撰写自传的目的便是为了能够出版。在自传中他多次提到了想要出版的想法（Tóth 2014，pp.109，112）。他还留下了一些稿件出版后该如何进行编辑的指示。托斯通过对手稿进行修改，使之更通俗易懂，并在文中增添了一些新的补充内容。

这本自传的每一章都有其独特的个人风格，这使得结构上的划分更为突出。第一章带有文学叙事风格，读者可从中了解托斯家族的历史。作者通过使用当地社区使用的称呼以及使用当地方言中的特殊表达方式，使得托斯家族与费尔斯埃雷克（Felsőerek）[位于巴奇博德罗格县（Bács-Bodrog）]的联系更加牢固。此外，作者讲述其童年轶事也有着相同的目的。①

第二章的风格与第一章完全不同，因为其表达方式似乎与匈牙利社会主义时期有关，并且随着1956年革命的到来，其文字的描写部分变得紧张起来。作者的遣词造句发生了变化，变得十分简洁，辞藻也变得感伤。作者以日记的笔触书写了革命事件与后续报复事件（被还押候审、被拘留、被审判），这些内容对本章节以及作者本人在这些事件中的形象增添了戏剧效果。从戏剧学的角度来看，对

---

① 作者有意识地实现了这一目的。作者指出，在罗马天主教主教小学教师培训学校（匈牙利语：Ró mai Katolikus Érseki Tanító képző）中，他的老师伊姆雷·库兹（Imre Cz），教会他导演和戏剧表演，同时托斯的语言表达能力也得到了显著提高。"我感谢他提升了我对匈牙利语言的使用意识，从那时起，我的眼中便再也无法容忍语法错误与语言纰漏的存在。"（Tóth 2014，pp.34-35.）作为一个受过良好教育的人，托斯使用的语言不同于农民，他通过使用当地表达方式证明了自己是当地社区的一部分。

1956 年至 1959 年这一时期的描写似乎是整个自传中最重要的部分。

自传的第三部分又开始了大量描写，这是由于作者彼时为了能够继续当小学老师，被迫从出生地搬到热德拉克（Géderlak）和瓦克（Valkó），后来又搬到了瓦茨森特拉斯洛（Vácszentlászló）（隶属匈牙利佩斯州）。作者对佩斯州的景观、当地社区以及当地教职员工的构成进行了大量描写。他对这段时期教学生涯的生动描写，还有他对新政权以及新政权派驻在当地社区的代表作斗争的相关内容一样，也变得重要起来。作者退休后并没有停止与新政权的斗争，因为他对当时执政党的态度依旧保持反对，并在 1987 年后扮演了积极的政治角色。

第四章即最后一章举例说明了 1987 至 1990 年间作者家庭以及政治环境发生的变化。作者对其间政治变革的回顾与其对 1956 年革命的描写非常相似。他使用了相同的描写手法，记述了有关纳吉·伊姆雷（Imre Nagy）及其同僚被平反并被重新安葬以及匈牙利民主化的历史。这一部分的内容与前文一样，遣词造句的风格十分紧张，但却没有了情感的宣泄。用作者自己的话说便是："在政治方面，这非常艰难，我们在 1990 年政治转型的第一年感到失望，我们没有想到会是那样。"（Tóth 2014，p. 122）

考虑到文体和结构分析，我们可以将伊姆雷·托斯的自我身份分为三个部分。第一部分是托斯一生的私人领域。第二部分是作为一个个体。托斯因其家庭关系与小学老师的角色注定要成为社区正式或非正式领导人。为了当好这一角色，托斯奉献个人自由，以此作为"牺牲"[①] 来保护集体利益。第三部分融合了前面提到的各个角色定位。托斯的职业造就了他的职业使命，其职业使命也贯穿了整部自传，成为了指导思想。

---

① 很明显作者从拘留所释放出来时，便提到了这一点："所有村民都来迎接我。他们一个接一个来拜访我们。对他们来说，那当然是个开心的圣诞节，因为村中为了他们的利益而被关押了一年的老师刚刚被释放出来。"（Tóth 2014，p. 69）

小学教师的自我身份认同与正义伸张

在自传的第一章中,伊姆雷·托斯(Imre Tóth)对其家族的家谱概览进行了简述,这清楚表明他来自费尔斯埃罗克(Felsöerek)最重要的家族之一。之所以重要,主要是因为这两个事实:首先,其家族拥有50—60英亩的地产。另外,其先辈在当地社区的公共生活中扮演着重要角色。这个家族需要大量后代及农业生产资料才能耕种其家族地产。后来,托斯的父亲继承了家族农业设备,并借此从农工转型为商人(Gyáni 2006,pp. 308-309)。

1918—1919年爆发的革命以及20世纪上半叶发生的社会政治大变动使得托斯家族成为左翼极权主义阵营的反对者。作者的父亲在费尔斯埃雷克的叛乱中起了领导作用,这场叛乱发生在1919年6月18至24日,针对对象是匈牙利苏维埃共和国,是卡洛克萨(Kalocsa)(位于巴奇博德罗格县)附近暴动的一部分(Tóth 2014,p. 8)。① 作者的先辈在当地社区的社会生活中扮演了重要角色,而作者的长期发展与社会化也以同样的方式受到了引导(Dobszay 2010,p. 45)。作者在童年时代便为自己未来的角色打好了基础,这凸显了他对公共生活与政治问题的兴趣。作者提及了自己后来受到审判与自己童年的经历有关,这一点具有象征意义。伊姆雷·托斯是一位值得关注和引导的人物,后来他因暴政被送至审判场(Tóth 2014,p. 17)。

作者的校园经历为其未来成为社区领导人物打下了重要的基础。20世纪30年代,农工的孩子只能上小学低年级(Gyáni 2006,p. 319)。托斯的父亲放弃农工职业,转而从事"采矿、冶金、贸易与信贷"行业。他租赁土地,并将其出租

---

① 匈牙利在第一次世界大战中战败后,旧政权在1918年10月31日的国民民主革命中垮台。但因为协约国制定了严苛的停火条件,新建立起来的政权很快也丧失了权力。因此,社会民主主义者与共产主义者针对国内政党发动了一次政变,于1919年3月21日成功接管了权力并将国家命名为匈牙利苏维埃共和国。

给个人进行耕种。他还使用继承的设备协助农事，有时也雇佣工厂帮忙处理农活。最终，他在村子里开设了一家酒吧，并在"有经营资质的食品供应者、小酒馆老板与管理者"这一类行业中度过了自己的一生。[1] 作为一名参与过暴动的农工，托斯父亲将儿子送至国立公民学校就读，这类学校的学生主要是产业工人的子女，在这类学校就读有利于未来向其他社会阶层流动（Gyáni 2006，p. 350）。托斯父亲供托斯读书，但是后来，托斯因为与国立公民学校的校长发生冲突，再加上成绩问题，被迫退学，之后便被父亲送去语法学校的低年级班。高年级班与低年级班之间的社会界限从学习拉丁语这一困难中清晰可见。从这一点可以清楚地看出——拉丁语为精英阶层与贫穷阶层象征性地划分了界线（Karády 2012，pp. 152-153）。因为完成语法学校高年级班的学业并通过期末考试的需要投入更为高昂的学费。因此，他放弃了高级中学，始创于 1938 年《国会第 13 号法案》的学院便成为了当时托斯继续完成学业的唯一理想选择，因为根据 1938 年《国会第 14 号法案》的规划，学院的匹配对象是社会流动群体。立法者希望能将基础师资培训体系拔高一个台阶。学院的开办便是与这一点有关，因为其五年级对接小学教师培训机构的前三个年级。但是由于第二次世界大战，拔高小学教师培训体系的尝试并没有成功（Donáth 1999，p. 73）。

尽管有所改革，小学教师培训中最重要的内容仍然是让小学教师为他们的传统角色做好准备。在匈牙利制定了 1868 年第 38 号国会法案之后，小学教师这一职业便被进行了专业化改造，并于 19 世纪与 20 世纪之交补充一些新的专业知识。小学教师们学习了卫生、特殊教育与儿童保护方面的知识。有了这些新的专业知识，小学教师们不仅能胜任学校任务，而且在社区中也发挥了重要作用（Németh 2013，p. 110；Baska 2008）。除此以外，他们还保留了其传统角色：领导社区的知识和精神生活，即所谓的宗教职能。小学教师的培训系统传统上属于宗教领域。因此，他们成为了指定或非指定的宗教调解人，在形成国家结构后，他们会

---

[1] 相关行业分类标准参阅 1930 年人口普查第三卷（Magyar Királyi Központi Statisztikai Hivatal 1935，p. 8）。

成为国家文化政策的目标的调解者（Donáth 2008，pp. 17-18；Németh 2004，p. 473）。

伊姆雷·托斯于1942年开始在罗马天主教大主教的高中学习。但是，托斯承认，自己当时并没有成为小学老师的意向（Tóth 2014，p. 22）。但是在学校待过一段时间后，他慢慢接受了当老师的想法，并开始为公共教育服务。他们的学习与小学教师培训的传统方式相关联，这一点可以从学生通过资格考试后，卡洛克萨（Kalocsa）的大主教约瑟夫·格罗斯（József Grősz）造访该校这件事上看出来。格罗斯给予这些学生象征性的捐助，从而助力他们开启职业生涯，并推动他们成为"照亮匈牙利村庄的明灯"（Tóth 2014，p. 34）。托斯成为费尔斯埃罗克的小学教师后，便获得了自我身份认同，因为作为一名老师，他也像他的先辈一样，成为了社区的领导人物之一。

在作者童年和青壮年时期的相关描写中，可以发现作者对于自己职业生涯的坚定信念。而这必然会使他在后半生中反对绝对独裁统治，因为匈牙利政府于1948年将整个公共教育体系国有化，小学教师的角色也随之发生了变化。这样做的目的是改造整个传统农业社会。而这也是托斯反对政府主要文化政策目标的主要原因。政府希望小学教师能够传递意识形态信息，并组织政治示威，以支持政府的目标。小学教师在实现政府的政治目标中起着重要作用，但政府对他们的住房和财政支持却不尽如人意，而这也显现了小学教师所处位置的特殊。由此，很多人选择辞职并不再担任老师。匈牙利工人党的统计数据显示，仅1951至1952学年，小学系统的高年级便流失了8200名教师。政府试图用两种方式来解决这个问题：一方面，他们派出2800名没有资质的老师上课。另一方面，老师被强迫加班上课。此外，有大量的即将成为教师的候选人在参与教学实习后并未完成资格考试，因为小学教师行业的声望很低（Révai 1951）。

自传中多次提到了教师负担过重，也多次提到他们对此的反抗。因此，作者在1956年10月23日之后成为社区革命事件的领导者，也便不难理解了。而革命过后当权者对革命者展开的报复行动则给作者留下了深刻的印象。正如作者在自传中所说的那般，这可能便是他经常主张伸张正义的原因，而根据作者自己的说法，这样做源于自身的职业意识。读者可能会对自传的主人公形成这样一个印象，即他是一个悲惨的人，而这也是自传研究中一种常见心理形式（Dobszay 2010，p. 40）。然而，有趣的是，伸张正义的主题不仅出现在他与国家的斗争中，也出现在他与家人的关系中或者他读书期间发生的冲突中。因此，这一层面的问题似乎可以追溯到作者前半生的经历。

1959 年作者被释放后，不得不离开祖先世代居住过的土地，并迁往佩斯州定居。虽远离故土，但对托斯及其家人而言，国家当权者的阴霾并未散去。20 世纪 50 年代后期政治稳定之后，托斯得以再次做回老师，而这得益于匈牙利社会主义工人党政治委员会于 1958 年 3 月 11 日作出的文化政策转变的决策。根据该决议，地方委员会在对当地文化政策问题的决策方面被赋予了更大的权力（Kalmár 2014，pp. 121-122）。在自传的这部分内容中，我们可以看到一个特别的矛盾点，可与前文提到的作者的使命感联系起来，即作为社区的象征性领导人物。在匈牙利社会主义工人党第八次代表大会（1962 年 11 月 20 日至 24 日）上，宣布了"不反对我们的人与我们同在"的政策。得益于该政策的颁布，再加上经济领域的改革，人民的生活水平大大提高。社会中的大部分人群拥有了私家车并前往西欧国家旅行（Romsics 2004，pp. 509-511）。这些福利措施亦惠及托斯家族，他们的生活水平提高了，他们的孩子被允许上中学读书。国家甚至没有将他们排除在高等教育之外。然而，托斯和他的妻子却不得不一直与工作受到桎梏这一点作斗争。后来，托斯最终退休并将自传转交给前同事，而他也被禁止教授和组织文化项目。托斯的手稿为其一生作出了特殊的诠释：托斯将其一生描述为"不断寻求并维护自我身份认同的斗争"（Varga 2003，pp. 7-8）。

作者手稿的最后一章记录了 1987 年到 1990 年发生的事情，采用了与描写 1956 年革命相同的手法。这一章节与日记非常相似。在与社区政治对手的斗争中，作者感到厌倦。因此，从国家层面乃至地区层面，作者逐渐放弃了自己的政治诉求，在他的余生中，唯剩自己的职业信念，而由于晚年健康状况不佳，其信念再无发挥之地。从这个意义上讲，我们可以使用勒吉恩提出的"危机日记"（crisis diary）的概念来概括这一章节，因为作者在这一时期正努力寻找摆脱危机局面的方法（Varga 2003，p. 217）。

结语：作为"记忆场所"的自传

伊姆雷·托斯发掘了自身的职业使命——小学教师，而这个身份也使他成为了社区的象征性领导者，如同他的先辈一般。托斯的自传中展现了他发掘自身职业使命的过程，这种过程可以解读为：一场与不断变化的社会政治环境进行永无止境的斗争。

通过创作自传，作者让内心的驱策诠释了一生中发生的事件（Siba 2010，p. 91）。他还记录了许多现象，这些现象是传统或交流记忆的一部分，但如今已写入历史（Kovács 2012，p. 26）。通过对自传的研究，从社会历史的角度来看，我们可以追踪到20世纪第二个十年后传统社会所面临的挑战。我们还可以看到政治意识形态与工业化实验如何改变匈牙利社会这个问题。此外，透过自传我们还可观察到政治事件或历史对民众产生的影响以及这些事件如何改变民众的信仰。自传中对"二战"造成的破坏以及1956年革命事件的描述，也使得对自传各种角度的解读变得更加鲜活。此外，托斯还记录了革命后当权者对革命者展开的报复行动以及革命者重新融入社会的尝试。作者和他的白领同事们几乎无法在建筑行业找到一份非熟练工人的工作，这一点也充分说明了1960年代初匈牙利的社会环境（Tóth 2014，p. 75）。新政权决心继续反对革命，这可能会让人们产生成为逃犯或者贱民的感觉。由于执政党维持了国家的整体安全，实现了经济增长并采取了福利措施，因此社会与统治者达成了妥协，并"忘记"了革命（Kalmár 2014，pp. 126-127；Romsics 2004，p. 422）。因此，作者对于这种结果的态度可能更多是失望，这一点可从作者对1990年政治变革的描述中看出。由于晚年身体欠佳，作者不再是社区政治领导人物。终其一生，都未能看见革命在地方乃至国家开花的结果。

伊姆雷·托斯的自传在20世纪匈牙利小学教师专业发展史上有着举足轻重的地位，因为它记录了在两次世界大战期间或1948年之前在中等教育水平获得教师职位的小学教师。他们在1868年之后获得了教师资格和专业知识，这段时期对教师的要求与后来极权独裁政府对教师的新要求截然相反。而这种矛盾的局面也在作者与其新同事乃至地方当局的代表进行长期斗争中清晰地体现出来。1958年出台的第26号法规设计了一套高等教育体系，而在自传中，我们也可以看到小学教师的资格和等级进入该体系的过程。这条法规使得小学教师争取了数个世纪的需求得到了满足（Németh 2004, p. 476）。作者虽然参与了革命，但他还是成为了该高等教育体系下的一名学生，并在塞格德师范学院获得了大学学历。尽管1960年代的经济增长使得教师的收入问题有所缓和，但紧接而来的又有新的挑战。执政党委派新任教师进入小学任教，但是这些教师却没有任何相关资质，由此不仅造成了教学上的矛盾，亦形成了政治上的冲突。而且，这些新教师很容易受到执政党安插在地方的代表的影响（Tóth 2014, p. 94）。有关作者与其妻子退休后市场经济转型带来的新挑战，自传中并没有透露进一步的细节。我们希望，这本自传的出版可以成为20世纪匈牙利政治社会历史以及小学教师传统角色的一个记忆节点。社会的任何成员或阶层都能对其进行引用从而对相关层面的问题进行研究。

第十章 教育记忆与公共史：必要的交会

吉安弗兰科·班迪尼（Gianfranco Bandini）[①]

教育领域的历史研究自本世纪初以来愈发充实，出现了新的探究形式，尤其是在国际社会中，一众国家研究团队通过召开会议、举办暑期研习班以及发起其他研究倡议对该主题进行研究。学校历史或许是教育研究诸多领域中最为传统的板块，它摆脱了对规范性、政治性和制度性维度的持续关注，将研究目标转向重建一个各个层面都更为丰富且更注重个人经历与集体维度的过去，甚至会更为注重情感内涵和隐含意义的刻画（Burke & Grosvenor 2011；Burke et al. 2013；Braster et al. 2011；Caruso 2015）。同时，学校历史的研究范围不再局限于国界之内，而是开始向外拓展，以期获得更为广阔的视野，这不仅是为了进行比较研究，亦是将目光放在"世界史"上的一种体现（Beattie 2002；Crossley et al. 2007；Crook & McCulloch 2002；Depaepe 2002；Sobe & Ness 2010；Stearns 2011）。

在这种背景下，笔者认为，在教育研究中使用公共史的研究路径意味着将我们的研究置于革新的研究框架之内，与此同时，亦会拓展出一些十分有趣的研究方向，这些新方向在学科交叉研究中经常出现。但是，为了证明笔者的这一假设并展示其合理性，我们必须经历一个研究反思过程，从而将一些重要的要素联系起来，这些要素以往总是被认为是孤立的，而实际上，它们是一个变化过程中不可分割的组成部分。随后，我们便可以指出历史与记忆之间的关系、口述史的贡

[①] 意大利佛罗伦萨大学，电子邮箱：gianfranco.bandini@unifi.it。

献，数字历史的快速变化以及公共史的诞生，然后才最终将重点放在验证这种类型的方法和主题路径的有效性的案例研究上。

对回忆与历史过去的思考

在意大利和其他一些地方的历史知识中，对历史与记忆之间的关系有着详尽的论述，尤其是对于那些引出了相关研究问题与解读的话题。例如，有关意大利社会政治动荡时期（Anni di Piombo，又称作"领先岁月"，即 Years of Lead）"抵抗运动"的争论，或有关整个工人阶层的历史，又或者是与稻田工人相关的边缘化话题（即所谓的"采摘工"）。关于历史和回忆之间的异同，人们也激烈地讨论过（Contini 1997；Lussana 2000），最终强调了两种路径之间的差异：历史是科学的、是"客观的"，而回忆则是通俗的、是"主观的"。承继了 19 世纪经验的史学准则强调，历史研究应剔除个人喜好与个人倾向，使其往自然科学的方向靠拢，贴近其研究步骤。定量历史研究法就是一个例子，这种方法质疑个人叙述或者模棱两可的论述，只要是被认为不够客观的描述，都是定量历史研究法所排斥的。

人们在争论历史的过程中达成了一个基本共识，即不能因为某种研究方法相对其他方法存在着预想上的、理论上的优越性，就经常选用这种方法：只有在针对特定主题和特定研究目标的应用中，才能评估不同方法的有效性。从这一点看，定量和定性研究的立场之间向来存在争议，这就导致了更大程度上的折中主义以及对记录历史不同方式的宽容。

因此，要克服和消除记忆与历史之间的差异，使之成为历史诸多维度中一个更为开放的视角，更要思考使用口述资料，有何真正独特及特有的价值。口述史的一个重要特征是这种追溯过去的方法具备绝对原创性，并且，相对书面文件而言，口述史具备其特有的价值，且形式更为多变（Portelli 1990；Ritchie 2002；Thomson 2006）。当然，一个人在仍受到其他传统历史材料影响的时候，便不能仅仅只使用口述资料。在使用口述资料的研究中，传统资料占据着核心地位，并具有惊人的能力，能够改变进行研究的历史学家的认知。通过采访，研究者可能会解决他人先前未曾考虑或可能忽略的问题，抑或是在科学文献中不曾提及的问题，这些意外出现的问题在研究初期根本未曾想到。

事实上，口述史已经超越历史和记忆之间的冲突，从而打开了一个新的研究领域。从教育目标来看，这一新领域似乎有着极大的探索空间，且趣味性十足。在口述史中，我们寻得了一套具体且独特的材料，这套材料相当理性，是一部采访回忆录，同时又是通过历史学家与记忆者（主动回忆的人或在历史学家引导下进行回忆的人）之间的互动所建立起来的访谈内容。这部材料的故事以口头方式叙述，不斧凿，不做作，其内容不为特定读者群体而写，也不对特定问题做出解答。它主要是两个人之间的会面，一个是询问和倾听的历史学家，一个是讲述自己和他人经历的历史见证者。这部材料，既有对情感的追忆，也有对事件的回顾，而这一点也是这部材料的特性之一，它能够带领我们脱离历史与记忆之间的冲突。

这种典型的倾听他人的人类学方法建立起了一种构建历史的模式——关注个人经历并由此产生微历史，这种模式依据的是数十年前提出并在许多研究领域中实践的一种研究视角（Febvre 1953）。我们依然记得，与格尔茨（Geertz 1973）提出的所谓"深描"（thick description）相类似的诸多方法都尝试捕捉除要素以外观察到的（和已有的）现实，而这也可能被研究者忽视，因为他们亦是人类经验和观察的一部分。在这一背景下产生的元素极有可能会打开一个新的、前人尚未预见的路径，最终，我们甚至有机会在最后阶段重新审视并更新那些更为传统且根深蒂固的主题。（譬如，一些可为历史领域提供有用指示的以方法论为基础的理论）（Glaser 1999，2001；Tarozzi 2008）。

口述史从一开始便具备与其他方法相区分的特征，并且特别适合于学术历史。首先，口述史侧重描绘经历，经历包括个人经历与集体经历，这两者并不总是一致，并且，我们也应该经常自问这两者之间的差异；其次，口述史侧重事件的发生对置身其中的人的意义，而不是冷冰冰地分析发生了什么事情。口述史让我们更加贴近人们所思、所闻、所感,喜悦、恐惧、希冀、失落等等。由此看来,口述史中似乎包含了许多细节,其中一些细节单独来看可能显得微不足道,但诸多细节放在一起便可共同勾勒出历史亲历者的整体样貌。追溯其根源,我们不应忘记:马克思主义为社会下层阶级发声,为他们提供了表达自我的机会。他们在过去属于边缘阶级,讲方言,目不识丁,甚至连自己的名字怎么写都不知道。

有了口述史,再加上其他一些研究大传统与既定传统的地方(或区域)历史方法,我们对过去发生的点点滴滴、经年累月发生的变化有了更高的洞察力,甚至是相差数公里的两个地点之间历史经历差别,我们也能保持敏感。当我们回溯至远离 20 世纪的明显的前工业化时期,这种差异感尤为显著。

公共史的贡献

讲完口述史的贡献,我们进入另一个话题较新、讨论度较高的主题——公共史。公共史与口述史这两种路径都有着相似的趣味点,都可以非常高效地用以建构一个超越常规的全方位教育历史记忆。在某种意义上,我们可以断言,没有公众的参与,就没有公共史,而这涉及口述史的使用,即使大众回忆的内容不能直接作为新近历史的证据,但却是对跨越数个世纪的遥远过去的评论和探讨。虽然这种参与式模式在当代历史研究中发挥得最为精妙,但亦同样适用于每个历史时期(Conard 2015;Frisch 1990;Noiret 2011;Willinsky 2005)。

公共史已形成较深厚的传统,尤其是在北美与英国的环境下。其历史可以追溯到 20 世纪 80 年代在美国成立的 NCPH(National Council on Public History,全国公共史学委员会)。但是,这里的公共史指的是其与数字史经验的融合。数字历史是一种全新的记录、记载乃至交流历史事件的方式。20 世纪 90 年代早期,数字历史诞生,在使用数字技术进行历史研究中的一系列尝试中,人们已经开始放弃使用计算机,因为在此之前,计算机仅在起草文件、进行计算或作分类工具时能派上用场。因此,数字公共史(这一术语强调其与新技术的紧密结合)

(Danniau 2013）便是史学的最新发展形式，但它同时也有着强大且具备创新性的传统。尽管数字史出现的时间并不长，但也有其独特而丰富的历史、演变历程和固定的分支（Cohen and Rosenzweig 2006）。那个我们已经习以为常的技术世界，尽管其面貌还会不断发生变化，但是依然需要仔细评估这个世界不断产生的变革，并评估其产生的全球影响和短期影响（Friedman 2005）。

而实践也证明了互联网所具备的交流潜力，就如同先驱爱德华·艾尔斯（Edward L. Ayers）主持创作《阴影谷》（*The Valley of Shadow*）[①]的经历一般，越来越多的史学项目吸引了越来越多受众的积极参与。我们不妨再看看最近一次具有重大意义的研究——在主题为双子塔恐袭的《911 数字档案》[②]（*The September 11 Digital Archive*）中，我们可以看到其中的某些例子（1993—2002）生动地展现了数字史及其分支的快速变更以及公共史的革新（在某些情况下）。2010 年，一个致力于公共史路径的国际联合会——IFPH（International Federation for Public History，公共史学国际联盟）诞生了。这个组织让我们得以充分掌握历史研究正在经历的变革时刻：当历史研究与证据结合在一起时，当历史学家决定不再充当学术知识的传播者，而是历史记忆的激发者时，当故事被传播到网络中，强调对各种非专业受众的沟通与开放，并使其成为文献和历史著作的主要对话者时，就说明了历史研究的变革已经发生了。

因此，公共史这种方法会对研究组织产生重大影响——研究不再只由单独一个历史学家来进行。这种对个人模式的放弃本身就是历史研究的一种基因变异，因为它需要我们与同行不断进行交流，并研究那些与传统历史学科相去甚远的领域（例如档案科学）。

其次，数字环境中交流模式的转变催生了非学术机构运营的历史内容网站。实际上，公共史的产生主要是因为公众渴求参与到历史撰写、历史记载以及历史

[①] 阴影谷，1993—2007。2015 年 9 月 15 日检索于：http://valley.lib.virginia.edu。
[②] 911 数字档案，2002—2014。2015 年 9 月 15 日检索于：http://911digitalarchive.org。

讨论中去。专业的历史学家,尤其是欧洲的历史学家经常抱怨在线资料只是提供了一个易于发表批评的平台:上面发表的内容存在错误频出,缺乏参考文献等问题。技术的进步确已彻底打破了传统上对内容产出者的门槛要求以及对特定内容的筛选。如今,每个用户都可以成为内容发布者,这意味着数字形式的历史内容将大大增加。但是,尽管有许多担忧和质疑,但公众对公共传播的参与力度增强(或者说热情)带来的结果比预期要积极得多,并且还吸引了专业历史学家来生产新一代的历史内容。例如,人们发现,维基百科这个或许是非专业人士间受众最广的知识共享平台,其中存在的错误和不准确的数量并不比正规印刷作品多(Goodwin 2009;Nyirubugara 2011;Rosenzweig 2006)。就事实信息(如生卒日期、政府组成、某场战争的领导人等等)而言,大家可能已经注意到了,维基百科非常可靠。如果说维基百科的运作模式在理论(和方法论)水平上非常值得质疑,那么从实用的角度来看,情况则截然不同,维基百科中参与的不同社群已经取得了非常积极的成果。

从另一个角度视之,可以说在某些学术知识领域,将维基百科作为首选平台并不合适,但教育领域则不同。那些遵循传统方法进行教育研究的人,致力于将教育者这一角色的范围放大:教师是教育者,教授是教育者,往近了说,父母家人也是一个人的教育者,这些人都是教育研究乃至长期教育历程的"特许合作伙伴"。从这个角度来看,公共史是一个有力工具,它能够维持与教育的纽带,并接受对抗与合作带来的挑战,并能够支撑历史研究的社会效用,例如用在教育和医学专业,旨在提高对其工作及意义的认识。

最后,我们可以看到,这种记录历史的方式与最近的"开放获取运动"的目的完全一致,后者的初衷是希望从经济角度区分文化,而无任何形式的障碍或阻碍("Budapest" 2002;Russell 2014;Simcoe 2006;Suber 2012;Yiotis 2013)。这项已纳入许多意大利和欧洲大学的运动,起源于20世纪六七十年代的替代技术模型——反文化运动。反文化运动的观点是软件革命是为了大家的共同利益,遵循自由而不是利益的逻辑,每个人都可以贡献内容并进行访问。通过运用这种共享学术知识的模型，开放获取运动满足了人们对打破闭环的需要——由于访问内容十分昂贵，编辑出版变得十分困难且受限。如今我们强调向网络上的每个人提供传播机会，而这也已经成为一个在教育环境中有效整合学术研究资源的模式。

数字公共史与教育记忆

数字公共史方法特别适合于教育记忆的研究。在笔者看来，让两者结合起来的时机已经成熟，从诸多角度视之，这次结合都迫在眉睫，绝不能拖延。在近期有关教育记忆的历史反思中，表达的主旨虽有不同，但却有着最基本的共同点——都表达了学术研究和生活环境之间的联系。

教育记忆是特定社区的遗产，其研究需要只考虑研究人员和历史见证者之间的交流是否充分（Erll & Nünning 2008; Gardner 2003; Gardner & Cunningham 1997）。为此，我们建立了一个与公共史及其发展实施方向相一致的合作契约。最重要的一点是，它可以将口述史和任何涉及"记忆重新整合"的研究变得切实有效。历史见证者们回忆的内容，并不是提供给研究人员写成文献封存放在抽屉里，或发表在享负盛名却难以企及的杂志上。相反，对于记忆的整合，研究者和历史见证人之间的互动是一笔宝贵的资产，这笔财产可以重新回馈给社区，使得社区的过去、社区的意识，以及一些社区的共同话题变得更为丰满。因此，公共史应该为微记忆提供语境，将它们与陪伴、紧张和冲突的动态过程联结起来，并掌握局部和全球视角之间的关系，促进使用数字环境的各方之间的对话。在教育问题上，文化调解活动尤其重要，它涉及一些重要的道德问题。在精神劳动和社会实践之间，由于网络的存在，便建立起了持久的纽带，这是一种反馈记忆的好方法：记忆不仅仅是以一次性的、永久的纸质出版物的形式出现，而且是以一种使我们能够随着时间的流逝，不断通过提出新想法、新内容来获得全新诠释和解读的形式留存。按照弗洛伊德的观点，与记忆有关或相联系的思想活动可以转变成一种"有期限的和无期限的分析"，始终对可能存在的意义敞开怀抱。

当然，受公共史启发的研究模型的构建并不简单，也不可能一蹴而就，它需要经历一系列的经验和反思。这意味着我们要放弃古老而根深蒂固的学术写作和研究模式，即仅由单人完成写作，转而构建一个人人皆是专业作家和读者的网络。虽然向公共传播模式的转变可能会给人这样一种感觉，好像历史学家背叛了其基本使命而迎合于多元化受众的目标，而多元化受众的技能和知识水平却完全无法比肩研究者。

其次，上文已经提到了，数字公共史涉及诸多经验和研究实践，其中一些与历史学家掌握的常规技能相去甚远，主要是数字通信技术的使用、口述材料的产出和解读、历史知识构建中的公共参与以及与开放获取运动逻辑的关联。若在上述领域中的实践和研究经验很少（或非常有限），那么在该方向上从事研究将变得非常困难。要了解意大利该领域的发展现状，可以参考意大利皮耶韦圣斯特凡诺（Pieve Santo Stefano）的国家日记档案馆（Archivio Diaristico Nazionale）。该馆自1984年以来便一直是该领域中最具趣味性且最具开创性的资源库之一，主要涉猎教育和学术。虽然我们已对历史亲历者的记忆及其扮演的角色给予了高度重视，但目前数字形式的公共日记（超过7000部）的发展道路仍处于起步阶段。国家日记档案馆保存下来的馆藏以及年度皮耶韦奖的获得者发表的作品，体现了他们追求最初目标的坚持不懈的精神。

注意，我们必须拥有该领域最相关的研究经验，进行最具代表性的"前沿"研究（教育、历史和学术研究）：已有的例子告诉我们，我们可以在意大利史学中找到公共史中最重要的元素，尽管目前这些元素较为分散，不够集中。因此，笔者认为，参考一些国际模型来获得研究和反思的材料仍然非常管用。例如，英国广播公司（BBC）在2003年至2006年期间收集了大量"二战"的回忆录和图片集，这一案例表明，从事这一方向的研究难度很大，因为它需要组建一支庞大的专业团队。①

视频中的教师记忆：案例研究（和建议）

意大利在教育公共史上缺乏经验，在这种情况下，笔者认为有必要提出一条通向这种方法的路径，并考虑其基本需求。而事实上，教育公共史也正在成为一种探索性和实验性的方法。在这个过程中，我们遇到的第一个困难是需要学习数字领域的一系列基本技能，这些技能必不可少，它们是研究历史及其传统文科教育的工具。因此，有必要借鉴教育领域的（虽然很少）经验，并向在此方向上向做出了许多努力的科学界寻求帮助，它能够提供一个讨论和辩论的平台［借鉴那些一手开创了数字人文与文化遗产协会（Association for Digital Humanities and Cultural Heritage）②的研究者们做过的研究］。第二个困难是需要资金来支撑一个参与人数众多的项目。

考虑到这些问题，笔者尝试着划定一条通向公共史的道路，而这条道路的研究者们必须具备简单而有意义的研究知识与经验，方能入门。此外，还必须对可以成为研究项目的内容有清晰的洞见。同时，笔者展示的案例研究是对数字史的实例研究以及一组核心公共史研究，后者涉及公众将自己的作品贡献给社会的参与意愿与欲望。而笔者提出的建议实质上面向的是未来的合作与发展。

这种经验的起点是对教学的承诺。大学教学的需求面临着教学改革的需要，还有我们很快就会看到的研究需求。笔者发现，在师范生（未来小学教师）教育记忆与学术记忆之间存在着一道巨大的、不可逾越的鸿沟，这道鸿沟，至少有一小部分可以从大学教科书中提炼出来，并纳入学校历史文献中（Whitman 2004）。

---

① 二战人民战争（WW2 People's War），二战记忆资料库，公众贡献内容，英国广播公司负责收集整理。2015 年 9 月 15 日检索自：http://www.bbc.co.uk/history/ww2peopleswar。

② 数字人文与文化遗产协会（Associazione per l'informatica umanistica e la cultura digitale）。2015 年 9 月 15 日检索于：http://www.umanisticadigitale.it。

于是，笔者为自己设定了一个目标，即创造一项彰显记忆有效性的研究，以培养教师的身份定位及职业基本特征（通常是隐含的）意识。这个目标实际上可适用于所有教育行业，并且从广义上讲，亦适用于医学行业（例如护理）。

不幸的是，意识形态和政治捆绑奴役了记忆中的故事情节，掩盖了（尤其是在学校课程中）记忆对形成批判性思维的贡献。笔者借鉴在其他领域下更为明显的做法（例如美国的医学人文学科），整理了一批有利于在当前教学行业中清楚了解历史、社会和文化背景的材料，目的是反驳教育实践所谓的"自然性"（naturalness）：这个概念通常是教师"普遍"教学法的一部分（Bruner 1996），但是它未考虑短期和长期趋势以及施加在教师角色上的内部和外部压力，而这些因素通常是隐性的。

经过全面的培训，笔者吸引了许多学生一同寻找在校教师和退休老师的记忆，试图勾勒出从20世纪60年代至今小学教师的历史。这项研究提案的参与度很高，采访者们在这种收集式的过程中获得了强烈的参与感。这种方法让摆脱政治因素的捆绑成为了可能，并试图进入学校的"黑匣子"，从而记录与学校和学校文化相关的历史进程。遵循着这种数字公共史的逻辑，有超过400个访谈几乎没有被转写或保存在单独的单元中，而是由每个访谈者上传到相关视频网站如YouTube上。YouTube上有一个专门的频道将这些访谈汇集起来置于播放列表中。① 之后，我们创建了 *School Memories*（校园记忆）网站，以便增进公众对该项目的了解，并保证更好地利用视频形式搜寻记忆。②

我们从众多采访中提炼出了一些有价值的信息，而这也验证了这种方法的有效性，从中我们可以预测到未来一系列的研究进展。

此项特殊研究的第一个成果是从观看超过180小时的采访视频中得出的一般

---

① YouTube 上的 Gianfranco Bandini 频道。2015 年 9 月 15 日检索于：https://www.youtube.com/user/profbandini。

② Memorie scolastiche（建设中）。2015 年 9 月 15 日检索于：http://www.memoriediscuola.it/。

结论。教学行业的记忆是精确的、生动的、详尽的，它们描绘了被认为最有趣的方面以及至少过去 30 年内完成的重要工作。总而言之，这些记忆是学校日常生活的结晶，对学校和教育的那些虚伪粉饰而言，是一副强有力的解毒剂（包括至今不间断的丰富学校历史）。实际上，这些采访最突出的特点是鲜有粉饰，十分真实，它们不会打断教师的"使命"，而只强调教师们的不容易这一个方面。譬如，教师们需要前往离家很远且路途艰险的学校：在山区学校任教，常常不得不顶着道路上的冰雪走路前往学校。再比如，师生们整个早上坐在教室里，只有一个炉子可以取暖，而不断往炉子里投料防止熄灭这种活也只能由老师来干。此外，做一名女性老师，也需要付出额外的努力，她们在社会环境下很难同时兼顾教师和女性这两个角色，因为她们无法一边工作一边育儿。

简而言之，在受访者的这些故事和轶事发生之前，其物质、家庭和环境方面的困难便显现了出来，而这些困难实际上是这个学校的生活条件如同农民一般辛苦、艰难的标志。它突出了在多个班级教学的困难，尤其是教师们课后工作的困难（特别是招生的不便）(Sdei 2014) 以及为了获得学分不得不进行的实习。招聘过程的疲劳和长期的工作不稳定，也让教师们不得不时常关注临时替补人员的安排以及参加和种竞赛等繁琐事务（甚至有时需要五六次才能够获得"普通身份"）(Del Seppia 2014)。

一个人进入记忆的核心时，情感层面亦变得突出。在学校历史中，情感方面的联系很少，以至于常常被不公正地遗忘。[①] 有些老师会提前退休，以避免中途离开班级，也为了不从一年级带到五年级；有些老师则会惦记着自杀的孩子或者成年后有着不幸经历的孩子 (Puma 2014)。通过教学活动，教师与学生之间的教育关系和个人关系（虽然过程中会存在困难和误解）显现出来，而这种关系通常倾向于伴随着孩子们的成长。出乎意料的是，有时候随着一个人的成年记忆被唤起，一些童年的记忆，即学生时代的学校记忆，也会随之被唤起：譬如教师手上

---

① 实际上，情感和关系层次是所有教育活动的中心。学校氛围是指对社区的一种情感归属感，是情感和认知发展的最大因素 (Adelman & Taylor 2005；Hattie 2009)。

的教鞭以及其他维持纪律的模式,我们现在称之为"课堂管理"(classroom management)。一些孩子受到了老师的惩罚,因此决定以后要当一名老师,这样子其他孩子便不再遭受他们当年遭受过的"苦难",以此来"以救赎那些年的苦难"(Pace 2014);在其他一些案例中,一些人在学校经历过心理暴力,这种心理暴力与肉体暴力一样强烈:"我的老师总是说'你抄袭了',这时候其他同学就会笑我。"(Costagli 2014a,b。)

这些采访材料中有一部分内容展现了一些有重大影响的时刻——那些在与儿童相处的方式上取得突破的时刻:有的人依然记得当年接触"民主倡议教师中心"(意大利语:Iniziativa Democca degli Insegnanti;英语:Teacher Centre for Democratic Initiatives)(Trallori 2014)以及合作教育运动(意大利语:Movimento di Cooperazione Educativa;英语:Cooperative Education Movement)(Silvioni 2014)的状况,连当年的人名都记得清楚,比如恰里、罗达里、培拉提、阿戈斯蒂等等。此外还有许多人回忆起了20世纪70年代以及属于那个年代的改良主义(不仅仅是体制改革)。这段历史非常有趣,但当时的状况并不总是对青年抗议运动和大学有利,因此这段历史经常被认为不切实际,与现实相距遥远(Moriggi 2014;Manetti 2014;Palladino 2014)。

能够发现这些受访者经历中的某些常见元素或者某些真正的共同点,这是一件非常有趣的事情。

值得深思的一点是,这些受访者口中的学校总是会非常重视被边缘化和家境贫困的儿童,经常会通过各种方式带动他们参与进班级教育活动中。然而,与此同时,对于表现出的"高认知潜力"的儿童则没有任何关怀的痕迹。

第二个值得深思的方面是学校会很明显地持续关注那些可以促进学习的教学和研究方法:由学校(例如通过培训课程)或教学协会组织的研究。然而,似乎很少有教师能够将自己与科学理论联系起来(Malvolti 2014;Biondi 2014)。

第三方面或许是最为独特的,它根植于集体记忆中,是对创新的热情,即不断尝试应用新的教学形式。对创新的信念与提高班级活力的积极愿望有关,但与此同时，这种新的教学形式不用受到特殊的检验，除非遭到了尝试过相同教学形式的人的否定。不断创新的过程很容易让人联想到塞莱斯坦·弗赖内（Celestin Freinet）的"实验摸索"，尽管这个概念最原始的理念已与许多其他元素高度混合在了一起，但是它在这些受访者的经历中甚为显眼，强烈地影响着教师们的教育选择。

所有这些方面都非常重要，它们可以引出一些有趣的解读思路。笔者希望，我们可以通过更深入的研究来验证结论，但是值得肯定的是，到目前为止，我们看到了学校生活经历的丰富性以及数字公共史方法的价值，它可以促进过去和现在的学术界和学校社区之间的真正文化交流。

第十一章　口述证据搜集中的方法论、史料编纂及教育问题

法比奥·塔尔盖塔（Fabio Targhetta）[1]

帕多瓦大学的哲学、社会学、教育与应用心理学学院自2008年起就实施一项方案，将口述资料的搜集、制作、保存与说教类资料相结合，这个项目与线上学位课程"儿童期及少年期形成原理"开设的校史教学课[2]有关。

该课程的集中授课部分时长超过两个半月，要求学生在此期间专门学习精心准备的材料，包括视频、PDF格式的文章、多媒体文件等。学生还需完成期中测验，提交题为"昔日学校印象访谈三记"的报告。

为向学生介绍搜集原始资料的方法，课程提供一份详细文稿，其中不但包含大量采访建议及主要参考书目，还给出了如何完成本次测验的指导说明。学生应采访三位75岁以上人士（就学于法西斯主义时期），将采访转录成文字后还需提供相关背景信息，发表评论，与已有研究和在线论坛上讨论合宜的内容进行比较，最终创建一份包含转录稿在内的文档，字数不超过两万字。

这种特定类型的历史资料自有其优缺点，这点已向学生说明。我尤其常想和他们强调，口述证据是否丰富不仅取决于人们说出的话语和提到的事件，还与他们的沉默不语（采访者要遵循沉默原则，避免受访者因不愉快的回忆受到干扰）、做出的手势动作和露出的表情神色有关，甚至还要看说出来的内容和实际发生之

---

[1] 意大利帕多瓦大学哲学、社会学、教育与应用心理学学院，电子邮箱：fabio.targhetta@unipd.it。

[2] 帕特里齐亚·赞珀林（Patrizia Zamperlin）教授当时是该门课程的主讲教师，我则担任"学科专家"。

事之间的差距，因为恰恰是这种"真实"和"重现"之间的差距能让我们发现人们想象的、具有象征意义的、普遍意识中的东西。哪怕对于受访者所讲述故事中含混不清和有出入的部分，采访者也须恰当解读，要记住：人的记忆受到社会规范、期望和想要"给别人留下好印象"心理的影响。简单来说，别的不论，我们必须研究主观记忆与公众记忆互相传递信息的方式。

我们不是要确认具体发生的事件是否属实，但需弄清楚受访人在其记忆中是如何看待此事并对其进行加工的。这方面比较具有代表性的是阿利桑乔·波特利（Alessandro Portelli）对口述资料下的定义，口述资料"不光让我们了解事实，而且让我们了解事实对于亲历者意味着什么；不光让我们了解人们做了什么，而且让我们了解他们原本想做什么，他们认为自己在做什么，他们现在又如何看待曾经做的事"（Portelli 1999，p. 154；Stille 1999）。

镌刻在记忆中的事件在多年后可能会经过重新审视甚至再加工。实际上记忆会随我们的变化而发生改变，受我们年龄变化的影响，也受社会文化变化的影响。这正是口述资料为什么能有助于"探索主观性的维度和记忆的形式，从而能研究个人及社会群体的心理特征、精神状态、世界观、自我表征及与过去的关系"（Bonomo 2013，p. 84）。甚至根据后来的经历解读并阐述童年记忆的方式已成为研究分析的对象。

这些迹象表明，口述资料往往是一种假定资料，其用处取决于研究者能否或如何搜集到并对其进行解读。（Jallá 1982）

从这个意义上来说，采访者就好比保管人，但不是乍一看的被动角色。正如我常说的，采访绝不仅仅是打开录音机，比较机械地问一串问题，而是需要利用同理能力，在听受访者讲述其人生经历时努力理解他们的感受。因此，搜集口述资料要求采访者和受访者之间建立类似社会交往的关系，按照这一关系的规则、价值取向和预期行事。事实上，受访者阐述时不光基于自己的记忆及自己的主观性（主要由于采访总是以讲述方式进行，是带有主观性的信息来源），而且基于采访者预设的期待。采访者又会通过不同方式反过来影响受访者，如调整自己说话的语气，对特定答案点头表示赞同，在受访者讲述事件过程中对某些方面进行强调等（Bonomo 2013，pp. 24-25）。因此，口述资料来自两个（或更多）人之间"东拉西扯的你来我往"（Contini 2006，p. 798），而参与其中的每个人都有自己的概念体系。

鉴于上述这些因素，采访者尤其应当意识到自己引起的失真，正如我常对负责采访的学生说的：在口述资料中，绝不能忽视采访者对受访者的影响。事实上，采访者对于讲述起着指挥作用：就刚刚提到的事件或情绪询问缘由，在受访者因讲述陷入痛苦时知道何时该暂停或就此打住。此外，如果受访者描述自己的经历或处境时语言支离破碎，采访者不会因为自身概念体系与对方不同而难以理解，这一点也很关键。正是这样小心翼翼地保持平衡对口述资料的正确收集起到了规范作用。由于组织采访是最为微妙的环节，因此在授课过程中我格外注重训练学生在这方面的能力，尤其注意采访者充当的重要角色，因为采访者承担着找到资料来源的重大责任，而第一步就是选择对象进行采访。除上述规范外，还应不向（对于采访者来说的）最大舒适度倾斜，而向（对于研究的）最大利用率倾斜。因此，我们必须避免将主观性与个人情感混为一谈，即不能将主观层面与私密层面相混淆。

因此，学生必须练习组织几次采访，通过实践，熟练使用录音设备、问卷、相机这些物品。不过学生只有参与专门针对这一话题的论坛讨论后才能获得采访的机会。一条基本规则就是避免出现面对受访者的反应不知所措的情况，而应做好尽可能充分的准备，设想可能出现的话题或值得挖掘的方面。我还建议学生在采访结束后尽快写下自己的观察和感想，由看法、立场和未说出口的话构成的丰富记录，多数时候对于解读访谈具有重要意义。

学生还要密切关注另一个重要方面：受访者使用的语言。事实上语言起着很大作用，因为讲述者的用词对于所讲述的经历影响很大，同时也决定了需要接下来关注的问题。

此外，由于受访者年龄较大，极有可能说方言，往往和官方用语有差别，不仅是句法方面，还包括指称和暗示方面的细微差别。所以在抄录采访录音时，完整记录任何方言为好，即便这样可能会增加文字稿的阅读难度。但考虑到方言复杂多样，学生又对书写形式比较缺乏了解，他们可以自主选择是直接抄录原始文本，还是提供意大利语译文，仅保留有特别含义的方言表达和一些体现口语生动性的不可译字词。众所周知，校订版（经过校订、添加标点符号等）保留"文字稿"仍然备受争议。尽管显得多余，还是应一直强调：不论哪种情况，真实资料一直就是音频文件，而不是抄录的文字稿，因为文字稿一向是表达型代码的改写版本，有别于口述形态。说话语速的变化或是节奏变化等方面并不会反映在简单抄录的文字稿中，但这些变化的含义却多种多样，可能意味着迟疑、记忆不清、想要跳过不谈某些事件等。

介绍完这些理论内容后，我会提供一些切实可行的建议，比如提前备些旧文具，像是笔、练习本、年代久远的成绩单或是课本之类。这些物品非常容易唤起人的记忆，有助于创造"特殊的氛围"。正如曼利奥·卡莱加里（Manlio Calegari）所说，某些情况下我们必须利用那些具有情绪价值和（或）象征价值的物品来激发回忆，引导受访者抓拍"纯粹的心理照片"（Tamburini 2007, pp. 38-39）。

最后，我给学生一张列有 55 个问题的表格。采访中会涉及的这些问题覆盖面很广，是针对受访者上学时期所处历史年代专门设计的。

除常规信息外，表格中还选择了一些综合性问题，大致可以分为七类：

1. 与籍贯和父母职业有关的信息；

2. 与就读学校有关的信息：受访者一直读到几岁，学校位置，是否有学校用具、主要教具等；

3. 与教师有关的信息：教师姓名，教育方式，评价是严厉的还是不太严厉，习惯惩前警告还是直接惩罚等；

4. 与班级有关的信息：作文，残疾学生，学生人数；

5. 与学校传统有关的信息：考试，家庭作业，庆祝活动和仪式典礼，学校组织的旅游，青年救国团（青年法西斯运动）的参与情况及其他活动；

6. 与教学有关的信息：教学科目，宗教信仰教育，体操教学，教材，练习本，学校广播，胶片等；

7. 与学校资助、图书馆、电影院等制度方面的信息。

可以看到，这些问题关注学校日常生活和正规教育的方方面面。学生已经意识到记忆是具有高度选择性的过程，在多年之后进行讲述，事件叙述可能会夹杂了推断，这就要求学生对以这种方法搜集到的信息价值进行反思。事实上，受访者在讲述自己和自己的故事时，更是在讲述通史，因为讲述者会提到背景、文化和当时的普遍价值观，向我们提供虽作为背景但总是存在的、个人经历的文化社会环境。这就要靠研究者来重现当时的政治意识形态场景，"读取"受访者故事中的社会架构和文化指涉。总而言之，研究者必须辩证看待"个人经历"和"正史"之间的相互联系。

最后还有一个方面需要提及，那就是学生将要采访的对象是特定一类人，即老年人。老年群体经常进行回忆、讲述自己的经历，尽管可能是无意识地，经常为自己的经历赋予意义，由此把自己经历的事情视为通史的一部分。

心理学领域对于衰老的许多研究已经表明，旨在传播知识、价值观和文化的回忆，不仅促使老年人自然想要讲述自传式记忆，也会增强讲述者的信心，使其感觉良好（Wong & Watt 1991；Webster 1999）。[1]

意识到这一方面的重要性能使采访者"对着麦克风"的体验更为丰富。许多学生已经意识到这一点，即这样有时是发掘故事，或是有机会深挖受访者关于家族秉性和家庭成员童年故事等。如我们所说，采访者和受访者之间若能建立具有同理心的关系，对于全面详尽收集资料意义重大。与过去人们对这类活动中的同理心一直抱有偏见不同，我们不应将同理心视为阻碍，同理心至关重要，能明显增进案例中涉及人员的友好关系。

---

[1] 安东内拉·安科纳（Antonella Ancona）向我推荐了全球范围内研究回忆对于老年人记忆所产生的影响的重要成果，我对此表示感谢。

项目开展的前三年共有139名学生参与①,学生全部提交了记录三个采访的报告,并附上了采访的音频文件,有些还有视频文件,所有资料收藏于帕多瓦教育博物馆②。决定借助数字工具来保存采访资料是考虑到其他媒介存储数据具有短时性,如磁带无法保证储存的资料长时间完好无损。数字录音机,不过也包括移动电话、智能手机、平板电脑、数字音乐播放器等,为一系列问题提供了解决方案,比如将录音存档(外置硬盘能够存储数百万个音频文件),就无需担心磁带损害而无法反复使用数据等。教育博物馆同时还保存了由受访者签名的同意书,是要求学生打印出来让受访者签名的知情同意书,用以说明研究项目的理由、音频文件的保存和使用方式。

研究取得的正向结果鼓励我们继续沿用这一方式,但决定不再采用为采访设计的时间框架,一方面是由于寻找符合样本的受访者难度越来越大,同时还有其他考虑。我认为是时候把历史视角的研究聚焦于近年来在政治、意识形态、宗教和文化方面的研究了,但不必追溯对于上学时期的集体想象。经济繁荣,家庭内部结构的改变,从父权家庭变成只包括父母和子女的小家庭(Barbagli et al. 2003),大规模的国内迁徙(既包括南北方向的流动,也包括某一地区的城乡迁移),这些造成了无比巨大的社会文化变革(Crainz 2003)。学校改变一贯缓慢,并非总能捕捉到这些迫切的变革需求并更新教学资源。就举一个简单的例子,想想小学教育使用的教材,在20世纪70年代就因选题陈旧、老套刻板而受到教师、教育工作者和文化界代表的猛烈抨击。

改变的种子就此通过其他受到学校谴责的渠道播撒出去,成为教师直接传播青少年文化的工具,这是那个年代之前就常见的方式(Piccone Stella 2003)。我特别想提一下儿童杂志、漫画(Meda 2007,2013)、儿童文学(Boero & De Luca 1995;Campagnaro 2014),以及贴纸(Basile & Battistini 2007)、游戏等等。在那

---

① 第一年有40名学生参与该活动,第二年有49名,第三年有50名。
② 如需获知帕多瓦大学教育博物馆的更多信息,请访问网址:http://www.fisppa.unipd.it/servizi/museo-educazione(2015年12月30日检索)。

个时候,"好玩的一面"大受欢迎,而此前并未出现这种情形。

电影产业(Capussotti 2004)和电视(Farné 2003)在这一过程中同样扮演了重要角色。意大利广播电视台(RAI)1954年首次播出节目,播放了一系列广告,希望能在全国观众的集体记忆中留下深刻印象,电视因而迅速成为让意大利人的趣味同质化的主要贡献者。

因此,有必要查证这些资料的流传,证明它们与学校文化的联系,尤其是对于形成集体想象的作用。

出于这些方面的考虑,我从2011—2012学年开始建议学生重新校准研究调查的时间跨度和对象。我决定将1948到1960年期间上小学的人也纳入研究对象范畴。考虑到采访问题涉及小学教育时期,这样就能涵盖从宪法正式生效到20世纪60年代中期这段时间。正如前面提到的,这是意大利共和国近代史上特别重要的一段时期,因为在此期间开始出现一些变革(有些堪称激进),同时,意大利人的兴趣爱好、生活方式和价值观也在这段时间内逐步改变。所以,采访的主要目的就在于:分析找出这些变化的渠道和主要工具是什么,特别关注文化层面的情况。

包含问题的表格已经大为简化,缩减至15个要点(共有27个问题)。设计的问题调查图像教学手段所起的作用,既研究"认可的"图像教学(地图、封面、教材中的插图、教学所用胶片),也研究"其他"图像教学(儿童漫画,还有电视节目、电影和广告)。

前三年的调研中我们采用了新的时间表,共完成了381次采访,全部完成文字转录,并保存了相应的音频录音。① 但有必要指出本次资料搜集(保存于帕多瓦大学的教育博物馆)的缺陷——由于组织采访的人员观念不同,即便集中训练能有所中和,采访者之间一开始就存在较大差异,而且学生的经验也有限。还要补充的是,录音的一般质量较好,一些质量特别高的录音能够抵消少数不够清晰

---

① 在2011—2012学年,46名学生参与此项活动,2012—2013和2013—2014学年分别有44名和37名学生参与。

的录音。同时，本次资料搜集在多样性方面存在的问题也需要重点关注，因为本来有可能将样本覆盖至几乎意大利全域，从而更具代表性。

最后，我想在结尾说说我的一个愿望。很遗憾，意大利的各个研究中心没有统一的大事年表或可供检索档案文献的数据库。我认为文化档案机构的一个主要目标就是搭建一个通用平台，利用网络制定出统一的大事年表。这是个艰巨的任务，但优点也很明显，有利于开展历史研究，能提供第一手的资料。

第十二章 特拉夫尼克教师培训学校学生的学校记忆

丝捷扎娜·苏珊雅拉（Snježana Šušnjara）[①]

序　言

在第二次世界大战前，波黑是一个传统的父权制社会，人生所有价值均取决于占有土地的面积。因此，我的全部受访者都以土地为生，利用土地生产食物，放牧牛羊，这就是他们基本的生活来源。他们惧怕上帝，基于自己的信仰接受生活中遭遇的一切。在第二次世界大战以后，全新的社会主义意识形态开始占据统治地位，基督教各教派信徒面临的处境出现巨大转变，而普通农民却未受影响。农民维持原来的信仰，却能调整自己适应新的环境。农民家里都有经书，父亲会给家里的众多成员诵读经文。不久之后，家里的孩子完成几个阶段的教育学习就能自己读经书或唱赞美诗。这也许就是父亲为什么会允许自己的女儿继续学业的原因。他们明白教育对于孩子的将来非常重要，能让孩子受益。我的这些受访者强调了这样的父亲形象：支持她们想要继续学业的愿望，愿意找人借钱给她们买课本或是乐器。若是她们的父亲并未意识到教育的重要性，我的这些受访者就不可能成为老师。这些父亲都为自己女儿上完教师培训学校当上老师而感到骄傲。他们大声表扬她们，在文化层次较低的人面前谈论她们取得的成就，发表意见说要是全村的孩子都有人供他们读书，所有孩子都能完成学业。"谁说我们的女儿

[①] 波黑萨拉热窝大学，电子邮箱：ssusnjara@yahoo.com。

没法毕业？我女儿已经当老师了！她就在我们村的学校教书！"

本研究调查 20 世纪六七十年代这一战后历史背景下的教师教育历程。教师行业在那个年代的当地人眼里是热门选择。由于缺少专业教师，政府鼓励年轻人申报教师培训学校。本研究使用的资料正是来自毕业于特拉夫尼克教师培训学校的退休教师采访，受访者终生都在学校工作，我对他们进行了多次采访，尽管工作对象为孩子的人不允许有宗教信仰，我的全部受访者都来自天主教家庭，父母一直去教堂做礼拜，她们自己在上学期间也去教堂，但在成为教师后，她们就不得不从此止步于教堂了，因为当时的社会意识形态禁止这类做法。本研究的理论框架以社会建构主义方法为基础。社会建构主义者认为现实是通过人的活动来建构的，对于他们来说，现实无法被发现，因为现实不会先于社会创造而存在（Beaumie 2001，p.2）。研究结果表明，教师培训学校的学生教育，其管理与当时的国家局势保持一致。南斯拉夫在社会主义时期建立的教育流程和教师工作体系就受到当时主流意识形态的影响。由于缺少教师，学校急需能在接受培训后就与孩子打交道的专业教师。战后聘用的教师，许多仅完成了短期教学课程，如果能获得进一步的指导，必然能在工作中受益。申报特拉夫尼克教师培训学校的人都想当老师并渴望成为好老师，这样的想法形成于他们小学阶段。他们那时在自己的老师身边耳濡目染，又接受老师的教育，因而想要成为学校群体的一分子，对和孩子打交道充满热忱。据帕皮克（Papić）所说，"二战"结束一年后，在组建教师学校时，上学的全是农村或小县城的年轻人，城市里的年轻人则更青睐其他类型的学校（Papić 1981）。

在校时光通常会留下美好的回忆，所以人们会倾向于只记住那些最好的事情，把过往理想化，因此，我的受访者尤其愿意提到积极的经历，忘却不愉快或屈辱的经历。她们说自己很幸运，能成为教师学校的一员，对她们来说那是一生仅此一次的机会，正是她们梦寐以求的。尽管曾经赶路艰辛，贫穷无依，挨饿受冻，还有各种不便，她们封印了负面的印象，仿佛那些从未发生过。我注意到，她们希望将那些美好回忆留在心底。"有些老师特别喜欢某些学生，我从来不是其中之一，但我并不在乎！"

本研究涉及的资料来源于 2015 年做的主题采访，受访者是就读过特拉夫尼克教师培训学校的退休教师。采访中使用的语言是日常口语。六位亲切随和的女教师在采访中畅谈她们的职业生涯和受教育阶段个人遭遇的困难。六人都住在同一地区，一个名叫拉兹瓦的山谷，都面临相同的赶路困难。其中两人出生于 1950 年，两人出生于 1949 年，一人出生于 1952 年，还有一人出生于 1953 年，但同年入学。本研究覆盖的年代背景为 1960 到 1972 年，直到教师培训学校关闭。分析采访资料时采用社会建构主义方法。社会建构主义强调，在理解社会中发生的事件并基于此种理解建构知识的过程中，文化和语境起着重要作用（Derry 1999；McMahon 1997）。

小学阶段的记忆

一般来说，小学阶段的记忆总是积极正面的。上学为学生提供了免于家务劳动和田间劳动的机会，也不用照顾弟弟妹妹。他们认为学习新奇有趣，又能给人启发。在校时光对于女孩子来说更是种优待。正如前面提到的，愿意谈论自己在 20 世纪 60 年代受教育经历的受访者，多数来自农村，生活拮据，有时甚至不能保证吃饱穿暖。她们各自家中都有许多孩子，个个都得辛勤劳动，照看家畜。孩子也得下到田间地头做力所能及的事，家里所有人，不管多大，都要出力干活。父亲是整个家庭唯一有工作的人，一般从事低收入职位（像看门人、铁路工作者之类）。

我父亲 15 岁就到（泽尼察的）炼钢厂上班了。他 1913 年出生，1928 年就进厂了。17 岁时他要翻过科布尔山走路去泽尼察上班。那时候我们村子里没有电，也没学校，到 1960 年我们那里才通电。家里也没水，我们得到一条小溪那边运水。我们到距离村子三公里远的卡奥尼克上学。学校是黄色的老楼。我哥哥1937年出生,也是在这所学校上的学。村里的所有孩子都在这里上学,都得走路去。没有柏油路,只有土路,小汽车很少见,只能看到破旧的军用车,载着工人去干活。

她们是在村子附近的学校上的小学,但也得走好几公里路。不过她们很知足,从不抱怨。她们见惯了村里的苦日子,而自己的父亲通情达理、如此开明地供她们上学,真是要感谢上帝。

那个年代只有男孩才能一直上学,女孩只上到四年级。女孩没必要上学,人们总会这么说。因为我父亲在炼钢厂上班,他对我说只要我愿意学那就去上学,如果我不上学,那我就得回家照管牲口。

小地方的小学只开设四个年级,如果想要继续读书,就得乘火车到最近一个开设八个年级的学校上学。我的受访者都很幸运,她们父母同意让她们继续读书,只不过她们得早起出门,步行一段路后再乘火车。

我们得起得很早,早上四点半就起来,六点出门,要走上半小时去赶火车,我和我的女性同伴,还有我的表兄(弟),我们三个人。下午一点半火车返程,那趟火车把工人运送到拉兹瓦,他们去那里的炼钢厂上班。我们一周有一次音乐课,老师要到下午才来,所以我们得在学校待到三四点,然后要走路回维特兹,走到我们村要花两三个小时。

尽管困难重重,她们在上完小学之后仍想去特拉夫尼克的教师培训学校继续接受教育。她们希望当上老师,帮助村里的孩子,教他们识字,帮助他们改善生活。这或许能用塞尔(Searle)的观点说得通:"……孩子成长于某种文化环境,自己也把这种社会现实看作理所当然……"（Searle 1995，p.4。）

> 小学毕业之后我们还想去教师培训学校上学。我一直想当老师。上小学的时候我家就很穷，我光着脚，穿的衣服打满补丁。我和同学在院子里玩扮演老师的游戏，我从没机会扮演老师，因为我总是绷着脸。玩这些游戏在我心中激发了一个强烈的愿望，那就是当老师，我幻想某天自己成为一名老师。母亲愿意让我上学可能是因为我老生病，而我只要在学校，病就好了。我注定要当老师。

她们上小学时没鞋穿，后来总算有靴子或鞋子可穿了，因此非常爱惜，只在特殊场合才穿。其中一人回忆，自己五年级受坚信礼的时候才有了第一双鞋。尽管如此，她们对于小学的记忆总是积极阳光的，把课堂描述成氛围美好的地方，受访者谈到自己喜欢的老师总是很愉快。明显，她们自己的老师就是影响她们未来选择成为教师的原因。她们并不谈及教学方法、汇报方式或是课堂管理的话题，只提老师的特点和性格，老师的外貌或爱好，相比上课日常，这些方面往往提得更多。老师的言行和她们对这个职业的看法让人最为印象深刻，对于贫穷的农家孩子而言，老师仿佛是另一个星球的人。

> 我希望自己像我的老师那样美好。对我来说她就是一个奇迹。我们是农村的孩子，夏天光脚上学，冬天穿着破鞋子。但我的老师总是一头长长的黑发，穿着漂亮裙子。她至今健在，还是很美，仍是优雅的淑女。我们那时候穿得很土，是乡下人的着装，但她看起来好像刚从电影片场过来一样。从那时起我就梦想有一天要像我的老师那样，成为一名淑女。

农村的校舍大多数沿用先前政府留下的建筑，兼具多种功能。为了节省成本，教师公寓就设在校舍里。这样布局的学校在这个村子里也有。当时的政府认为教师在村民之中具有影响力，比较权威，村民能够观察教师的生活方式和处理事务的方式。教师把新潮的东西带到村里来，他们本身也让教育更具吸引力，让家长愿意送自己的孩子去上学，尤其是让女孩上学。也就是说，在农村地区，大多数父母并不理解教育的重要意义，他们就会阻止孩子上学。"学校和有意打破学校规则的家长，两者之间每年都会产生实实在在的冲突。"（Šušnjara 2009，p.112。）

> 她不像我们一样要做家务，有个女仆为她工作。她出现在教室时总是美丽动人，用木制婴儿车推着她的宝宝散步，女仆承包了全部家务。那时候我就希望能成为老师，我从没后悔过这个选择。

总体来说，教师的生活水平、个性特点和着装风格给农村孩子留下了很好的印象，他们之前从没接触过这一类人。在他们记忆里，那些老师关怀体贴，管得好课堂，活得放松自在，与人交谈时让人如沐春风。

就读特拉夫尼克教师培训学校的记忆

关于女孩的教育有许多偏见。传统观念认为该上学的是男孩，不是女孩，这样的想法在我的受访者上学时仍很普遍。哪怕女孩能上小学，上到高年级的人数也会大大减少。1967 年，这一问题特别突出，当时只有一半的入学学生完成了八年小学教育（Šušnjara 2009，p.109）。不过，我这些女性受访者的父母很坚定，坚持送女儿上学读书。

> 小学毕业后，我告诉父亲想当老师。邻居对他说："别让她去那上学了，我把我女儿送去上，她辍学了两次。我们的孩子是没法在那毕业的。"父亲让我和其他学生一起去，让我好好读书，读到毕业再回来。他说不会去学校

监督我。母亲没有文化，但也认为孩子要上学读书。她说："去吧，女儿，靠自己挣钱，别人说什么都别管。"

从这些受访者的话里可以看出父母对她们的关怀，他们对自己的孩子很有信心，相信女儿会成功。这位父亲淡定从容，母亲考虑的是女儿可以独立自主，能自由选择"靠自己挣钱，别人说什么都别管"。

农村孩子从未见过大城市，平时只有去教堂或到医院看病才会走出村子。父母认为女孩没必要读书的落后观念其实正是源于他们自己文化水平低，这些人对于教育问题消极应对，还想影响那些愿意送女儿去读书的家长（Šušnjara 2013, pp. 77-78）。

我以前从没去过特拉夫尼克。母亲让我自己去坐火车。她说："你是上过学的人，读了8年书，不会还指望我带你去那儿吧？"我们是听别人说到培训学校的。但邻居说，我母亲和我朋友的父亲让我们女孩上学是做了赔本的决定，说这样的投资是白搭。母亲这样回答："你也有孩子的，你就等着看吧。"

特拉夫尼克的教师培训学校建在原属于耶稣会神学院的建筑群里，神学院有着悠久的教育历史，可以追溯到奥匈帝国时期。教学楼结构复杂，每层楼都有无数个通道，教室也很多，学生进去之后常常会找不到路。这样的事情就曾发生在我的受访者身上，她们还是第一次到特拉夫尼克，以前从没去过。

萨布利亚克老师教音乐课，会弹钢琴。他考查我们会不会唱歌。考试在三楼，没有唱歌天赋的就没法通过考试。每个通道都很大，我们走了一圈又一圈，不知道怎么出学校，恐慌极了。一个特拉夫尼克本地的学生给我们指了路。小学设在两层楼之间的夹层，综合中学、经济学院和教师培训学校在上面楼层。

据其中一位受访者回忆：

  我和朋友到特拉夫尼克参加教师培训学校的入学考试。我当时15岁，哪儿都没去过，只去过布斯曼的教堂。我们自己去的，有几个布斯曼的女孩和我们一起。考试的科目是塞尔维亚—克罗地亚语和音乐，语言考题有阅读、语法、写作、文学、读写等。我通过了考试。

  她们没提考试有多难，只说，"我通过了考试"。对她们来说，这就足够了。

  入学之后出现了新的问题：她们要怎么去到特拉夫尼克？倒是有趟火车，但时间不固定，还得在环境不是特别友好的火车站等车。她们甚至没钱买吃的。

  我们经常去蓝水（观光地区），在那里四处走走，在公园里坐坐，或去爬医院附近的小山。要是天气晴好，我们就坐下学习，因为我们到家已经很晚了。六点的火车不会在我们那个站停靠，我们还得再走一段路。吉普赛人会在那片地方搭帐篷，我们有点害怕。于是我们就往回走，一直在车站坐到晚上九点半，那时炼钢厂上夜班的工人过来了。我们一整天都不着家，身体都冻僵了，又饿着肚子。火车到站时，停靠在我们村子附近的站台，但我不怕一个人走回村里。我们晚上十点左右到家，早上六点半就又得起床了。我让母亲凌晨三点左右叫醒我起来再学会儿。我一般那时候起来，学习一两个小时。火车上的时间主要就是用来学习的。我们通常有很多学习资料，有13门课。三、四年级我们要上专业课程，在老师、班主任和同学面前讲一节课。

  她们认真对待自己面临的处境，并不抱怨。她们的主要目标就是赶上合适的那班火车回家。最大限度地合理安排学习时间，这在她们看来，是很重要的事。

专业技能和实操演练是特拉夫尼克教师培训学校开设的课程。因此，这些受访教师更加努力想要跟上学校的高强度课程。她们在求学过程中的某些阶段会害怕失败，害怕在面对新学校的挑战和要求时，自己没能做好充分准备。她们不确定原先的知识储备是否足够。"（原）来在现实中，人们才会发现自己处于错综复杂各种制度之中。"（Searle 1995，p.35。）

我上小学期间一本书都没读完过，在教师培训学校却要读那么多书，我会想那些书我到死都读不完。老师会给我们开一学年的书单，我就担心自己完不成。

研究表明，受访者都承认，接受教育让她们能从多个维度认识教师这一职业，其中包括教育教学方法。她们一致认为教师培训学校让学生同时学到理论知识和实践技能。她们虽然会害怕不安，但认为在培训学校读书对于自己的职业发展意义重大，也极大地完善了自己的品行。这段教育经历还影响到她们对健康和美观的态度，比如那个时代很多年轻人和成年人哪怕掉牙都不会去看牙医。一位受访者讲述了自己在这方面的经历。

那时候，要是牙疼就想办法把牙拔了。我很多牙都没了，只剩两颗下门牙，这种情况在我们那并不稀奇。三、四年级时我们要参加要求较高的实习工作，通常去找当班主任的老师，在那个班进行教学实习。我就去找老师学习三年级的教学单元，为自己上课准备材料。我们设计教学的时候，学生也在教室里。他们就看着我，有个女孩对她同学说："这人没有牙怎么能当老师呢？"我大吃一惊！我马上去看牙医，在医生面前哭个不停。牙医是一位态度亲切的女士，听我说完之后告诉我，那孩子说得没错。牙医很快给我做了治疗，我装好牙之后在那个小学完成了教学实习，孩子们认可了我这个老师。如果没发生这件事，我可能就缺着牙生活工作了。

学生和老师

我采访的那几位老师都表示,教师这个职业改变了她们的生活。她们因为获得新知识、接受有实用价值的指导、学到教学技巧而无比充实。她们还说,老师上过的课、采用的教学手段和给她们的忠告,影响了她们的职业认同。她们反复提到老师每次对刚结课的毕业生说的话。

> 你们以后到学校当了老师,会发现他们(学完教学课程的老师)会看不上你,看不上你的学历。听着,遇到不懂的不要向他们请教,最好写下来,然后想办法弄懂,等你有把握了再去教给学生。记住这个忠告,不要指望让懂得没你多的人告诉你答案。

她们老师对于掌握知识和遵守纪律都要求严格,校服是必须要穿的。1966年,特拉夫尼克教师培训学校第一学期入学的学生有4到5个班,只有3个班顺利毕业。有一个班在第一学年就解散了,另一个班是第二年解散的。在培训学校的四年级,也就是最后一年时,我的两位受访者所在班级有26名女生和6名男生。学校女生占多数的原因之一可能是当时的主流观点认为教育和抚养孩子一直是女性的传统任务(Dokanović et al. 2015)。教师培训学校的老师擅长讲课,讲解深入,一丝不苟,有些老师做事格外有条不紊,认真负责,他们来自当时斯拉夫各地。这是这个新成立的社会主义国家的一项政策,因为这里师资不足的问题很突出。国家主管部门倾向建立教师培训学校,聘请优秀教师负责培训。即使在物资缺乏的年代,这些学校也享有捐助优待。此外,新政权还在精神和政治方面给予一定支持,因此为了不负所托,各个教师培训学校不遗余力地做出成绩。这些学校吸收先进的新理念,并且要比其他地方更能指导实践。在这些学校,民主进程也走在其他地方前面。这样的良好氛围有利于培养战后的新一代教师（Papić 1981）。

> 我们老师很有威信，我们怕老师。但他们很客观，知道怎样传授知识。教我们教学法的老师非常厉害，教学内容全在他脑子里，他只要随便讲讲，我们就学进去了，虽然有课本，但他的经验特别有用。老师们穿得朴素得体，一些女老师披着斗篷，男老师穿着西服，没有任何特别之处。

她们不会去挑战老师的权威，认为未来就该这样。她们习惯服从权威，接受训导。

谈到教室环境时，我的受访者说教室设备齐全，桌椅是传统风格的，每间教室墙上都贴一幅铁托（南斯拉夫总统）画像。学校还有一个电影院，会适时给学生放映教育类电影。也有图书馆，而且藏书丰富。

对那个年代来说，这是一所很新式的学校。学校还有电影院这事非常具有开创性，这发现绝对令人惊讶。

调研结果表明，学生的学校记忆对于她们形成自己的职业认同起到了非常重要的作用。她们在接受教育的过程中，必须找到自己的教学法，基于从学习中得到的启发构建自己的职业认同。她们希望能通过积极对待学生成为好老师。她们从未忘记自己村校的老师，因为正是他们在自己接受教育过程中给予了各种帮助。她们常去找老师咨询，寻求意见与支持，或是获取实际的帮助。一位受访者告诉我，她的小学老师陪她做数学题，指导她写作。这些小学老师一直和他们的学生保持联系，而在今天，这样的关系并不常见。虽然经历了各种艰辛困难，所有受访者都表示，就算再来一次，她们仍会选择这个职业。特拉夫尼克的教师培训学校是一所非常优秀的学校，是当时的新式学校，办得很成功，全南斯拉夫的学生都到那里上学。

今天的教师队伍没法和这所学校相提并论，没有哪个学校的教师队伍比得上。在这里毕业出去的老师是货真价实的专家，我们那时学到的东西太多了。这一点从我们毕业考试结束就找到就业学校就能证明。毕业考试很难，要考好多天，考试前我们得完成见习任务，这个实践任务要在当地小学持续三周。

年长的教师（其中多数为女性）是导师和顾问，多数情况下，他们是年轻老师未来的同事。她们说，作为年轻老师，她们从前辈身上学到很多。根据社会建构主义学者的观点，学习是一种社会流程，不只是个体一个人的事，也不是通过外因被动促成的行为发展（McMahon 1997）。人参与社会活动，就会开始有意义的学习（Beaumie 2001）。

她们就像母亲一样。这些记忆给我留下了深刻的影响，让我最终能成为老师。我的身份认同带着我自己求学的印记，我的个人生活则留着我人生中经历过的困苦。

结　语

根据本研究得出的结果，受访者在从事教职之初就设定了目标，持之以恒，并为她们的职业发展起到支撑作用。她们的职业认同建立在早期的学校经历基础上，个人生活和经历，连同学校记忆，交织在一起，极大影响了她们的职业认同。正如塞尔指出的，"这是因为社会现实经由我们创造出来实现自己的目的，它看起来和那些目的本身一样容易理解"。（Searle 1995，p.4）在接受教育的过程中，她们尽可能获取自己未来职业的真实画面，这就为形成她们的职业认同提供了基础。教师无法将自己的品质、生活中的私人方面和职业方面截然分开，这些都会被带进课堂。她们的职业认同首先来自教学工作,因为学校教育主要指向一种理论路径和实践要点。在教师培训学校读书期间,要求学生能发现那些最符合自己思维和处事方式的特点。所有受访者都通过自我评价,并利用普遍接受的既定模式对形势作出判断,建构出新的局面。一年又一年下来,每个人的实践工作都塑造了自己的职业认同。她们对自己的教师生涯和取得的成就感到满意,她们的教学活动卓有成效,最好的成果就是她们曾经的学生,因为学生永远热切地铭记着她们。她们说:"这样的回报是无价的!"

第十三章 刻在墓碑上的褪色记忆：19世纪到20世纪早期作为教育集体记忆的斯洛文尼亚教师墓碑

布兰克·苏斯塔（Branko Šuštar）[①]

本文在本人之前的研究（Šuštar 1997）及其他相关研究基础上，总结呈现学校记忆和教师记忆的多种形式，包括稀缺的公共纪念碑、纪念牌匾和供逝者生前同事及学生前往墓地缅怀的教师墓碑。[②] 从19世纪末到"一战"后的几十年间，为已逝同事设立纪念碑是当地（区）教师协会最常见的活动之一。这些协会很清楚，随着时间流逝，学校期刊发布的讣告要比刻在墓碑上的文字更便于长期保存，是非常重要的纪念形式。在很多地方，细心保存下来的墓碑是真实可靠的历史证物，仍可窥探到已经消亡了好几十年的办学体系，而在其他地方，关于已逝教师的记忆已经由于时间流逝而不再清晰。从20世纪20年代中期起，出现以捐建教学机构（如中学学生宿舍）形式进行的纪念教师的活动，这种形式具有象征意义，变得越来越普遍，而已逝教师的家人则负责维护墓碑（Šuštar 2013）。但所有教师都通过参与课内教学工作和课余教育活动，建起了一座属于自己的丰碑。教师作为知识阶层，能推动一个地区经济文化的发展，有时也包括政治领域，因为有些教师担任市委秘书甚至市长职务，还有很多教师参与广泛的社会活动。女教师参与的活动尽管可能不同，但一样扮演了重要角色，只是往往较难建立声誉（Šuštar 2000）。

[①] 斯洛文尼亚学校博物馆，电子邮箱：branko. sustar@guest. arnes. si。
[②] 感谢萨沙·马茨奥比（Saša Mlacović）将本文原稿翻译成英文。

教师和教育类公共纪念作品

斯洛文尼亚针对个人的教育类公共纪念碑少之又少,尽管这类作品建立之初是为怀念那些不光在教育界出类拔萃的人物,他们在其他领域的影响力甚至更大。瓦伦汀·沃得尼克(Valentin Vodnik 1758—1819)纪念像立在卢布尔雅那中心其任教学校的前方,他还是最早一批斯洛文尼亚诗人。如今,纪念碑仍坐落在原址,但由于市政规划的变动,雕像后面现在是中央市场(Rozman 1965)。与之类似,斯洛姆谢克(Slomšek 1800—1962)是影响力巨大的教育家,他的纪念雕像早期也是为了缅怀其作为斯洛文尼亚东部马里博尔市［如马里博尔教堂由雕刻家弗朗茨·扎伊奇(Franc Zajc)1878 年创作的雕像］的首位天主教大主教,以及在斯洛文尼亚民间组织的重要文化活动而竖立,而非纪念他的教育贡献。不过,也有些雕像图案突出斯洛姆谢克主教的教育家和教材编者身份,身边站一名男学生和一名女学生［斯洛文斯克·比斯特里察(Slovenska Bistrica)1939 年创作］,或只站一名男学生(位于采列的 1936、1996 作品),这些雕像只表现与学校的关系(Šuštar 1999)。

但在卢布尔雅那的公共纪念碑中也能看到教师的纪念碑,多数是为缅怀大学教授,都塑造为科学家形象［如维也纳大学的斯拉夫裔哲学家弗兰·米克罗希泽(Fran Miklošič),他的纪念碑自 1918 年之后被立在原先竖立奥地利皇帝法兰西斯·约瑟夫一世的雕像基座上;著名数学家尤里·维加(Jurij Vega);文史学家伊万·弗里亚特(Ivan Prijatelj)］;也能看到不少作曲家纪念碑,包括卢布尔雅那维戈瓦大街上的音乐教育家纪念碑(Čopič et al. 1991, pp. 36, 84-85)。富有象征意义的人物纪念碑如今也会出现在一些重要的老校舍入口附近(如 1874 年所建中学的同一条大街上,就有工商业人士的纪念碑;1934 年建于普雷塞尔诺瓦大街的商学院,就有代表智慧、学识、商务以及各行各业典型人物的纪念碑)(Čopič et al. 1991, pp. 38, 42)。

最为精美的是位于拉多夫利察镇（斯洛文尼亚西北部戈雷尼斯卡地区）由政府部门委托设立的"学校纪念碑"。那是一个井台造型，上面是一名男学生和一座刻有捐助人约西皮那·霍切瓦尔（Josipina Hočevar）像的竖向奖章（Čopič 2000 pp. 234-235），已有一百多年历史，立于镇中心。约西皮那·霍切瓦尔是拉多夫利察本地人，也是发展当地办学体系的支持者。雕工精细的男学生全身像出自本地雕塑家博林（Pavlin 1875—1914）之手，他在当地享有盛誉的雕刻师工作室工作。在这尊塑像上，人们还能看到受到当代捷克风格影响，或至少带有当代捷克式激情的图案（Sinobad 2003）。

在卢布尔雅那天主教堂附近的纪念碑，是为缅怀1908年9月军事暴力冲突中的受难人士。这次事件爆发的根源是德语族群和斯洛文尼亚人之间关系紧张。纪念碑雕刻的是15岁中学生伊万·阿达米奇（Ivan Adamič）和22岁的工人鲁道夫·伦德（Rudolf Lunder），还有文法学校的一名学生。但这个纪念碑并不属于学校纪念碑。同样，纪念"二战"中死去师生的纪念碑多数只和战争与抵抗运动相关。坐落于国家当代历史博物馆附近的先驱纪念碑［由雕刻家 Z. 卡林（Z. Kalin）创作］刻画的是孩童嬉戏，但也是为了纪念那段历史。在议会大厦入口处的装饰雕塑中也能看到童年和青春主题的雕像（1954年创作）（Čopič et al. 1991，pp. 52-53，98-99，155）。马里博尔市纪念伟大教育家亨里克·施赖纳（Henrik Schreiner 1850—1920）和另外四位教育工作者的户外纪念碑分别于1955年、1980年建成（Rakovec 2015）。

1945年后，南斯拉夫及其共和国之一的斯洛文尼亚信奉共产主义，为与这一主流的政治意识形态保持一致，教育系统推广不分性别的师生记忆、党派抵抗运动成员的记忆和革命者的记忆。这些记忆的呈现方式包括校内或学校附近的个人纪念碑，以人名为青年先锋组织、学校等组织机构命名，不过许多名称在20世纪90年代的民主化改革及建立斯洛文尼亚共和国后就不再使用了。新时代新建了一座2.5米高的纪念碑，碑上的两位教师也在教育界享有崇高地位，但雕像突出的却是他们的登山成就和斯洛文尼亚的山脉特征。这座雕像用金属制成，由来自采列的专业雕塑家弗朗茨·布克（Franc Purg）于 1993 年创作，纪念格拉茨大学的约翰内斯·弗里肖夫（Johannes Frischauf 1837—1924）教授和戈尔尼格勒小学的教师弗兰·考茨贝克（Fran Kocbek 1863—1930）。雕像坐落于斯洛文尼亚阿尔卑斯山谷地区景色优美的洛加尔谷，这里能观赏海拔 2500 米的阿尔卑斯山顶峰的迷人风光。两位萨维尼亚阿尔卑斯山脉地区的登山先锋，连同他们在登山过程中体现的合作精神，已成为这一地区的标志。

纪念牌匾和表示感恩的纪念碑

在 19 世纪末，斯洛文尼亚教师在去世同行的出生地为他们建纪念牌匾，不过只限于最为杰出的那部分教师，后者通常因参与公共活动成为更为广泛的国际文化的一员，或至少具备泛斯洛文尼亚文化特征。如为知名数学家弗朗茨·莫茨尼克（Franc Močnik 1814—1892）制作纪念牌匾就是这种情况，由教师协会牵头推动，纪念他负责或参与约 150 本教材的编写工作，这些教材被翻译成 14 种语言，出版了多个版本（Magajne 2014，p. 42）。还有安德雷·普拉普洛尼克（Andrej Praprotnik 1827—1895），"最值得表彰的斯洛文尼亚办学与教学的拥护者"。纪念牌匾在受纪念者的出生故居揭牌（莫茨尼克的纪念牌匾 1894 年在采尔克诺揭牌，普拉普洛尼克的纪念牌匾 1897 年在普铎不列齐耶揭牌），上面刻有浮雕人像和他们说过的话："我最关切年轻一代，正如我关心我的故乡。"随后还发行了纪念他们生平的明信片（Gangl 1896）。1911 年，他们的名字被刻在当时一所新建学校的外墙正面，学校位于卢布尔雅那市一条主干道上（卢布尔雅那—维克）。

还有一个例子是位于斯洛文尼亚与克罗地亚边境科尔帕河上的维尼察的一所农村学校。那里有一个纪念牌匾，在斯洛文尼亚人和克罗地亚人通力合作之下所建，纪念伊万和柳德维特兄弟二人。他们同为教师、作者和编者，是斯洛文尼亚教师伯纳德·托姆希奇（Bernard Tomšič）的儿子。两人都是影响力很大的教育工作者，哥哥在斯洛文尼亚，弟弟在克罗地亚。纪念伊万（Ivan Tomšič 1838—

1894）的牌匾 1897 年由白色卡尼奥拉或叫贝拉克拉伊纳的斯洛文尼亚教师协会所设，而纪念柳德维特·托姆希奇（Ljudevit Tomšič 1843—1902）的牌匾是 1907 年由萨格勒布的克罗地亚文教协会所设，缅怀这位克罗地亚教育家。斯洛文尼亚与克罗地亚两国睦邻友好，两次挂牌时都举行了庆祝活动（Tihozor 1907）。

已逝教师的学生、同事和热心民众更常见于努力争取为逝者立碑。卢布尔雅那先前的圣·克里斯托弗公墓就是这种情况，现在已成为那维耶纪念公园。我们只提一下公园内"明显表示纪念意义"的方尖碑式墓碑，那就是向教师表示感恩的例子，由学生共同出资，耗费几年时间，于 1855 年竖立，向他们最喜爱的好老师乔安尼·克鲁斯尼克教友（Joanni Bapt. Kersnik 1783—1850）致谢（拉丁文原文是"praeceptori optimo, dilectissimo grata juventus"，即"最好的老师，最受年轻人喜爱"）（Benedik 2013，p. 32）。

通过多个刻有碑文的纪念碑也能了解当地相应的教育史：诗人 F. 普雷舍伦（F. Prešeren）在诗歌中描述了大学教师马提亚·茨奥皮（Matija Čop 1797—1835）在克罗地亚的里耶卡、乌克兰的利沃夫和卢布尔雅那（当时还属于哈布斯堡君主国统治）的大学教学。捷克皮亚尔会的约瑟夫·K. 利卡维克（Jožef K. Likavec）或叫约瑟夫·C. 利卡维茨（Joseph C. Likawetz）（1773—1850）的墓碑碑文极具代表性。他是文法学校的老师，曾任奥地利格拉茨大学的校长，去世前是卢布尔雅那的大学图书馆馆长。其他墓碑还有同为文法学校老师的文学爱好者、卢布尔雅那的中等技术学校（名为 realka）首任校长米菲·贝特鲁内尔（Mihael Peternel 1808—1884），为中学生创办施食处而被称为"穷人和中学生的爸爸"的作家卢卡·杰伦（Luka Jeran 1818—1896）（Piškur and Žitko 1997）。

在斯洛文尼亚少数民族地区，以小额补助资金的形式向中小学生和大专学生提供帮助较为多见——P. 特里比卡（P. Ribnikar）给出了斯洛文尼亚中部地区卡尼奥拉 221 个机构的档案资料，这些机构有只向单个学生提供资助的，也有资助两名学生的，部分机构会资助数名学生，受资助学生的经济条件大多都因"二战"而进一步恶化（Ribnikar 1999）。一些基金会保留至今，比如维也纳的卢卡斯

·纳菲尔舍基金会，或叫卢卡斯·纳菲尔大学基金会，仍向学生提供助学金，并在维也纳的第一区建有一栋楼，这些都保留下关于这位17世纪学校捐助人的记忆（Vodopivec，1971）。还有一个例子也很突出，保留了关于学校捐助人伊万·奥拉森博士（Dr. Ivan Oražen，1869—1921）的记忆，这位捐助人把所有的财产都留下来资助医学生，位于卢布尔雅那市中心他捐给医学生住宿的房子上刻有"Oražnov dijaški dom"（即"奥拉森的公寓"），楼里雕刻的头像，还有卢布尔雅那中央公墓兹阿雷的墓碑，都是他为教育事业的发展作出贡献的见证（Oražnov，2015）。

关于捐助学校的善举，多数记忆已湮没无闻。比如住在卢布尔雅那郊区斯波迪纳西斯卡的红酒商人夫妇J.C.尤文奇茨和安娜·尤文奇茨（J. C. Juvančič & Ana Juvančič），从19世纪末就开始为穷学生提供冬衣鞋袜。历史资料中有他们帮助学生的记录，但墓碑上却未提及他们的善举（Šuštar 1992）。安东·克日奇（Anton Kržič，1846—1920）的情况也一样，他的朋友、学生、牧师同行和教师同事于1922年花费22000克朗在卢布尔雅那的中央公墓为他树了一块墓碑以示纪念。这座墓碑上雕刻有多种符号，碑文提到他曾在卢布尔雅那的教育学院执教，也从事文学创作，还担任青年出版物的撰稿人兼编辑，而据其他资料记载，他还曾资助学生（V. Spomin 1922）。

不少纪念碑是学生感念自己的启蒙老师而竖立的，马里博尔市附近弗拉姆村的公墓就有一座这样的墓碑，以现在的眼光来看仍觉印象深刻。这座墓碑是作家、教育家兼赞助人保罗·特鲁纳博士（Dr. Pavel Turner）为自己的小学老师弗朗茨·多芒克（Franc Domanjko 1799—1858）所立。这位老师因为有文法学校的受教育经历，并且博学多闻，在同行中尤为突出。碑文提到他在弗拉姆从教39年，称其为"教师楷模"。这块墓碑在其去世29年后的1887年所立，同年九月中旬还在斯洛文尼亚举行了全国范围的盛大庆祝活动（J. H. 1887）。

弗兰科洛沃小学位于采列附近，该校立有教师菲利普·科德曼（Filip Koderman 1834—1916）的纪念碑，和其他立碑的情况略有不同，立碑人是他的学生安东·贝岑谢克（Anton Bezenšek 1856—1915）。科德曼是当时普罗夫迪夫地区文法学校的老师，也是首位保加利亚语速记员，得益于他的教导，很多学生得以在文法学校继续学业，并因此一路求学成为知识分子。1896 年 9 月，他获授皇帝勋章，表彰其 44 年的教师工作，贝岑谢克作为他"满怀感恩之心"的学生，为他写了一首诗，复印了约 300 份（Sosed, 1896）。这首致敬诗、报纸上的文章和讣告，还有位于弗兰科洛沃他妻子的坟墓（他的妻子在弗兰科洛沃去世，他自己则因在靠近戈尔尼格勒的薄茨那过世而葬于当地，距离他教了一辈子书的弗兰科洛沃超过 50 公里），更大程度上是让我们忆起在弗兰科洛沃当老师和校长的菲利普·科德曼。2014 年，刻有安东·贝岑谢克名字的纪念像在弗兰科洛沃小学前竖立。

当地教师社团和友人竖立的纪念碑

对于教师工作重要性的认识使得教师同行之间的联系更为紧密，这一点可以从 19 世纪 60 年代以来当地教师社团的各项活动、后来不同地区甚至全国范围的交流活动看出来（Šuštar 2000）。教师的职业自豪感来自参与重要的文化工作和全国性工作，这些工作的意义实际上要在多年后学生取得的成就才能看出来，也可能成效虽不那么明显，但这种自豪感让教师同行，还有那些本来孤苦无依的学生，愿为作出贡献的那些老师竖立纪念碑。过世教师的家人一般无法负担竖立纪念碑的费用，会成立委员会公开筹资，这是 19 世纪末以来教师社团的一项常规活动。就这样，单纯依靠收入不高的教师一点一滴集资立碑，在去世教师执教学校所在的市镇，同时往往也是他们的长眠之地，保留下关于他们的记忆（Šuštar 2013）。

在斯洛文尼亚的部分地区，由所在区的教师社团费尽心力为已逝教师募资竖立纪念碑的故事，时至今天仍能读到，但在其他地方，关于这种墓碑的记录仅见于校刊报道中。教师们很清楚竖立纪念碑在经济方面有很大的局限性，因此期刊中关于过世教师的短文也被视为感恩的纪念。1888 年 2 月，期刊《教师之友》的通讯记者提倡"记录他们的名字，让子孙后代心怀感恩，永远铭记"（"Od Adrije" 1888）。

刊发的大量讣告中都记录了逝者的真实生平资料、筹资修墓的资料、铭文及后来的立碑仪式。多数情况下，随着时光流逝，讣告比刻在纪念碑上的文字更能长久保存。许多当时克服重重困难竖立的墓碑，都由于各种原因——如墓园面积有限、审美发生变化，甚至仅仅因为疏忽，已经不复存在。而在其他地方，我们却能够发现，对于那些在几十年前推动我们国家文化和政治经济发展，并因此塑造了我们民族特性的仁人志士，人们始终心存敬意。

1882年8月中旬，位于布莱德附近的兹古奥里涅·戈里耶市墓园为马特里·托内茨（Matej Tonejc 1846—1882）的纪念碑举行了揭幕仪式。这是一位以特里格拉夫山脉为背景进行创作的作家，同时在奥地利克拉根福市和维也纳的女子学校任教，被尊称为"杰出同仁"。铭文中除了他的个人资料外，还有如下内容："他已荣登极乐！/'他绝非仅出于职业责任而担当此任，他视其为人之本职'。"当地学校的校长在致辞结束时说道："为一个民族而活/不止如此，还为这个民族而苦/这样的精神已足够指引/人们在举步维艰之时！"（Iz Gorjan 1882）。1888年，卢布尔雅那附近的斯穆雷德尼克墓地为教师马丁·克雷克（Martin Krek 1834—1888）竖立墓碑，这座墓碑为我们提供了募资立碑活动的线索。修墓的成本相当于一个教师三四个月的薪水。由牧师、教师同行和其他捐助人共60多人，少的捐半个弗洛林，多的出十个弗洛林，为"这世上少有人比得上的诚实之士"修墓。墓碑上刻着这样的字："由同仁及友人所立。"时至今日，这座墓仍有当地人前往祭拜。(Iz Smlednika 1888)

教师弗朗茨·库格勒（Franz Kugler）生前在斯洛文尼亚南部科切夫斯卡地区曾经只有一个班级的小学教书，可能是在朗根通，或是在斯穆卡。他因意外于1888年1月去世，年仅27岁。在他去世大约五年后，科切奥耶的德语教师社团成员联合新梅斯托市的斯洛文尼亚教师社团，共同为其修建了墓碑。墓碑建在附近的斯塔里洛克公墓，碑上的德语铭文是为数不多保存下来的原属德国飞地居民区的记忆,那一片区域的历史可追溯到 14 世纪中叶,一直持续到 1941—1942 年的冬天(Šuštar 2007)。1891 年 4 月,斯洛文尼亚中西部波斯托伊纳市活跃了三年的区级教师社团决定在科萨那为已故的当地教师兼校长菲利普·凯特(Filip Kette 1849—1891)修建一座体面的墓碑,设定同年的 7 月 9 日为"纪念碑揭幕"日,委托当地一位石匠制作墓碑,并将社团的常规全体大会日也定在同一天(Dimnik 1891)。

波斯托伊纳地区的一个例子也能让人了解为教师修建纪念碑的树碑仪式。年轻教师安德雷·克里扎伊(Andrej Križaj 1862—1886)在波斯托伊那郊区一所较小规模的学校从事教职仅有两年,但在离学校不远的他的出生地奥勒赫克村建有他的纪念碑。"如果我们互相尊重,彼此推崇,我们就会被其他人尊重推崇。"这是 1892 年 10 月举行纪念碑揭幕仪式时写下的文字,教师们缅怀 6 年前在波斯托伊那地区去世的前同事。他们在当地教堂举行安魂弥撒,"随后送葬队列前往墓地,学生走在最前方。现场共有 12 名教师,其中一位在墓碑旁向已故同事致辞,最后这样说道:"此刻站在你坟墓旁的同事们,将会尽我们所能,追随与你同样的理想,如果上帝准许你在人世停留更久,你定会做出相同选择。"在说完"永别了"之后,大家齐唱丧曲,学生把两个刚做的花环放在墓前,并再次向逝者告别。大家离开墓地后进行聚餐,席间菜肴精美,人们向逝者及其家人、纪念碑的筹款者和捐助者祝酒致意(Iz postojinskega 1892)。戈里齐亚郡的教师需要花费几个月时间才能为他们的同事安东·拜茨(Anton Bajc 1845—1903)在鄂灵切公墓修建一座纪念碑,并刻上铭文,赞美其是教育工作者的典范(Alojzij 1903)。布托欧列小学位于斯洛文尼亚东部扎奈茨附近,第一任校长安东·舒姆利亚克(Anton Šumljak 1871—1903)的墓碑在这所当地分校极受尊重,因为这块纪念碑提醒人们这所学校具有超过百年的历史,足以表明乡村学校的重要性,是非常生动的历史见证(Kresnik & Vasle 2006)。这座墓碑于 1904 年 11 月竖于采列市的一处乡村公墓,设计精美,上面有这位年轻教师的头像照片。墓碑共耗资 200 克朗,由当地民众和采列的区级教师社团共同出资,教师社团募集了四分之三的金额。

碑文很有当时的时代特色："他正值大好年华，有着钢铁般的意志/热爱自己的学生/为国为民一片赤诚/他的精神永垂不朽。"这位年轻老师死于当时教师常见的职业病（肺结核），他的妻子在四年前因同样的病去世。讣告中提到了他们唯一的儿子，并在结尾问了这样的问题："他们留下了年仅四岁的小伊万，未来会有什么样的命运等着这个可怜的孤儿？他会继承父亲的遗志吗？答案只有上帝知晓。"（Iz Gotovelj 1904）事实上，伊万·舒姆利亚克（Ivan Šumljak 1899—1984）也成了一名教师，同时还是一名登山者，在20世纪50年代就因开创斯洛文尼亚徒步登山路线而颇有影响力。这条路线始于斯洛文尼亚东部的马里博尔市，包括全域的阿尔卑斯山脉，延伸到亚得里亚海（Mihelič 2013）。

1896年秋天，"洛加泰茨区学校社团的老师和友人"为于前一年过世的三位成员的纪念碑举行揭牌仪式，这就是教师社团出力修建纪念碑的一个例子。两座碑位于矿镇伊德里亚，还有一座位于多伦吉·洛加特茨。建在这个村庄的纪念碑是为纪念激进教师沃耶特夫·利尼卡（Vojteh Ribnikar 1857—1895）。他在去世前仍在担任洛加泰茨小学校长，同时还负责当地的教师社团，是斯洛文尼亚教师社团协会的首任主席（Šega 1895）。安德雷·普拉普洛托尼克（Andrej Praprotnik 1827—1895）和马特埃·莫茨尼克（Matej Močnik）同样于1895年去世，他们是两位影响力较大的老师，都是创刊于1861年的《教学指南》杂志的编辑。普拉普洛托尼克的纪念碑建在卢布尔雅那中央公墓，由斯洛文尼亚教师社团所立，如今正见证他的后代继续从事教职（Gangl 1896）。采列市的校长兼教师阿尔明·格拉迪什尼克（Armin Gradišnik 1858—1921）曾于1889年与人共同创办了泛斯洛文尼亚地区的斯洛文尼亚教师社团协会，产生了很大的影响力，他的纪念碑背后的历史更具一些怀旧色彩。1922年，为庆祝纪念碑修成，中央教师期刊推出一期专题，面向全社会征集关于他的文章，并以他的头像为封面，颂扬他的贡献（Krajnc 1922）。数十年前，采列市郊的戈洛维克公墓就遭废弃，慢慢转变成一座开放的公园，好几座墓碑或损坏或遗失不见。教师纪念碑则平躺在地上，只能通过20世纪90年代一份由中学生和采列市近代历史博物馆共同完成的研究报告中列出的名单以及周围的墓碑来确认墓碑主人（Počivavšek 1996）。书面记录要比刻在石制墓碑更能经受时间的考验。

教师社团也会为影响力没那么大的同行竖立纪念碑。在第一次世界大战前夕，利蒂亚区的教师社团出力为一位教师修建了纪念碑，这座纪念碑至今仍立在扎萨夫斯卡斯维塔高拉学校。这所小学很小，坐落在偏远的山区村庄之中，村庄环绕斯洛文尼亚中部的利蒂亚所建。在1911或1912年冬天，"历经磨难的烈士同仁"弗兰·德尔·科特（Fran Del Cott 1856—1912）正值壮年就离世了，生前曾在斯洛文尼亚中西部多所学校教书，最后执教的地方就是这个偏远的村落。这是一个堡垒式的教堂，有一块墓地，墓地周围是建于16世纪用来抵御土耳其人入侵的堡垒。教堂在山顶，在教堂附近能看到一栋教学楼，如今已成为旅馆。教师纪念碑靠近墓地围墙，碑上有这位教师的头像照片，他温和赤诚，热切追求自由与进步，碑文写道："对你的敬意永存。"（Prošnja 1912）在某些地方，对于老师的感恩之心并不长久。利奥波德·波西茨（Leopold Božič 1837—1922）是斯洛文尼亚中西部地区日里的校长兼小学教师，是这所学校任职最久的校长，1903年才退休。他的纪念碑上刻着：这座碑由"感激的日里人民"所立。但在他去世不到50年，就有人挖了他的坟墓，纪念碑也丢弃了，只剩下了墓碑上的人像纪念章，如今保存在当地博物馆（Naglič 1998）。

校长弗兰·帕普勒（Fran Papler 1842—1911）的故事则能说明"一战"前卢布尔雅那附近受人尊敬的教师纪念碑是怎样建立的。在弗兰退休后，他"继续留在深爱的博罗夫尼察"，在自己从1875年就开始任教的地方"积极推动进步"。他的葬礼于1911年12月中旬举行，许多人从他的家乡和邻近自治区赶来参加，还有部分学生从卢布尔雅那赶来。葬礼一结束，就成立了一个筹款委员会来"为这位理应享受这一待遇的人修建一座体面的墓碑"。资金募集很顺利，"亲戚、朋友和感恩的学生就筹措了足够的金额，多余的钱会用于人们将来的教育支出"。1912年5月，这一纪念事件发展为一个面向全国人民发出呼吁的会议。有一篇报道把自愿捐款募资看作"全国人民向忠诚的教师表达敬意的方式。对伟大教师拥有如此崇高敬意的民族定会拥有光明的未来"("Nadučitelj Fran Papler"1912)。

如何才能竖立永恒的教师纪念碑

早在 19 世纪末，新闻报纸上的讣告、补助金和建立的博物馆，都被看作"纪念碑"。建于 1897—1898 年，位于卢布尔雅那的斯洛文尼亚学校博物馆就是这样一种纪念形式。斯洛文尼亚教师社团协会曾聚集斯洛文尼亚教师和伊斯特拉—克罗地亚教师，共庆奥皇法兰西斯·约瑟夫加冕五十周年，这座博物馆也见证了根据 1969 年颁布的新教育法精神所举办的教师活动（Iz Zaveze 1897）。总体来说，教师社团和教师自己对于建立纪念碑的态度都发生了变化。如果是为非常杰出的教育家立碑，或是由热心好友牵头，教师就能团结一心为身故同仁竖立墓碑。但经过一段时间后，教师就普遍认为纪念碑应由逝者亲戚友人祭拜，而没有亲戚的则由逝者生前任教学校的当地民众祭拜。谁立碑，谁就该祭拜。如果纪念碑由其他地方的教师所立，即便曾经颇费周折才竖起来，没过几年也就无人问津了。

1925 年，负有盛名的教师安东·赫伦（Anton Hren）发表了题为《如何为我们的身故优秀同仁建立永恒的纪念碑？》一文。他在文中赞美教师为同仁建立纪念碑的善举，号召人们思考这一行为"折射的善意是否具有实际意义"。在他看来，教师"把他们的记忆刻在年轻一代和当地民众心上"。他认为那些为"教育事业、学校和民族"做出难忘贡献的人值得人们永远怀念，应当为子孙后代保留那些记忆。"对杰出同仁的感激之情"激发人们为那些教师楷模建起有形的纪念碑，这些纪念碑往往并非建在乡村公墓，而"在我们后辈接受教育的地方"。他提议通过号召大家募资的方式，在马里博尔和卢布尔雅那落实建立教师宿舍来铭记逝者，把教师姓名和相应教师社团的名字刻在牌匾上，以这样的形式保存教师和教师社团的记忆（Hren 1925）。而在 20 世纪 30 年代，人们募资主要是为修建纪念碑来为后代保存模范教师的名字和记忆。

已逝教师的墓碑和"一战"后上过大学的学生墓碑主要靠他们的亲人维护。

有些墓碑上会刻碑文来描述逝者从事的工作［如科佩尔或称波迪斯特里亚附近德卡尼公墓中约瑟普·贝鲁托克（Josip Bertok 1882—1921）的锥形墓］，而有些则通过艺术手段来展示逝者的工作性质［如为纪念沿海地区科特的斯洛文尼亚教师弗兰·诺若（Fran Orel 1873—1919）逝世90周年］，科特的文化社团用摄影技术为其立碑（Kulturno društvo 2015）。

在卢布尔雅那中央墓地兹阿雷有一座女教师维卡·内布茨朗（Vilka Nepužlan 1910—1935）的墓碑，由她的亲人竖立，碑上的人像照片很有意义，是女教师和两名小学生的合影。讣告出自一位女性同事之手，在其刚去世就以感人肺腑的语言写就。在讣告中我们能了解到这位年轻教师在长时间的等待之后才接到任命，到斯洛文尼亚阿尔卑斯地区教书（斯雷德加瓦斯博西尤）。然而，在那年开春，"残酷的死亡早早摧毁了你的生命之花……"，她年轻的希望也在即将年满25岁的时候消散在空中。她一直渴望能和教师合唱团一起共游保加利亚，为此在三月中旬参加了合唱团的训练。讣告写得很简短，还附有一张照片，讣告作者承诺会种一株保加利亚玫瑰来纪念她。她向逝者保证："你那美好明亮的记忆会永远留在我们心中。"合唱团的保加利亚之旅取得了圆满成功，保加利亚玫瑰虽然早已凋零（-ina 1935），但精心制作的墓碑上，维卡和学生的合影仍然引人注目。

20世纪30年代，教学类期刊中提到的永恒纪念碑更多是一种象征意义，即展示教师的付出与成果。斯洛文尼亚东南部的克尔什科教师社团在《我们如何建立永恒的纪念碑》一文中提到如下知名斯洛文尼亚教育工作者：合作主义领域的伊万·拉帕涅（Ivan Lapajne），复兴葡萄园的托马斯·罗马博士（Dr. Tomaž Romih），实践教学作家柳德维特·斯蒂亚斯尼（Ljudevit Stiasny）和约瑟普·布里纳尔（Josip Brinar），教学社团创办人与教育杂志《教学选集》推广人弗兰·加伯鲁谢克（Fran Gabršek），作家、编辑兼画家德拉古汀·傅马克（Dragotin Humek），还有"因其经济学家和水果种植者的身份而让人永远怀念的"亚历山大·卢纳切克（Aleksander Lunaček）（"Učiteljsko društvo" 1939）。1935年，科兹扬斯科地区的教学社团有一位成员是退休校长，绝大多数时间在交通不便的普雷沃列村庄教书，该社团在介绍他时也是这样的思路，称其"在校工作时一丝不苟，勤勤恳恳，在校外也是无私奉献。他致力于栽种果实，为自己树立了无数日益成长的丰碑"（"Franc Šetinc" 1935）。

这类人是市镇或国家的骄傲，人们对他们的纪念形式也可能是建造一栋新的校舍。位于斯洛文尼亚北部和奥地利接壤之处的格拉迪赛，新学校建成使用的1936年9月，国防学校的圣济利禄和圣美铎第社团前来参加，他们写道，这为庆祝这个社团成立五十周年"建立了最美好的记忆"（"Narodni praznik" 1936）。杂志中的"悼念"按语曾经被视为是一种纪念，现在人们也依然这么认为。在期刊《教学伙伴》中一篇关于弗兰·斯特凡西舍（Franc Štefančič 1868—1938）的短文就是这样开头的。弗兰·斯特凡西舍生前是卢布尔雅那附近斯玛列的一名老师，曾在斯洛文尼亚中部三个村落教书。写这篇短文的作者在等待数位同事为逝者写几句话以示纪念均无果后，"那就让我来写点什么聊表纪念吧，因为你三十多年始终如一的细致勤勉值得我们纪念"。在这篇期刊文章中他这样写道："斯特凡西舍是一位真正的老师，全心全意爱孩子的老师。"（Novak 1930）

即便不是所有已故教师的讣告都会在学校期刊上刊登，至少会在每年的概览按语"最后的告别……"中提到，这和1938年末刊登的类似。比如在按语提到伊万娜·纽霍尔德—托米内克（Ivana Neuhold-Tominec），她在瓦赫尼卡教过的学生包括最伟大的斯洛文尼亚语作家伊万·坎卡尔（Ivan Cankar），这一点作家在《回忆录》中曾提及；她还大力宣传当代女性的倾力付出，并把遗产的一大笔钱留给卢布尔雅那的女教师合作组织"女教师之家"。文章说："她的付出在每一位教师心中留下了最美的记忆。"校刊也写了在斯洛文尼亚最高峰特尼格拉夫意外身故的退休校长拉杰科·贾斯汀（Rajko Justin），享年73岁。还有利奥波德·潘奇（Leopold Punčuh），积极投身于社会工作，组织多场青年演出，热爱园艺与果树种植，"于82岁高龄去世，比许多人要长寿"。他的墓碑上方有一块小板，刻着这样的文字："一位致力于推动学校进步和为教师争取权益的活动家长眠于此。"约瑟普·图尔克（Josip Turk）葬于卢布尔雅那，下葬那天正好是塞尔维亚—克罗地亚—斯洛文尼亚王国国王的生日。文章这样描述他:"他为教师理想奋斗终身,在学校教育领域长期不懈努力……一生成就斐然。"他是斯洛文尼亚南部的新城和奇尔诺梅利的区级教师社团的荣誉会员,也是国家级教学工作奖获得者。在这篇短文中提到,1938 年去世的其他教师或正当壮年,或非常年轻(Vir 1938)。

结 语

总而言之,现在看来很重要或很时髦的东西,随着时间流逝,最后都会变成一种记忆,再多的经验、成功与困难也都会淡出记忆。学校过往的记忆曾是进行研究探索的资料来源,如今更是进行探索、引导求知欲、获取知识、解惑与进行教育的动力。尤其是教师的记忆,能作为了解我们的文化发展与国家变化非常有价值的信息,也让我们借以知晓真正投身于教育事业、和城市共成长、为市民做贡献的这一大批人的付出——先是男性,后来是越来越多的女性加入。文中所举的例子涉及斯洛文尼亚全国的不同记忆与纪念碑,时间跨度包括奥地利哈布斯堡王朝时期、南斯拉夫王国时期和 1991 年以后处于新的欧洲关系网中的斯洛文尼亚共和国时期。这些例子促使我们回忆学校的记忆,当地的、不同地区的甚至全国范围内的教师的记忆,也促使我们去探究学校和教师在形成人类文明的过程中所起到的作用。

第十四章 19世纪末的建校庆祝：教育初衷与集体再现

拉蒙娜·卡拉梅利亚（Ramona Caramelea）[1]

"这是极好的证明，今天的奠基

让我们充满喜悦，

因为学校的圣地、一栋宏伟的大楼，

通过它那可爱的名字，正向我们诉说，

……

为纪念先前那栋大楼的荣光，

为表达我们所有人的自豪，

让我们在此建立雄壮美丽的新大楼！

致我们亲爱的学校，让我们在此建起大楼。"

——布加勒斯特师范男校奠基仪式上的即兴讲话

这些文字选自诗歌《即兴演讲》，由亚历山德鲁·松楚（Alexandru Șonțu）教授于19世纪末为一个特殊场合，即布加勒斯特的师范学校奠基仪式所创作（"Serbarea" 1897，p. 19）。

本文以这段引语开头，不是因为其中表达的热忱激情，也不是因为语言之精美绝伦，而是教授意欲通过诗文来使奠基仪式的庆祝活动名垂千古，这一举动等同于把这一事件植入到公众的记忆之中（Mihalache 2007，p. 53）。我们会在下文

---

[1] 罗马尼亚科学院，电子邮箱：rcaramelea@gmail.com。

分析与学校建筑有关的两次庆典活动：一次是奠基仪式，另一次是落成仪式。本研究的出发点在于，上述事件的象征意义推动了公众集体记忆的形成，这对于形成民族认同感，以"罗马尼亚人"的身份把人们凝聚起来起到了关键作用（Confino 1997；Smith 1999，p. 10；Chiper 2010，p. 120）。对庆祝活动的分析将与当时的社会文化与政治环境相结合。民族国家的建立，民族意识的形成以及社会的现代化是"一战"以前罗马尼亚政治思维中占主导地位的政略。因为认识到学校在形成民族意识、传播社会价值观与训导公民方面能起到作用，国家致力于打造旨在普及小学教育、发展中学教育、大学教育以及后面更高等教育的公共教育体系。在这样的背景下，国家在 19 世纪末推出一项建校政策，意在解决教育系统面临的一个主要问题，即学校场地不足问题。与此同时，形成了符合当时教育理论及卫生标准的建校理论模型（Caramelea 2014）。

校舍落成为何要举办盛典？为何精英人群与普罗大众相聚一堂共庆新大楼奠基？

中央主管部门（公共教学部及其高级官员）连同地方主管部门（市长）、教学工作人员和（或）个人都参与进来，组织隆重的活动为学校庆贺，各方均有自己的考量，出发点全然不同或所求相近。对当局而言，庆祝活动是国家纪念政策的一部分，是基于国家目标的考虑，必将形成民族归属感，传递一系列社会价值观。同时，庆祝活动也是增进记忆的手段，让参与者意识到，地方或中央当局对公民的关注，在这个例子中就表现为为社区建一所学校。最后需要指出的一点且同样非常重要的是，校舍庆典活动是政治策略的一部分，让民众相信学校具有社会实用性，这一步对于推广公共教育至关重要。

地方当局和普通民众代表了区域性特色，这在组织庆祝活动过程中起到了重要作用。市镇之间或国家机关之间的仿效竞争（"Punerea pietrei" 1881，p. 2226）促使社区建立学校，为学校建造校舍，同时还为新建成的大楼举办落成仪式。庆祝仪式是长期努力推动市镇现代化的结果，是让人感到自豪的场合，是给予当地社区和当局的荣誉。应从这个角度来看待博托沙尼高中校长的肯定，他认为和国

家层面的行动相比,当地的举动具有更重大的意义,更能让社区感到重视:

> 博托沙尼市当地没有这样的重要节日。为上一次战役中我们的战士在保加利亚平原的英勇表现举行的庆祝仪式是很隆重的,庆祝罗马尼亚王国的仪式以前就很隆重,现在也很隆重,但那些庆祝对全体罗马尼亚人来说都很普通,现在的这些庆祝则属于我们这座城市,因此我认为更有意义,也更有意思。("Inaugurarea liceului" 1885a,p. 2784。)

组织方有一个共同点:不管是地方当局还是中央部门,不管是私人还是全体教师,都希望两次庄严的庆典活动能产生持久有力的影响,能让参与者难以忘却,那么就能使人铭记为社区建校的慷慨之举。

从象征意义角度来看,两次庆典都是纪念一个开端:建造大楼等于学校开启新阶段,象征将在现代化大楼里开展教育。和任何开端一样,应当予以彰显,突出特性,在这个例子中就是采用表演型行为来实现这一目的。

庆典安排

两次庆典活动吸引了学校周边人士的注意,各种社会团体,不管是精英人士还是普通市民,都在当天来到学校。有些人是因为好奇,其他人则是也想参与有众多重要人物参加的重大事件。这样的庆典让人们有机会见到高级别官员,和他们比邻而坐,近距离仰慕。首都的格奥尔基·拉泽尔高中的奠基仪式就曾齐聚了众多权贵:国王卡罗尔一世、伊丽莎白王后、斐迪南王储、匈格罗—瓦拉几亚都大主教兼罗马尼亚牧首、首相、宗教和公共教育部部长、公共教学部秘书长、布加勒斯特市长、高中的设计师和其他贵族(NAR. ACF n. d.,f.11)。尽管克拉瓦约市的卡罗尔高中举行奠基仪式时没有聚集同一批知名人士,仍有公共教学部和其他当地名流与市民共同到场见证(NAR. ACF n. d. f.22)。知名来宾不光出席城市的活动，也会在乡村地区出现。一批著名公众人物就曾出席了穆谢勒县博古特蒂村的学校落成典礼，其中有创建者萨利米萨·比切斯古·阿里马尼斯特亚诺（Sarmiza Bilcescu Alimănișteanu）和康斯坦丁·阿里马尼斯特亚诺（Constantin Alimănișteanu），公共教学部部长，还有中央和当地的精英人士，包括政界人士、县长、监狱长、穆谢勒县的农业督察员、临近村庄所在市的市长、中卫、少校、师范学校校长、私立学校校长、九名教师、学校督导、律师、一位法官、一名采矿工程师、穆谢勒县的银行经理、财务主管、县议员、神父、各位校长、一位化学家、商人、业主等（"Inaugurarea Școalei" 1909，p.25）。这些名人云集出现，定期参与庆典活动。盖里吉塔村的学校落成时，伊里佛福县聚集了"四百多位村民与邻近村庄的业主"（"O frumoasă" 1896，p.559），参与人数之多"足以证明这类行为让人感到无比充实满足"。

这些文本提到了在庆典期间让参与者隔开就座的安排，师生群体"位于舞台左侧"，观众"位于右侧"（"Serbarea" 1889，p.662）。师生群体位于庆典活动的中心位置，所有的目光都集中在他们身上，所有的希望也都凝聚在他们身上。这种间隔只是暂时的，庆典结束后的盛宴就是人潮涌动了。

庆典并非就要简办，只不过一直以来人民对庆典不感兴趣，社区可能也没重视，但大手笔地办也是不应该的，毕竟公共教学部或市政厅财政预算有限。铺张炫耀是不允许的，道德层面的说辞使得经济方面受到的制约更为显著：学校不是剧院，而是谦逊质朴的代表，因此落成仪式应与官方话语相一致。庆典的安排是集体行为的结果，涉及人员包括建筑师和教师团队。建筑师、校方设计者负责场地、布置（包括背景、花冠、花环、看台）、最后的宴席、庆典所需道具及用品的购买（NAR. MCIP 1892 f.1102，p.146），而老师负责准备演讲稿。准备工作持续若干天（1—4天），时间长短取决于庆典规格，要搭建看台、舞台、购买彩旗、装饰性物品（花环、绶带、玫瑰花饰等）、香槟和饼干。

庆典活动的重头戏是表演方面，对于活动的描述一般突出不折不扣逐步推进的过程。庆典一贯由教堂礼拜仪式开场，为学校比照"这些先例一样使用"进行祈福（NAR. MB. PMB 1875，f. 4，p. 102），这是依照当地新房建成后的成圣传统所举办的宗教仪式。宗教仪式之后就由现场观众之中最有声望的一位人士培土掩埋奠基石。通常这类活动的高光时刻在于象征性地联系与建校有关的若干人物，每一位人物都同时参与现场的奠基环节。布加勒斯特的女子中央学校的奠基石由大主教和公共教学部部长共同掩埋（"Serbarea" 1889，p. 663）。在其他奠基活动中，同时由多人进行奠基象征对建校有贡献之人的致谢。布加勒斯特商校建校的第一块砖石由国王卡罗尔一世和斐迪南王储共同放置，随后是其他市民——放置石块，包括安奈斯特·萨福拉莫维奇（Năstase Avramovici）这位"为本机构慷慨捐赠 10 万罗马尼亚新列伊的业主"（"Punerea pietrei" 1889b，p. 966）。不管捐赠数额多少，这种慷慨解囊的行为都会公之于众，也因为将其刊登于重要报纸或有关庆典活动的著作中而免于湮没无闻，变成代代相传的精神财富。

学校奠基仪式上会同时放入具有象征意义的元素，如资助协议、新老硬币等，但较少放置勋章和奖章。克勒拉希县高中的组织者放置"好多个当时的奖章……有纪念跨过多瑙河的十字章、贝内·梅伦蒂奖章"（"Punerea pietrei" 1881，p. 2226）。放置奖章的做法当时似乎广为流传，在其他公共纪念碑的落成仪式上也出现过（"Inaugurarea monumentului" 1897，p. 5317），虽然在发布奖章勋章的规定中并没有提到这类用途。仪式上出现勋章代表了国家观念的荣誉象征，也与视学校为培养公民素质的关键机构的一贯方针相吻合。我们并未排除另一种可能，即放置勋章意在强化这类活动的节日特性。

"羊皮纸上"的建校公报（NAR. ACF n. d. f. 11，22）记录了庆典活动。公报开头一贯是突出时间，意在彰显这是专门选择的具有历史意义的时刻，接着就是介绍国家级别的重要人物名单（国王、王后、王储、主教和首相）及与建校有关的人物（公共教学部部长、本市市长、建筑师和校长）。公报结尾则是参与庆典最重要人物的签名，一般是中央和当地的精英（NAR. ACF n. d. f. 11，22）。

对庆典的设计也包括音响层面，参与这种节日性事件常见的是军乐队（NAR. MB. PMB 1875，f. 4，p. 62）或学校合唱团。音乐突出节日特点，营造一种特定的氛围感,让参与者处于某种激昂欢欣的状态之中,但并非什么都能表演。颂歌因为本身的庄严性,更适合在这样的场合演奏和演唱,是主流选择,如王国国歌或其他由教师创作、学生演唱或军队演奏的"特殊场合"颂歌。

庆祝活动让参与者有机会见到国王、王后还有其他王室成员。得益于不断进步的技术,即使王室不在现场,民众也能见证皇权威仪,可以借助画像或王室人像照片让王室间接参与活动。例如,在布勒伊拉高中的庆祝活动中,将摆放在教师办公室的国王和王后人像挪到落成仪式现场("Solemnitatea inaugurării" 1886,p. 4581),因为人们认为在中心放置统治者画像能对参与者的情感产生影响。指向国家的象征物在校园内随处可见,比如盾形国徽和国旗、校旗。部分参与者还是第一次见,其他人也只是知道这些物品的存在,但反复看到则能最终变成人的记忆。

奠基仪式需要用到特殊的工具和专门的服饰配件。铲子、铲刀和锤子经过重重装饰,是庆典效果的要素,上面镌刻着见证此次重要活动的印记。定制的围裙上面也有活动名称和日期,"用金线绣着字母","用的是三色系带",在庆祝活动中穿在最重要人物的身上,在大楼落成仪式上会再次使用(NAR. MCIP 1892,f. 1102,p. 152)。活动结束后,工具和围裙需要作为传承物放在学校的荣誉之地(最终就存放在校史馆),"用来铭记值得纪念的这一天"(NAR. MCIP 1892,f. 1102,p. 152),让后代记住先辈作出的牺牲。

庆祝活动也包括外部区域,设计范围要延伸到学校以外。街道、机构和住宅都插上花朵、枝条和旗子,或是其他具有象征意义的设计。布勒伊拉高中的落成仪式上,"皇家大街上所有的房子,还有整个城市所有的主要设施,都能看到旗帜飞扬"("Solemnitatea inaugurării" 1886,p. 4581)。大自然总是眷顾罗马尼亚人民,又一次体念人民的需要,帮了主办方的忙,博格泰什蒂村的学校落成仪式举办当天"是五月美好的一天"("Inaugurarea Școalei" 1909,p. 6),而布勒伊拉的落成仪式"如同春日般美好的一天为庆祝活动更添精彩"("Solemnitatea inaugurării" 1886,p. 4581);在斯洛博齐亚—佐莱尼,"仿佛大自然以最佳的状态迎接人们，穿上了它最美的衣服，与人和谐相融"（"Inaugurarea orfelinatului" 1898，p. 3）。

公共演讲教化公民

庆祝活动向所有人开放，不因社会地位差别对待，但却并非人人都能发表演讲。尽管文本资料并未提及，现实中只有特定的一部分人做公开演讲。国王、公共教学部部长、公共教学部的高级官员、学校督查人员、中学校长、中学教师、小学校长、小学教师、县长、副县长、市长、地方议员或其他当地名流就是能当众发表演讲的人。他们都受过良好教育，有公共演讲经验，很多政治家从法律院校毕业时就已接受过演说训练。分析这些人的演讲可发现一些共同特性，不仅是反映演说家关注点和意图的宽泛主题：他们注重使用有一定教育背景的听众听得懂的语言来确保自己的演讲恰当适宜，倚重修辞技巧，关注如何转化抽象概念，因为要想让讯息被听众成功接收，还取决于演讲稿的语言组织。

一个尤为罕见的个案是克勒拉希高中落成仪式上的演讲，当时的演讲者有一位是小学生。这个提议一开始遭到公共教学部部长 V. A. 乌莱亚（V. A. Urechia）的否决（Constantinescu 1910，pp. 20-22）。由于讲稿本身复杂难懂，部长对于讲稿出自谁之手提出了疑问，暗示可能是由教师代笔。在举行庆祝活动时部长公开干预此事，着重指出指导者和被指导者之间的界限，强调了现有的社会秩序。虽然庆祝活动专门面向小学生，因为他们是教学楼的主要受益对象，也是大家的期望所在，但这一细节却可以看出，庆典传递了现实中存在鸿沟的这样一种社会讯息，也就解释了部长为何会有这样的反应。

公共演讲远远不只是填补节目中的时间空白，还有着重要的教育意义和政治成分，因为面向的是小学生、教员、社区群众这类对象。流行的演讲主题包括社会价值观和共同义务、共同的历史记忆、为祖国奉献牺牲的思想意识。演讲偏好这类主题并非偶然，因为不论是学校教育机构还是有关庄重场合的政策要求，都有助于形成民族意识,让小学生熟悉普世文化,传播祖国是利益共同体的代表这类思想(Smith 1991, pp. 10-11)。演讲成为向听众灌输社会价值观的绝佳机会,必定突出小学生应当具备的行为元素("Inaugurarea liceului" 1885b, pp. 2451-2452),强调知晓个人使命与公共责任并付诸实践(Kalindéro 1896, pp. 17, 167-169)。刻苦、诚实、公平、真实、谦逊与自律,忠于国王与国家,爱国,这些就是向听众传达的人性楷模:"品格高尚的人,服从纪律,心怀对肩负职责的无限敬意,能够终身践行道德标准。"("Inaugurarea liceului" 1885b, p. 2452。)社会价值观和行为准则维系着社会的凝聚力,确保国家机器能够正常运行。这些价值观多数通过教育内容和管理教育机构的规章制度进行输送,利用思构教育空间或举办节日和庆祝活动来实现,比如安放奠基石和为校舍举办落成仪式。

由于学校的一个主要功能就是培养合格的公民,强化民族感情,演讲常见的主题就是祖国、爱国、责任和牺牲。牺牲是对社会契约的挑战质疑:国家为公民提供各种服务和公共机构,作为回报,要求公民履行兵役,如有必要,甚至牺牲生命("O frumoasă" 1896, p. 562)。如何让爱国主义、国家、道德这些概念不过于抽象,演讲对这类问题较为关注,希望从现实中的特征出发来定义这些概念。比如,祖国——规模更大的家庭,这个类比(Kalindéro 1896, pp. 17, 167-169)把对祖国的爱变成人人都能理解的感情,因为这种感情所建立的基础和孩子从自己家庭中懂得的爱与团结是相似的。

传输者常常也会变成接收者,教育工作者就是这种类型。教育工作者所听的演讲频频提醒他们自己承担的责任、义务以及民族国家对他们的期望("O frumoasă" 1896, pp. 560-564; Kalindéro 1896, pp. 69-71, 153-165)。认为应能引导他们的公共生活和私人生活的行为规范与价值观,连同他们必须遵守的社会规则,都是面向他们的演讲主题。谦虚、合于道德、冷静、谨慎、正直、细致,都是与罗马尼亚民族意识重合的资产阶级行为规范,构成了对于教育工作者的道德写照。

有时,演讲会以历史报告的形式出现,主干学科会和学校、社区或是国家的历史联系到一起。通过这种方式，当地历史和民族历史中的事件受到大众关注，因为听众对历史的了解是当局普及历史教育的重要环节（Zerubavel 2011，p.224），历史更像是官员意图安排社会政治活动的托词。历史报告一般展示历史资料画册，这些资料的意义会不停地变化（Chiper 2010，p.119），相关事件经常会刻意曲解或夸大，以便向听众讲述具有教育意义的寓言，呈现教育典型。这种历史很大程度上是创造出来的历史，可能辉煌荣耀，也可能阴郁暗淡，这主要取决于演讲者。黑暗的历史往往用来和眼下时代取得的进步形成对照，以突出先辈的牺牲（"Discursulul d-lui" 1883，pp.3642-3643；"Discursul directorului" 1898，pp.549-553）。不论从哪个角度来看，历史都能提供政治策略需要的延续性，拥护当代的变革（Hobsbawm 2011，pp.271-272）。在首都布加勒斯特的圣萨瓦高中落成仪式上的演讲强调了高中的历史（这是第一所以罗马尼亚语讲课的高中，为培养国家精英做出了重要贡献）。该校的历史因此成为拨款修建新楼的那部分人所拥有的宝贵遗产，但也成为一个契机，强调前人面临的困难，以及查尔斯一世统治期间罗马尼亚各所学校取得的进步（Sturdza 1887，pp.17，55-56）。

演讲会提历史人物，包括统治者、文化人、政治家、当地名流，可以发现，这些人物的品质和要求师生具备的部分行为之间具有共通之处，这容易让人产生联想，即提到的人物身上所具有的品质象征性地转到了要求师生学习的社会楷模身上。

现代史中诸如1878年独立、王国实现现代化等显著成就也在公共演讲产业中起到了重要作用（Kalindéro 1896，pp.20-21；"Inaugurarea Școlii" 1886，p.3410）。如果虚构的历史仍会给人阴暗无望的感觉，寄希望于新的王国就不会再有任何负面联想了。参与者听到对国家地位的夸张言论，"所有强大的国家对我们交口称赞"，夸口科学、艺术、贸易和工农业方面已发展到相当高的水平（"Progresele învățământului" 1897，p.959），"依靠公民道德和诚实劳动变得强大"（"Inaugurarea liceului" 1885b，p.2451），会油然生出自豪感。在演讲者看来，国家取得的进步能因统治者的智慧和公民的贡献而增多或加快，而关于公民贡献的话题则探讨尊重道德标准和规则，尊重公民职责和义务。演讲通过相应的情感内涵来操控人民，拉拢人民投入到当时的政治计划，让人民为国家目标而热血激荡。社会的一般目标宣称：正如我们所看到的，"民族特性一如既往"有赖于公民的动员能力，有赖于公民的牺牲精神，因此，有觉悟的公民理应成为绝对的爱国者，"致力于自己的职责直至牺牲"（"Solemnitatea inaugurărei" 1886, p. 4582）。某一篇演讲稿这样结尾："我们要记住，罗马尼亚王国的优势在于全体公民团结一心，目标一致，其他文明国家对我们的精神文化和知识文化表示的尊重，不断强化这种统一性。"（"Inaugurarea liceului" 1885b, p. 2451）

演说往往变成关于公立教育的承诺，如果考虑到当时的背景，即多数人质疑学校教育的实用性，对开展义务教育持保留意见，这一点就不难理解了。为改变这种观念，演讲中会向公众展示学校有助于推动社会进步的工具作用，凸显其能向不同资质的学生教授成功之法的作用：

> 学生如果觉得自己成绩不好，不能合理安排学习，也达不到模范标准，应当学一门手艺从而自力更生，而非白白浪费时间，既让家长备受煎熬，自己也对学业丧失信心，以为只有天资聪颖的孩子才能出人头地。（"Inaugurarea liceului" 1885b, p. 2452）

学校及其提供的教育不再仅为抽象概念，而是通过常见的呈现模式，以人们能够理解的方式进行展示说明。多尔日县的达米安村小学建校演讲中就把学校比作"农场"，把小学生比作"人形的植物"，教育象征着人才培养（Kalindéro 1896, p. 60），而在杜马斯佳村小学的落成演讲中，学校又被比作战场，学生是战场上的战士，教师则成了领兵作战的上尉（Kalindéro 1896, p. 77）。

新校舍不是普通建筑，有出于纪念目的和基于一定的审美考虑特意建设的内部景观，演讲者必须强调这一点，因而往往使用一些修辞表达，"自豪的殿堂""寓意丰富的岩石""珍贵的石头""光明的堡垒、文化的圣殿、民族的庙堂""光源所在，智慧起点"，这些只是其中的部分比喻，用来说明学校的重要作用，期望能让听众有所触动。只有在这样的雄伟建筑中，学生才能学习知识，掌握行为规范，未来成为合格的公民，才能学会"规矩、职责，孜孜不倦地努力，开化心智，提升境界，健全人格，从而培养成受教化的公民，大公无私，随时为国家奉献牺牲"（"Punerea pietrei" 1889a，p. 2234）。

演讲总是抓住机会重述校舍在合理开发教育过程和确保学生身体健康方面所起的作用（"Solemnitatea inaugurării" 1877，p. 110；Sturdza 1887，pp. 15-16），主要在于许多听众并不了解这一主题，就好像医学或教育学这样的专业文献一样，一直只有少数人有机会接触。演讲也能间接地突显当局功绩，为同类活动开辟途径，或至少可以持续募集资金资助学校。不论提起这一话题的动机是什么，这个话题为改变公众对于校舍的观念作了铺垫，也能让人们形成这样的认识，那就是：学校必须借助具有专门用途的校舍才能发挥作用，校舍必须符合医疗和教学标准。

演讲具有动员功能，往往在结束时提出规劝或建议，要求学生不要辜负祖国的期望与牺牲，号召教师严肃认真地对待教学，或是呼吁地方当局对校舍的维护予以监管（Sturdza 1887，pp. 18，48；"Serbarea" 1889，p. 662）。演讲者还会重申每一个社会职业类别扮演的角色及其性质，此举反映出当局维护社会秩序的意图。

节庆感悟

原始资料本身，或是缺乏原始资料，都可能导致无法了解人们对于庆祝活动的看法，也无法了解活动如何对参与者构成影响。不过我们能在教育出版物和主流报纸上找到若干官方报道。这些报道多数由教师、学校督导或公共教学部的其他高级官员撰写，有时是匿名的。这些报道希望能让观众对事件本身、集体的强烈情绪、参与者的普遍热情和庆典活动的精彩画面产生共鸣，这与想要为重要事件推出一个正式版本的意图相一致。在伊尔福夫县的盖尔吉察，"附近公社的四百多位村民和土地主"参与了庆祝活动，"表明这样的行动是多么让人从心底感到认同"（"O frumoasă" 1896，p. 559）。与之类似的，佐尔莱尼村的教堂正好和当地的农场孤儿院在同一天落成，对教堂落成仪式的描述千篇一律突出集体的强烈情绪和个人的强烈感情：牧师的布道让"众人深深地被吸引住了"，农民不论男女都在"流着眼泪叹息"，同时"他们脸上都写着欢喜和热情"（"Inaugurarea orfelinatului" 1898，pp. 4-5）。博托沙尼高中的校长 C. 萨维内斯库（C. Săvinescu）宣称："我几乎没写什么，但这些也不足以表达我澎湃的激情。在这个盛大的节日面前，我发不出声音，在这样的盛会面前，我无比敬畏。"（"Inaugurarea liceului" 1885a，p. 2783。)

用这种强烈语气记叙庆祝活动，这对那些没有亲身经历的人来说是很有必要的，他们会阅读这些文字，并通过阅读来记住这些活动。我们不知道这些事件会在参与者的集体记忆中保留多久，但那个时期的许多文稿结尾都充满乐观：

> 庆祝活动美好的一天就这样结束了，但对于有机会在博格泰什蒂庄园的美丽公园为崇高的行为欢庆、在这里度过了几小时美妙时光的人来说，美好的记忆将永难忘怀。为了我们的国家，这样的善举应该越多越好。（"Inaugurarea Şcoalei" 1909，p. 25）

从一国之都到小小市镇，学校庆祝活动都能聚集众多热切的参与者。这些活动为平淡的日常"增加趣味"，获得人们的广泛赞同，被视为休闲娱乐的好机会。庆祝协会安排的宴会和娱乐似乎与校方并不相配，因为校方坚持让庆祝活动庄重严肃。雅西县的一位校长认为：落成仪式不应被看作"豪华奢侈的庆祝，用短暂却又无效的方式来庆祝，麻痹我们的理智，腐蚀我们的心灵，而应将其看成非常庄严的活动，能让我们的灵魂充满虔诚，让我们内心趋于平静；这应当是让我们思维变得敏锐、目光更加犀利的庆祝，既能回望过去又能展望未来，从而看清现

在所处的位置"。("Discursul directorului" 1898，p. 549)

国家通过严格制定方案来管控庆祝活动的开展，从而确保不会超额支出或是发生不愉快的事，确保和学校推行的标准相吻合，如适度、节制、平衡等。为庆祝学校这一"德性与美德的圣殿"，相关的活动披上了节制得体的外衣，参与活动时应遵守基于尊重和文明的社会规则，也因此现场人群必须模仿精英阶层的行为准则和行事方式。尽管会遭到当局的阻挠，许多庆祝活动尾声的宴会都让人印象深刻。克勒拉什县为一所高中举行奠基仪式后，安排了两天的宴席，让公共教学部长大为不满，他警告了参与庆祝者，取笑他们参与派对成瘾（Constantinescu 1910，p. 21）。我们无从得知参与活动者如何得知部长对他们的讽刺，不过举办宴会并非克勒拉什特有的现象，相关记录中还有其他类似案例。

让个人行为进入集体记忆

中央政府或地方政府并不能对庆祝活动的组织独断专行。与建造校舍相关的私人个体和善举发起人也会参与活动的安排。萨尔米扎（Sarmiza）和康斯坦丁·阿里马尼斯泰努（Constantin Alimănișteanu）都是政治精英，他们在1909年在穆塞尔县的博格泰什蒂建起一所乡村小学，当时两人就举办了盛大的庆祝活动。他们家族还出版了一本手册，详细记录了所有细节，就此让事件本身和这一善举得以不朽（"Inaugurarea Școalei" 1909）。庆典的经过很有可能事先由建校人写好了脚本，有利于当局组织的类似活动。在学校的落成仪式结束之后，举行了规模宏大的派对，手册上还强调了数量庞大的美酒佳肴，宴席的丰盛程度，参与民众共同享受到的欢乐时光，这一切都是为了突出事件有多成功（"Inaugurarea Școalei" 1909，p. 25）。

结 语

作为一种新的公共庆祝活动类型，奠基和为大楼举办落成仪式是对现代国家建立新的公共机构的庆贺，也是使其合法化的手段。这样的形式成为由政治精英和知识精英组织的官方纪念活动的一部分，能强化集体认同感，保持社会凝聚力。这两种形式都有令人印象深刻的场景、面向受众（特别是学生）刻意构建的语言和词汇，而政府和校方则赋予这两种形式强烈的教育意义，这一点在演说中非常显著。

演讲包含强烈的意识形态内容，充斥着记忆的场所，在演讲者看来，是为了团结听众、动员听众、说服听众。演讲主要集中几个重要主题：历史、爱国思想、社会责任和行为规范，采用夸张、曲解和编造的方式来构思讲稿。

记录的这些活动有一个共性，注重参与者的积极性。然而，因为缺乏资料，我们无法追溯参与者对这些事件的感受，无法去了解他们是怎么记住这些事件的，现在还记得哪些内容。

第十五章　通过电影记住学校：意大利共和国根据《爱的教育》改编电影

西蒙妮塔·波伦吉（Simonetta Polenghi）[①]

引言：作为历史资料的集体记忆和学校影像

"说记忆是集体性的，这并非因为记忆属于集体，而是因为集体或社会正是个人所处的状态。"（Lavabre 2009，p. 368。）于是集体记忆就有了文化基础：即对于由符号构成的世界所共有的知识，只要个人能在其中识别出自己并能将这些记忆进行传输，记忆就能存在。个人生存于集体之中，这个特点会对个人记忆产生影响（Assmann 1992）。

莫里斯·哈布瓦赫（Maurice Halbwachs）曾说过，个人对于过去的看法和集体意识密切联系在一起。皮埃尔·诺拉（Pierre Nora）对历史、史学和记忆三者作了区分，论述了历史的政治用途。集体记忆是对过去切实经历和（或）由集体认同感深化了的记忆，历史也是其中的一部分（Halbwachs 1950；Nora 1984—1992）。

凯文·迈尔斯（Kevin Myers）和伊恩·格罗夫纳（Ian Grosvenor）谈到了历史的文化意义，强调记忆之于政府和决策者的重要性（Myers & Grosvenor 2014，p. 12）：集体记忆源自集体想象，这些具有象征意义的素材可能来自流行文化，

[①] 意大利圣心天主教大学，电子邮箱：simonetta.polenghi@unicatt.it。

但也可能是经由文化产业或讯息制造出来的。波普科维茨（Popkewitz）、佩雷亚（Pereyra）和富兰克林（Franklin）宣称，文化史"通过生产对于现在的集体记忆以供审视和修订，从而形成对现在的关键认识"（Popkewitz et al. 2011, p. 4）。

关于学校的集体记忆，同样也是经过几代人才成形的，作为一种文化产物，经历了筛选和改动的过程。换句话说，学校的集体记忆既帮助我们了解过去（记忆中的学校），也让我们更清楚地看待现在（那所学校如何被记住或遗忘）。这种记忆也借助不同的形式持续再现而得以保存下来，比如电影和书籍。一部电影看的人越多，一本书读的人越多，经过几代人之后，学校记忆就越能被看作一个群体的共同记忆。

多位学者考察了作为史料的电影，研究主题涉及书面、口头和视觉三种形式资料的不同，还对"动态的视觉资料"作了探讨，包括纪录片、电影、电视剧和新闻短片。马克·费罗（Marc Ferro）论述了电影如何成为时代的产物，但反过来又对时代产生了影响（Ferro 1977, pp. 45-46）。罗伯特·布兰特·托普林（Robert B. Toplin）指出电影具有情绪冲击力，因此能影响观众（Toplin 2007）。自 20 世纪 90 年代以来，美国就有越来越多的研究关注影像之于教育史的重要性。索尔·科恩（Sol Cohen）介绍了一种新的文化史路径，把电影作为一种资料进行研究（Cohen 1999, pp. 125-153）。罗伯特·A. 罗森斯通（Robert A. Rosenstone）有多部著作，探究这类资料的特性，挖掘我们这个时代视觉媒体的重要性，重点关注历史主题的电影（Rosenstone 1995, 2006）。罗森斯通和皮埃尔·索蓝（Pierre Sorlin）都曾指出，历史主题的电影反映了电影拍摄时代的关切。这位意大利学者认为，教育史学家不仅应研究历史主题的电影，还应关注其他主题的电影，包括学校主题电影、儿童主题电影、面向青少年的电影、儿童文学作品的改编等（Polenghi 2005）。2004 年，阿尔多·格拉索（Aldo Grasso）推动成立了分析电视电影画面资料的国际代表大会（Grasso 2005）。

而学校主题的电影则让我们再次忆起真实的学校和（或）想象中的学校（比如极权统治和学校电影），这个领域关注的主题是学校的无形记忆（Escolano Benito 2003；Yanes-Cabrera 2007；Viñao Frago 2010，2012）。

但正如皮埃尔·索蓝所说，从历史角度进行分析时应当考虑观众的问题（Sorlin 1977）。公众对于电影的反应如何，电影成功与否，原因是什么，倘若我们想要弄清楚电影如何理解或影响学校的集体记忆，这些问题就尤为重要。

把儿童作品搬上荧幕有一个较为特殊的案例。这个案例可以看成基于小说拍摄的电影：剧本几乎不能体现和原作的关联，原因包括时间有限、要满足不同的艺术要求等等。但必须注意到和原著相比，哪部分保留下来了，哪部分删掉了，原作中的情节是如何改编的，为什么要这样改编，人物角色如何以不同的方式再现。在这个儿童文学案例中，这些改编或许可以看出对童年的不同看法（Polenghi 2005，pp. 44-52）。

本文将聚焦根据意大利文学作品《爱的教育》拍摄的四部意大利语电影和电视剧，研究长期作为学校阅读典范代表的儿童文学经典怎样经过全新改编后在荧幕上呈现，经过了哪些改编，观众给予了怎样的好评。研究主要涉及两个层面：电影和书的相关性以及电影和书与社会的相关性。对这一主题的分析会让我们在最后对想象中的学校形象做出回应，在一定程度上与《爱的教育》中的学校相呼应，保留和改编都是便于提出学校的典型形象，这样观众能识别出这是一所传统的好学校，对于现在也仍然有效。本文通过关注几个核心要点，对该主题展开综合分析。

著作《爱的教育》（1886）

《爱的教育》（1886）是备受欢迎的意大利儿童文学作品，在其他国家知名度也很高。作者埃德蒙托·德·亚米契斯（Edmondo De Amicis 1846—1908）是才华横溢的记者兼作家，曾任部队军官、战地记者，是一名爱国志士，1891年开始信仰社会主义（Boero 2013）。这是一部虚构的日记体小说，由小说主人公意大利都灵的三年级小学生安利柯记录的1881到1882年期间的日记构成。作品中出现了三种文学类型：(1) 日记体，(2) 书信体（日记中出现的安利柯父母和姐姐所写的信），(3) 短篇小说（共有 9 个短篇小说，由安利柯的老师帕伯尼每月读一个）(Traversetti 1991，p. 75)。

这部小说很快就成为经典作品，取得了巨大成功：面世两个半月后就重印 40 次（平均每天卖出 1000 本），被要求翻译成 18 个外语版本（很快就出了英文、德文、法文、西文、波兰文、克罗地亚文和匈牙利文版）。截至 1911 年，这本书翻译成多国语言共卖出了 500000 册，到 1923 年甚至达到了令人难以置信的一百万册（Mosso 1925，pp. 370-371）。

《爱的教育》影响了意大利几代人的教育，这种影响至少可以追溯到 20 世纪 50 年代（Ferroni 1991，p. 461）。文学评论家阿尔贝托·阿索·罗萨（Alberto Asor Rosa）从马克思主义视角出发，将本书定义为"在北方中产阶级的知识霸权下……实现民族文化统一至为有力的工具"（Asor Rosa 1975，pp. 981-986）。亚米契斯的创作意图是宣扬道德观和公民的世俗价值观，如爱国思想、对家庭的热爱和尊敬、不同社会阶层之间与克服地区差异的团结、对权威的服从以及遵循劳动、责任和牺牲的道德准则等。故事情节和语言均感人至深，描写虚构的情节和场景时能准确体现当时的历史特点（作者对学校非常熟悉，还写过其他以老师和校园生活为主题的故事）。在这些价值观开始遭到质疑和反对时，小说也受到文学和教育界的尖锐批评。最先发声的是安伯托·艾柯（Umberto Eco），他在 1962 年发表了著名的《赞美弗兰蒂》（弗兰蒂是故事中的坏孩子，是帕伯尼老师唯一搞不定的学生，但在艾柯看来却是唯一真实的孩子，因为弗兰蒂看穿了社会的花言巧语和等级思想）（Eco 1963）。批评之声在 1968 年最为激越，于 70 年代达到顶峰。之后，由于人们开始关注意大利广播公司 1984 年开始推出的经典连续剧，对于《爱的教育》的争论渐渐不再带有那么明显的意识形态标签，而贴意识形态标签曾是意识形态危机和自由主义教学理论最为青睐的一件事。现在，人们再次挖掘这部小说的可取之处，对其重新评价。(Nobile 2009，pp. 59-116)

从文字到荧幕：共和党执政时期的意大利电影

受《爱的教育》的启发，诞生了许多电影，在 1915 和 1916 两年间就拍摄了以小说中的 9 个故事为蓝本的 9 部电影（这种情况并非偶然，那时正是"一战"时期，爱国主义情感受到媒体的支持追捧）[①]。1943 年，根据书中的短篇小说《万里寻母》拍摄了一部电影，福尔科·奎伊奇（Folco Quilici）在 1960 年翻拍了一个版本，80 年代又出现了另一个版本。1976 年，日本制作了卡通版的《万里寻母》（英文名为《马可》），讲述了相同的感人故事，都是孩子历经艰险，千里寻母。1981 年，日本又推出了另一个卡通版（Tortora 2007）。

本研究主要分析共和党执政时期制作的四部《爱的教育》的相关电影和电视剧（见表 15.1）。

表 15.1　四部影视作品

时间及导演	1948 科莱蒂	1973 斯卡沃里尼	1984 科门奇尼	2001 扎卡罗
影片类型及时长	电影 91 分钟	电影 80 分钟	意大利广播电视公司 2 国家公共频道的电视连续剧 6 集，每集 60 分钟	电视连续剧频道 5 私人国家频道 6 集，每集 90 分钟
观众	成功，获奖	小众产品	大获成功，历史记录的观看人次大于 130 万 电影电视晚会大奖 1984 电视版 2007 DVD 版	成功，但观看数少于平均水平，约 800 万 2002 年获多个奖项

为了考察这些作品相对于原著的忠实度，笔者对比了电影和原著中直接关联

[①] 但在谈到亚米契斯和最新一部电影的关系时，博斯基（Boschi 2012）却对科莱蒂的电影进行了并无根据的贬低。

的片段（表15.2），发现更接近原著的是科莱蒂和科门奇尼的版本。一些评论家认为科门奇尼版并不忠于亚米契斯的原作，甚至可以说是对原作的背叛（Nobile 2009，pp.71-72），但对此进行的定量分析可以反驳这种观点。科门奇尼的电视剧对应原著中的26个章节，加上5个每月例话和一封书信，一共有32处直接相关，是总数最多的。但由于电视剧时长较长（360分钟），而科莱蒂的电影只有91分钟，片中有18处出自原著章节。如果考虑片长和引用的比例关系，科莱蒂的作品得分更高，引用原著的章节数相较电影片长占到19.7%，而科门奇尼的版本是8.8%，斯卡沃里尼的是5%，扎卡罗的电视剧更长（540分钟），只有4.6%。影片有独立于原著的部分，增加了新的角色，还会对片中人物稍加改动，不过在2001年版中改动非常大。三部作品的核心情节都是来自日记，只有斯卡沃里尼的电影例外，仅仅在片中展示了原作中的4个每月例话。这些短篇小说故事受到的关注越来越多（在电视剧中讲述这些故事更为容易，因为电视剧要比电影播放的时间久）。书信显然是《爱的教育》中最为教条的部分，因此几乎不会在荧幕上出现。

表 15.2　对原著章节的直接引用

年份	1948	1973	1984	2001
时长（分钟）	91	80	360	540
日记	16	——	26	18
短篇故事	1	4	5	7
书信	1	——	1	——
总数	18	4	32	25
引用原著章节数和影片时长的百分比（%）	19.7	5	8.8	4.6

科莱蒂的《爱的教育》

杜里奥·科莱蒂（Duilio Coletti 1906—1999）可以说是比较成功的导演，20

世纪 40 年代到 60 年代期间主要拍摄通俗历史电影（第一部电影拍摄于 1939 年，最后一部电影拍摄于 1973 年）。科莱蒂拍摄的电影超过 25 部，但最出名也是他自己最喜欢的就是《爱的教育》（"Duilio Coletti" 1999）。这部电影于 1947 年开拍，1948 年面世，演员阵容强大，主角帕伯尼老师的扮演者是著名导演兼演员维托里奥·德西卡（Vittorio De Sica），还有罗西里尼（Rossellini）、维斯坎迪（Visconti）、安东尼奥尼（Antonioni）、扎瓦蒂尼（Zavattini）等人。[①] 德西卡凭借自己在本片中的表演获封意大利本土电影最高奖项银丝带奖的最佳男主角，和他搭档的是加泰罗尼亚女演员玛丽亚·默卡德尔（Maria Mercader），后来两人结为夫妇。

科莱蒂版的《爱的教育》是战后首部在意大利电影城奇尼奇塔拍摄的电影。朱利奥·安德烈奥蒂（Giulio Andreotti，后来的意大利总理）被基督民主党总理阿尔契德·加斯贝里（Alcide De Gasperi）任命为当时的文化和娱乐部副部长（1947—1953），努力推动意大利电影发展。奇尼奇塔在被"纳粹"占领之后曾遭炮火轰炸，后来用作难民营，是安德烈奥蒂让电影城起死回生（Marsala 2014）。

《爱的教育》取得巨大成功，传递出意大利电影在战后重生的讯息。但电影也为观众带回关于学校的清晰记忆，那时的学校充斥着牺牲和团结这些世俗价值观，氛围浓烈。如前文所述，电影接近原著，只是增加了帕伯尼老师的戏份：他爱上了自己的女同事，却因为战争没能与之结合，后来在第一次意大利埃塞俄比亚战争中牺牲了，那位女同事则终生未嫁。她是"头上戴着插有红色羽毛的帽子的年轻教师"，在原书中是很小的角色。电影开篇场景设置在现代，年老的安利柯去看望她，于是她向安利柯的小孙女讲述了自己的故事。所以说电影《爱的教育》并不只是再现了日记中的内容，而是成为了一种记忆，在这个版本中就是这位女教师的记忆。故事中涉及的时间从 1881—1882 年变成了 1893—1994，便于安插第一次意大利埃塞俄比亚战争的情节。这样一来，原著就相当于更新为另一个版本：德·亚米契斯想要传递的信息是爱国主义思想和对君主统治及军队的拥

---

① 以上演员均是意大利新现实主义电影的代表人物。——译者注

护，电影版设计的情节则关注时事，插入了老师的生平细节和感情经历，将老师塑造为社会主义信仰者，反对首相克里斯皮对埃塞俄比亚的殖民战争，后来的季欧里提政府使他重归学校任教。电影中的帕伯尼被塑造成社会主义信仰者，这和德·亚米契斯本人一致，但帕伯尼老师同时还是基督徒，从他的立场来看，为意大利而战是职责所在，即便他认为这是一场侵略战争，是非正义的。

对原著情节所做的这些改编（而非完全忠实再现）促使观众将正义的战争（为国而战）和不正义的战争（殖民战争同时也是法西斯战争）区别开来。但上战场是责任，因此帕伯尼老师牺牲在非洲战场上，就象征了哪怕不认同墨索里尼思想却在"二战"中英勇牺牲的意大利人。可以说，电影传递了反对"非正义"战争的信息，同时倡导"理性"爱国，并使原先全国上下一心的价值观再度流行起来，这在"二战"结束、经历了法西斯主义倒台及内战之后尤为重要。影片第一个场景中就突出了旧有价值观之间的差异：1894年，人们习惯文明排队，让女性和老人先上马车；1948年，上了年纪的安利柯在马车上面对男人坐着而女人站着的不文明现象却只能忍气吞声。在"二战"之后，《爱的教育》一书再度风靡：在复兴运动中表现英勇的男孩被比作年轻的游击队员；信奉天主教的教育家仍在抱怨书中完全没有引用天主教和基督教的任何内容（圣诞和耶稣更是没提过），但却会把书中包含的道德观视为是基督教的；共产主义者乔瓦尼·隆巴多·拉迪切（Lucio Lombardo Radice）是伟大的教育家约瑟佩（Giuseppe）之子，他就赞扬这本书极具教育价值，因此未来从事教师职业的人上学期间都读这部小说（Nobile 2009，pp. 41-51）。

电影还增加了另一个原作中没有的信息：女教师最初爱上了一名军官，却遭背弃，只因她出身贫穷。同样贫穷的帕伯尼对爱情坚定忠诚，由此和风度翩翩却虚情假意的富裕军官形成鲜明对照。剧本表现了上层阶级如何与亚米契斯的道德规范背道而驰，由此揭露阶级团结的说辞只是粉饰空谈。帕伯尼代表了修正社会主义，认为应当采取温和的政治策略，而不是进行革命。

斯卡沃里尼的《爱的教育》（1973）

罗马诺·斯卡沃里尼（Romano Scavolini 1940—）从20世纪60年代起就开始导演电影，多数电影都是其独立指导完成，带有实验主义风格，最知名的作品是恐怖片《梦魇》（1981）。斯卡沃里尼于60年代拍摄的早期电影没能通过审查，理由是蔑视国家及对无名战士的坟墓不尊敬。他的左翼思潮也体现在由其执导的《爱的教育》中，这个版本是对原著极具创意的解读（根据斯卡沃里尼的个人网站）。在这一版电影中，完全忽略了学校日记部分，只拍了四个情节，出自书中的四个每月例话："少年爱国者""父亲的看护者""少年侦探""少年鼓手"。

斯卡沃里尼把这几个感人故事改编成20世纪的故事，前两个故事设定在六七十年代的当代意大利，后两个则分别变成"一战"和"二战"期间的战争故事，这样一来，发生在意大利复兴运动期间的两个故事（一个是虚构故事，另一个是亚米契斯根据真实事件所创作），一个就变成了和奥地利之间的另一次冲突，不再是1859年的意大利战争，而是1915—1918年之间的阿尔卑斯战役，另一个则变成了抵抗"纳粹"的故事，不再是1848年的反奥战争。斯卡沃里尼用粗糙的手法刻画了四个男孩的英勇精神、赤子之心和牺牲能力，他没有沉浸于感伤的语言渲染，而是展示了孩子们本能的英勇表现。这些孩子看起来就像卢梭教育理念下的理想孩童，天真善良。但斯卡沃里尼也谴责了战争的荒谬，刻意去掉了书中的美化细节：书中的撒丁岛小鼓手脚受了伤，后来导致一条腿截肢，但在电影中却是胸部中弹而死，死后也没受到表彰，和书中结局不同。同样，伦巴第的小侦探死了，但并未保留战士们向他遗体默哀致意的情节，电影中军方并未授予其任何荣耀。斯卡沃里尼使儿童的牺牲和成年人的战争形成了残酷的对比。

在意大利漫长的1968年和反越战运动中，出现了对该书直接明确的反战解读。这部小说招致的批评使得电影并不成功，没能大规模发行，只成为一部小众作品，因此观众并不多。虽然制作了家庭录像，但并不多见，也没有互联网视频，所以，即便至今仍能得到好评，但知道的人还是很少，几乎没机会能看到这部作品（Wilson 2012）。①

科门奇尼的《爱的教育》

路易吉·科门奇尼（Luigi Comencini 1916—2007），和迪诺·里西（Dino Risi）、马里奥·莫尼切里（Mario Monicelli）都是意大利著名喜剧导演。科门奇尼合作的都是知名演员，像托托（Totò）、索尔迪（Sordi）、卡汀娜（Cardinale）、门加诺（Mangano）、加斯曼（Gassman）、曼弗雷迪（Manfredi）、马斯特罗亚尼（Mastroianni）、托尼亚齐（Tognazzi）。1972年，拍摄的电视剧《匹诺曹》大获成功。科门奇尼在整个电影拍摄生涯中，曾获多个奖项。电视剧《爱的教育》的剧本由他和女儿克里斯蒂娜及苏索·切基·达米科一起创作，意大利国家电视频道 Rai 2 联合法国的 Antenne 2 和瑞士的 e RTSI 共同制作。

科门奇尼的《爱的教育》属于改编自意大利小说的传统电视剧类型，能有效表现民族认同。实际上，由马亚诺（Majano）拍摄的《十九世纪》[*Ottocento*，1958，改编自高塔（Gotta）的小说]、博尔济（Bolchi）拍摄的《波河磨坊》[*Il Mulino del Po*，1963，改编自巴切利（Bacchelli）的小说] 和《订婚者》[*I Promessi Sposi*，1967，改编自曼佐尼（Manzoni）的小说]、科门奇尼的《匹诺曹》（1972）和《爱的教育》（1984）都取得了巨大成功，吸引了大批观众（Alfieri 2006，pp. 163-185），最高观看纪录超过了 1300 万次（Grasso 2001）。影片播出后，还推出了由帕尼尼出版发行的人像集和收录剧照的书。电视剧获得 1984 年意大利国内的盛大电视晚会（Gran Galà della TV）"电视电影类"奖。

这部剧集制作精良，并忠于历史，花了一年时间来创作剧本，另外花两年时间做准备工作及拍摄，因此成本高昂，花了 60 亿里拉（Wikipedia 2015）。剧中人物可信度高，特别是由约翰尼·多雷利（Johnny Dorelli）演绎的帕伯尼和时年 84 岁的伟大的厄多尔多·德·菲利普（Eduardo De Filippo）扮演的晚年帕伯尼（菲

---

① 我要对斯卡沃里尼先生表示谢意，感谢他送给我一套他所拍摄的《爱的教育》的 DVD 版。

利普在出演这一角色后没多久就过世了）。参演的小学生虽非专业演员，但都是精挑细选出来的。剧中的时间背景推后了十多年，由1881—1882改为1898—1899。[①] 这样安排是要让那些三年级小学生到"一战"时已经成年。在这部剧中，日记就成为成年安利柯于1915年参军入伍后对儿时的回忆，每集都以安利柯在1915到1917年间的经历开场。在学校写的日记因此就成为一种双重记忆：由小安利柯写下的日记，在军官安利柯追忆往昔时既充满怀念，又包含了日益增长的不安情绪。导演通过这样的叙事方式向观众展现了军国主义教育的矛盾之处，也方便剔除书中的溢美说辞（这一点被意大利文学批评家埃科所诟病并受到普遍抵触），而只保留了团结和"善心"的价值观与道德准则。安利柯的好友加罗内信仰社会主义，坚持反战，而他另一位好友科瑞蒂的父亲是萨沃伊皇家部队的爱国战士，自己却因愚蠢可笑的原因死了，和弗兰蒂一样。弗兰蒂在书中是一个劣迹斑斑的孩子，但根据书中的描写，我们会猜想在被学校赶出去后，他这样天性就要犯罪的人多半会进监狱。但在剧中他进了少管所，老师还来探望他，仍然关心他，就和在校时一样。弗兰蒂受到感化，不再像从前那样傲慢残暴，看起来就是一个孤独无依的可怜孩子。他在少管所待了六年之后，又因为偷窃坐了两年牢，后来为能减刑一年，志愿参加了由安利柯负责的危险任务。弗兰蒂被奥地利士兵击中，为国家献出了生命，就不再是一个无可救药的罪犯，在部队中完成了救赎，这正是亚米契斯基于龙勃罗梭的天生犯罪理论想要表达的。

对于安利柯来说，战争的荒诞越来越明显，曾经的体育老师是偏执的爱国主义者，现在却成了上尉，下达的指令愚不可及。这个人物影射了冥顽不灵的意大利陆军参谋长路易吉·卡多纳本人及其战略部署。安利柯备受打击，在休假时和信奉国家主义和干预主义的父亲发生了争执，就去看望自己的老师帕伯尼。在老师的陋室中，安利柯诉说自己现在看待世界的方式和读书时接受的教育产生了巨

[①] 时间并未明确说明，但可根据剧中人物的年龄推测出来。故事发生在1915到1917年间，弗兰蒂说他在监狱待了两年，在少管所待了6年，进少管所时11岁（第5集，9分20至34秒）。

大分歧。帕伯尼老师向他表明了自己对于社会主义和中立主义的信仰，并告诉他，自己对学生一视同仁，在他的教室里不允许出现成人世界的分歧和仇恨。亚米契斯书中的教室由此不再谈论虚无空洞的辞藻，而成为可以向学生讲授民主思想、爱国主义和民族主义的场所。

科门奇尼还对原作本身的虚夸进行了解构，突出了安利柯父亲的实证主义信仰被第一次世界大战无情驳倒的悲剧。这种信仰是"高雅风流年代"的普遍信仰，那是一个相信科学和进步能为欧洲带来幸福和平的时代。剧中准确再现了高雅风流年代的氛围，原著中的每月例话变成了学校用世界上第一部手摇电影放映机播放的无声电影。

这部剧在史实方面准确无误，但也见证了一段时间以来教学的转变。剧中的孩子不再像小说中那么非好即坏：班上的第一名看起来没那么讨人喜欢，弗兰蒂展现出孩子内心的孤独，用错误的方式寻求关爱，最后（傻傻地）为国家而死。认为孩子不可救赎的观点已经难以让人接受。

剧作避开了原著的矫饰口吻，但语言是与原书保持了一致（Sammarco n. d.）。导演说："这是一本记忆的选集，这些记忆并不是真实存在的，但却是一代又一代人对于真实幻想的回应。"（Grasso 2004，p. 410）

扎卡罗的《爱的教育》

2001年，私营国家频道5频道在黄金时间段播出了新版的6集版《爱的教育》，由莫里吉奥·扎卡罗（Maurizio Zaccaro）导演，每集90分钟。这一版取得了开门红，第一集的收看人数就超过了8000400。但随后的观看人数就变少了，第二集为7900000，第三集只有7400000（"Cuore" 2011）。该版电视剧获2002年的最佳虚构类、最佳导演和最佳表演奖（Grasso 2004，p. 717）。

在扎卡罗看来，剧本创作者选择了在语言上不和原作保持完全一致，而是去解读书中的集体记忆（"Cuore. Miniserie"，2011）。但这样处理引起了争议，因为改编后的情节和原著相去甚远，添加了许多不必要且不合理的内容。在前三版中，战争这个主题很明确，但在扎卡罗的版本中，这个主题不见了。故事同样往前调整了时间背景，但却设在1890年，目的是表现当时的社会对立和工人罢工。导演坚持电视主题要体现来自意大利南部的小学生受到接纳，以便和当代学校的班级中全是移民学生形成对比。在2001年的意大利，人们无疑感觉到了多族裔社会存在的问题，但其他电影强调和质疑的是书中宣扬的爱国主义和战争带来的真实恐惧之间的关系，促使人们再次思考《爱的教育》中的价值观，和这个效果相比，包容性这一主题就过于弱化了，因为重建很难让人信服。科莱蒂和科门奇尼的电影在史实方面都是准确无误的，因此他们电影中的重建是合理的。但2001年版的电视剧出现了常识性的史实错误：教室墙上挂着十字架；1890年都灵的教室里坐着来自意大利各地的小学生，说着不同的方言，却就是没有都灵当地的口音；佛罗伦萨的小抄写员连笔都握不住；在教室上课的老师同时也是体育老师；提前预知了铁路工人的罢工。

扎卡罗的连续剧和原书相比偏离得更远。不光原著中的许多内容都不复存在，人物和情节改动也很大。作品核心不再是学校课堂，而是老师的私人生活：他和一个女人结了婚，对方发疯去世后，他吸毒上瘾，爱上之前就爱过他的"那个戴着插有红羽毛帽子的年轻老师"，因为宣传社会主义被学校开除，后来就和康拉德·科赫在1874年的德国所经历的一样，成立了一支足球队，教导小学生踢球要讲团队配合，要有团队精神。[①]

家长和孩子的很多故事也都是另编的，原书中没有。弗兰蒂原本是让人嫌弃厌恶的角色，在片中变成救了祖母的英雄，挪用了原著中一个每月例话中的人物事迹。弗兰蒂因为救祖母严重负伤，但并没像书中的费鲁齐奥那样死去，而是从医院逃走了，赶回足球场，带伤带领球队赢了比赛，这是一个完全不合情理的结局。

对剧情进行这样的篡改，导致的后果就是故事与人物和原著相比都很难让人

---

① 2011年，科赫的经历被搬上荧幕，拍成了电影《梦想的课程》。

信服，例如克鲁西爱酗酒的父亲在这个版本中令人厌恶到极点，当他突然开始忏悔就显得没有任何可信度。此外，校长特别严格，还很教条，不可能变成影片结尾那样温和可亲的人。

皆大欢喜的结局也是不现实的。所有学生通过了考试，所有问题不复存在，帕伯尼老师和"戴着插有红羽毛帽子的年轻老师"结婚，以后还会生下一个孩子（帕伯尼觉得自己不能生育）。这样的结局显得过于缠绵，或许也能解释这部剧为什么影响有限。

广播电影史教授奥尔多·格拉西（Aldo Grasso）也是知名评论家，他于2001年9月20日在《意大利晚邮报》这样写道：

> 科门奇尼的《爱的教育》尊重原著，使作品经受住了时间的考验。电视剧在改编这部小说时讽刺意味有所缓和，使其不那么尖锐，经过提炼之后故事更加紧凑，但又不至于完全颠覆，增加了许多美好的想法，演员都很敬业，拍出了诗意和感动。扎卡罗的《爱的教育》尽管在背景设置方面有点瑕疵，但在不忠于原作者这一点上很有意思。事实上，这部剧最热闹的部分和《爱的教育》没有任何关系，或者可以这样说，是肥皂剧版的《爱的教育》。
> （Grasso 2001）

哪些价值观，哪所学校，哪位老师

军国主义和爱国主义的虚空说辞热度逐渐消退：1948年版出现了"理性爱国主义"，1972年和1984年版体现了强烈的反战主义思想，但在2001年版中，为了呈现多地区（或是多民族？）融合的画面，就放弃了原先的主题，但在这些版本中仍反映了牺牲、团结和责任等价值观。

帕伯尼老师是核心角色，在所有影片中都表现出相同的性格特征和背景：心地善良，甘于奉献，耐心细致，出身贫穷，是一个社会主义者，或者亲社会主义者。

小说原作并没花多少笔墨谈到教学法，因为亚米契斯的目的是传递价值观，学生的心灵和情感才是中心内容。1948 和 1984 年版的影片展现的就是这样的画面，而 2001 年版电视剧则专注于（新编的）老师的生活经历。但在这三个版本中，帕伯尼的人设都是心地善良，充满爱心，他教的什么课，怎么教的，这些都不重要，重要的是他如何应对学生问题，如何对待学生。片中的帕伯尼总是穿着得体，举止落落大方，但同时又非常贫穷，这的确与当时现实中的意大利教师境况相符，亚米契斯在书中就强调过这一点。

《爱的教育》主要是一部关于男性的作品，描绘的是全班都是男生的三年级班级。但三位导演却为一位女性教师角色增加了戏份，就为了使形单影只的帕伯尼这个人物发生更为吸引人的故事情节，也是为了契合历史真实情况，因为到 1877 年，意大利多数的小学老师都是女性（Covato 1996；Ghizzoni 2003；Soldani 2004）。因此，原著中本是次要角色的女教师，却也象征着现实中的都灵女教师，激发读者去想象她的美貌、开朗和可爱[①]，这个"头戴插有红羽毛帽子的年轻老师"在科莱蒂的电影和扎卡罗的电视剧中都有重要的戏份（在后者的片中成为帕伯尼的妻子），也在科门奇尼的剧中出现，但这版中的角色要更为谨慎低调，也更贴近原著。

结语：通过科门奇尼的电视剧，如何看待今天对于《爱的教育》一书的记忆和意大利学校的记忆

科门奇尼的《爱的教育》给人留下了什么印象？对于记忆中的学校，构建了哪些记忆？传播和共享的是哪些记忆？意大利的学校是孩子学到互相尊重、团结

---

① 女教师名叫尤吉尼亚·巴鲁埃洛，1957 年去世，意大利的官方报纸《信使报》报道了这一消息，报纸封面上也刊登了（Novelli 2011）。

友爱、优良情操、责任和牺牲等公民价值观的场所，这是人们的集体记忆，并未把学校看作进行教诲训导和学习课程的地方。学科和方法会发生变化，这并不是那么重要，思想道德才是更加重要的方面，这是亚米契斯和 19 世纪的意大利学校教给人们的道理（Ascenzi 2004；Chiosso，2011），而如今的政治趋势倾向于强调科学地学习和培养技能才是重要的［只要回想一下玛瑟·诺斯鲍姆（Martha Nussbaum）或是乌尔夫冈·布雷岑卡（Wolfgang Brezinka）对这种趋势的批判就足以说明问题，他们指责这削弱了道德教育］。

但在许多人接受的学校教育中，思想道德并不是居于核心地位。自 2007 年起，网站上（在线零售商 IBS 和意大利亚马逊）开始发售科门奇尼的 1984 年版连续剧 DVD（最后一版为 2013 年出品），我们可以看看买家热情洋溢的评论：

"意大利复兴时代的杰作。1984 年看的时候我哭了，现在看还是会哭。"（2007）

"没有语言能描述这部剧有多好。制作精良有美感，现在的翻拍（扎卡罗版）不能比。"（2013）

"还能找到 30 年前的电视佳作真是太享受了，和现在这一版比，不充斥暴力，不令人费解，不陈腐乏味。我强烈推荐。"（2014）

"和现在的电影很不一样。我的孩子非常喜欢这部剧，他们观看时很投入，被其他孩子的事迹深深感动，那些孩子和他们的生活条件和日常习惯有着天壤之别，但在感情上却如此相通。我推荐这部剧，它促使人反思。"（2014）

"每户家庭都应该收一套这个 DVD。"（2014）

"我只想说这部剧实在太棒了。服装、场景、故事，最重要的是里面传递的道德观念。真的是一流之作。"（2014）

"这是让人膜拜的影片，我迫切期待有时间能沉下心来好好看。"（2015）

"这是非常好的电视剧。唯一觉得遗憾的是没有收录我认为最具代表性

的每月例话'伦巴第小侦探'。不明白为什么。"（2015）

总的来说，我们发现意大利人对童年时期阅读的一本书具有集体记忆，长久以来这已经成为意大利人身份认同的一部分，同时也构成了（想象中的）学校记忆，这一点和学校记忆的实际价值紧密联系在一起。《爱的教育》这部小说虽然在六七十年代受到抵制和质疑，但后来又在电视上再次出现，取得了巨大成功。

这部作品的四个视觉再现版本是为满足特定的文化需求和政治需求，是当时历史时期的产物。因此本书中虚构的学校同时象征着我们记忆中的学校和我们所期望的学校，无怪乎这本书被一读再读，作品被一再演绎，根据当下的情绪调整改编。

《爱的教育》中的一套价值观成为当时的社会意象，这种意象仍部分存在，那是对过去虚构学校的记忆，是道德观教学和模范教师的典范。如今，这部作品不像过去那么出名，新时代的人们往往不会再阅读。但在那些童年时期曾经读过这本书的人们眼里，这些价值观的消失是危险的，这样的观点在网络上的某些言论中能体现出来（意大利亚马逊）：

> "这是一堂人生之课，带我们重温已经丢失的那些道德观。"（2014）

> "在一个几乎看不到希望的世界里，在一个因为丢失了记忆而丢弃了价值观的社会，在动不动就谈技术却没什么感情、充斥着自私自利的观念、有点傲慢却没有学到前人智慧的年轻一代圈子里，《爱的教育》重现了感情、牺牲和价值观的意义所在，这些都包含在我们的文化、我们的激情和我们的爱国情感之中。多莱利和所有主演的表现无比精彩。父母应该和孩子一起看这部影片，一起读一读这本书。"（2015）

知识分子、教育家和记者都对《爱的教育》重新表达了赞赏：在道德衰败的世界，在教师不复其原先社会地位的国家，《爱的教育》呈现的图景仍具有很大魅力（Nobile 2009，pp.114-116）。帕特里奇亚·波利指出，尽管受到埃科的批判，这部作品仍备受钟爱，向人发问："那些道德观到哪去了？"（Poli 2013。）科门奇尼版[①]长期收获好评，足以说明，这不仅仅是对于虚构学校的记忆，而是人们现在对于真的存在这样一所学校的期许，对于一个日渐模糊的身份认同的渴望。

---

① YouTube 上有三集可看（2012）。三年后第一集的观看数达到了约 40000，后两集达到约 10000。

第十六章 理想学校的记忆:影视作品中洛伦佐·米兰尼神父的贡献(1963—2012)[①]

帕奥鲁·阿里费埃里(Paolo Alfieri)[②]

卡洛塔·弗里杰里奥(Carlotta Frigerio)[③]

引 言

电影电视中的历史主题作品通常能给我们留下这样的印象:影视作品能起到有效的沟通作用,拉近我们和历史的距离,在我们的想象中留下些许痕迹。据爱尔兰剧作家布莱恩·费尔(Brian Friel)观察,在这样一个过程中,我们的想象并没有太受曾经真实发生的"事实"刺激,对我们有刺激作用的是"蕴含在语言之中的历史意象"(Friel 1981, p. 66)。电影语言尤其如此,不仅使观众在感知层面代入其中,在情感层面也一样,让观影者犹如身临其境,从而对他们的经验和记忆都产生长久深刻的影响(Morin 1956)。纪录片也会影响我们对过去的描述,通过向我们提供真实的叙事,增强我们对历史事件、历史现象和历史人物的认识与记忆。此外,尽管纪录片的目的是要提供比电影更客观的重构,但纪录片就和电影一样,不可避免地代表了某种程度上"现实之间的互相妥协"和"对现实的解

[①] 两位作者合作完成了本篇论文的构思和写作,其中帕奥鲁负责"引言"和"米兰尼老师的学校"部分,卡洛塔·弗里杰里奥负责"纪录片中堂·米兰尼的学校"和"电影中堂·米兰尼的学校","结语"部分由两位作者共同完成。
[②] 意大利圣心天主教大学,电子邮箱:paolo. alfieri@unicatt. it。
[③] 意大利圣心天主教大学,电子邮箱:carlotta. frigerio90@gmail. com。

读"（Bruzzi 2000，p.4）；因此，不论看纪录片还是看电影，观众都会基于自己对所涉及主题的原有知识和看法，对接触到的内容和观点进行评判。当电影和纪录片涉及学校教育等与观众的生活体验相关的主题时，这个过程就更有意义了。电影和电视展现的学校形象，会使观众立即将其与自己过去的经验进行比较，还让有机会了解教育实践、教学方法、价值观、规范和学校常规。特定社区长期以来已建构了非物质历史教育遗产，并成为人们对于学校的集体记忆，电影电视上披露的可能与之相符，也可能并不相同（Yanes-Cabrera 2007；Escolano Benito 2003；Viñao Frago 2010）。

电影和纪录片中呈现的学校形象，与意大利人的普遍经验和对学校教育的共同想象相去甚远，因为影片主要聚焦神父洛伦佐·米兰尼（Lorenzo Milani）的教育贡献。这位托斯卡纳的著名牧师被称为"堂·米兰尼"，他在第二次世界大战之后，决定主要通过教育工人阶级来完成传教工作。目前的研究调查了迄今为止向米兰尼致敬的三部影视作品，其中两部是电影（拍摄于1975年和1976年），一部是电视（1997年），还有九部纪录片（制作年代为1963年至2012年期间）。这些资料来自意大利若干城市的图书馆，包括视听资源和非视听资源，还有的则源自网络。我们的分析主要集中在以下几个方面：

——所描绘的学校教育愿景及其目标；
——教育方法和教学方法；
——教育的空间及所处时代；
——教师的形象。

本文分析的作品在国内的覆盖面均很广，广大民众对米兰尼神父及其教育举措因此均有所了解，较多上层精英人士则观看电影，在电视和互联网观看的人数更多，人群也更复杂。正如下文即将展示的，研究中所分析的电影电视，在讲述米兰尼神父的学校所具有的绝对独创性和独特性时，仍忠于史实，便于让观众了解这种模式的卓越本质，认识到与自己的学校经历和过去对学校的普遍印象都不同。而与此同时，通过描述米兰尼神父的教育模式，这些电影和纪录片为意大利人的集体记忆提供了一种理想的学校教育愿景,这种愿景包含大量新颖的教学视角。

米兰尼老师的学校

毫无疑问,洛伦佐·米兰尼神父(1923—1967)是"二战"后意大利最著名的教育家之一,因其"多面性的贡献",包括"道德、社会、宗教和教育层面",被视为"我国公民发展历史上的关键人物"(Gatto 1983, p. 9)。米兰尼神父出生于佛罗伦萨中上层阶级一户信奉不可知论的知识分子家庭,童年和青少年时期在佛罗伦萨和米兰度过。在米兰完成古典教育后,他决定不上大学,而是追求艺术绘画梦想。1942年,在搬回佛罗伦萨后,他开始了皈依天主教的自我探索,最终进入了教区神学院,并于1947年接受任命成为牧师。同年10月,他被分配到佛罗伦萨郊区工业区圣多纳托迪卡伦扎诺教区,并为该地区的年轻工人开办了一所夜校,这是他一生中创办的首个重要教育机构。该项目以"自由教育方式"为基础,开设的课程主要围绕阅读日报、安排工人结识文化人或努力造福公民社会的知名人士,并组织讨论(Covato 2013, p. 168)。

这种方法显然有悖于当时牧师与教区居民相处的方式,而且也不同于当时部分教会部门吸引年轻人入会的策略——即不是向年轻人提供看电影等娱乐方式,而是组织教育活动,向他们提供真正的基督教教育和人文教育(Turchini 1988, pp. 397-398)。然而,正因为堂·米兰尼面向工人阶级的明确定位,真切关心工人的需求,并有意识地关注所有年轻人,包括左翼政党或教区内工会中的积极分子,考虑他们的兴趣所在,这就不仅引起了当地实业家阶层的疑心,也让佛罗伦萨教区行政当局生疑。虽然他"不与左翼或右翼政治势力有牵连",但那些年"强烈的政治意识形态冲突氛围"非常突出,部分天主教会也牵涉其中,这就导致了人们对米兰尼的极度不信任,视他为"麻烦的神父",所在教区主教不得不将他调往其他教区（Betti 2009，pp. 10-11）。①

1954年，堂·米兰尼担任巴尔比亚纳修道院院长。巴尔比亚纳是位于莫黑尤山脉的一个偏远村庄，当地居民百人左右，生活条件极端贫困。米兰尼神父的这次"流放"，不仅在地理位置上加剧了他与官方教会圈子的隔绝，而且促使他加速与当时意大利天主教的政治文化计划保持距离。他的思想不再"从历史角度思考"，而是在"不断努力同情穷人的处境"过程中，开始关注"人格价值与良知的至高无上"（Scoppola 1983，pp. 16-17）。堂·米兰尼因此再次意识到，教区工人阶级教民的教育是他神职工作的重要内容。事实上，在他写于1958年的《牧师的经验》（*Esperienze Pastorali*）一书中，他重新解释了自己在圣多纳托的工作，并说明了在巴尔比亚纳一开始采取的措施，他认为：教育，尤其是良好的写作和口头表达技能的习得，是理解并自觉接受基督教教义，同时也是改善相对贫困阶层、实现社会解放的重要先决条件（Sani 2009，pp. 294-298）。

新学校除了晚课外，还提供全日制授课，堂·米兰尼沿用之前在圣多纳托试点的非正式教学模式，继续采用相同的方法，但也开发了一系列新项目，如为帮助学生应对日常生活或工作场所遇到的问题提供技术实践课程，还有外语课程，并组织出国游学，以及旨在培养学生政治意识和批判性思维能力的合作式反思写作活动（Simeone 2011a，pp. 193-197）。最重要的是，米兰尼希望能挖掘学生的亲身经历，将其作为"贫困教育"的一部分，这种以"穷人作为教育行动接受者"的目标就会对学生的家庭背景以及他们真正的教育需求高度敏感（Scurati 1983，p. 162）。

在这种背景下，米兰尼进一步发展了如下观点，即：不应将学校看作传播预先设定好的知识的场所，而是用以"提供必要的技术工具"，最重要的是提供"语言，以使穷人自己也能教老师"（Pazzaglia 1983，pp. 177-182）。事实上，在1967年出版的著名的《给老师的信》（*Lettera ad una Professoressa*）中，他的学

---

① 有关米兰尼与其主管教区各领导之间的关系，参见：Bocchini Camaiani, 2011。

生就与他合作撰文，呼吁参考他们在巴尔比亚纳办学的经验，建立一种新的学校模式，并强烈谴责了当时的学校制度，尤其是其中的阶级偏见和择机选拔。《给老师的信》无疑是堂·米兰尼最重要的遗产，也是其成名之作，反响很大，教育专家和公众褒贬不一。但巴尔比亚纳学校的记忆之所以广为流传，首先要感谢多年来在电影院、电视和互联网上播放的电影和纪录片。

纪录片中堂·米兰尼的学校

本文选取的九部纪录片，见证了堂·米兰尼的学校是如何在意大利电视频道和网络媒体上呈现的，又是如何随着时间的推移，影响了一大批电视观众和互联网用户。事实上，除了洛伦吉尼（Lorenzini）1963年拍摄的，目前保存在罗马电影中心视频档案中的短片《巴尔比亚纳手记》（*Lettera da Barbiana*）可能从未在电视或网络上播放过，所有纪录片都有较大发行量。本研究涉及的9部纪录片中4部在意大利广播电视公司（RAI）播出：克林迪恩斯特（Kleindienst）1995年推出的《告别巴尔比亚纳》（*Addio Barbiana*）、弗里斯（Foresi）2009年拍摄的《效果反思》（*Effetto ieri*）、梅罗尼（Melloni）和纳尔代利（Nardelli）2012年合拍的《堂·米兰尼：苦难而有爱的学校》（*Don Milani. La dura scuola dell'amore*）和贝维拉卡（Bevilacqua）2012年拍摄的《意大利兄弟：堂·米兰尼与堂·西奥蒂》（*Fratelli d'italia：don Milani-don Ciotti*），这几部纪录片中，年代最近的一部目前可在YouTube上观看①，2009年以后拍摄的《堂·米兰尼和他无差别课程的高级学校》②（*Don Milani e la sua scuola di alto livello senza distinzioni di classi*）同样也能在线观看。

研究涉及的其他三部纪录片是"马赛克"项目的一部分，是意大利广播电视

---

① 《意大利兄弟：堂·米兰尼与堂·西奥蒂》的观看次数为3604（Bevilacqua 2012）。
② 这部献给堂·米兰尼的纪录片取材自"我们是故事"节目的特别版，于2009年7月3日播出，观看次数为12467（"Don Milani" 2009）。

公司教育频道（Rai-Educational，现改名为 Rai-Scuola）制作的在线视听图书馆，旨在为教师提供一系列视听资源用作自身的持续培训，或用来辅助教学。这些材料特意与特定的学校课程关联：《洛伦佐·米兰尼老师》（*Lorenzo Milani e gli insegnanti*）和《洛伦佐·米兰尼：证明》（*Lorenzo Milani：testimonianze*）与教育科学主题相关，而《洛伦佐·米兰尼：麻烦牧师的一生》（*Lorenzo Milani, vita di un prete scomodo*）则与社会科学主题有关。这三部纪录片目前能够在线观看，但实际上是在之前播出的电视节目基础上经过编辑摘录制作而成：第一部是基于早些时候的四部纪录片制作而成，四部片中最早的一部于 1971 年制作，另一部于 1973 年制作，另外两部则于 1997 年制作①；第二部则是对 1967 年所推出节目的翻拍②；第三部则由两部分别于 1986 年和 1994 年首播的广播纪录片构成③。

正如日期所示，我们基于发行时间选择这 9 部纪录片作为研究重点。这些节目在过去几十年间，也就是从 1960 年代到现在，以相对规律的间隔推出，因而构成了目前为止较具代表性的视听材料样本，可用于解说堂·米兰尼和他的学校。

我们分析这些原始资料后，勾勒出这样的学校形象：它追求三个主要目标，一是激发学生对其现实生活环境的兴趣，二是让学生掌握语言工具，最后则是利用教育提升人的尊严。许多纪录片都突出堂·米兰尼的愿望，按照某档节目中接受采访的一名学生所说，就是想要建立一所"属于所有人且对所有人开放的学校"。描述这所理想学校的形容词都是十分正面的，学校被描绘成一个学习中心，不是基于某个特定的意识形态或宗教，而是普遍性的、非宗教的（最后这个特点体现为学校见不到十字架），是考验能力的、要求严格的全日制学校，也是充满

---

① 《洛伦佐·米兰尼老师》取材自电视七台对 RAI 旗舰频道推出的新闻节目的补充报道（1971），安沃萨执导的两部纪录片《说话，读写》（1973）和《今天的米兰尼》（1997），以及由弗拉和弗拉齐执导的《巴尔比亚纳的修道院长：堂·米兰尼》（1997）中的部分镜头（"Lorenzo Milani" n. d. 1）。

② 《洛伦佐·米兰尼：证明》是对先前纪录片《现代教育者堂·米兰尼》的翻拍（"Lorenzo Milani" 1967）。

③ 《洛伦佐·米兰尼：麻烦牧师的一生》源自纪录片《日子和历史》（1986）和《巴尔比亚纳的修道院长堂·米兰尼》（1994）（"Lorenzo Milani" n. d. 2）。

活力的出版中心，举着文字大旗努力拯救社会。

纪录片特别关注堂·米兰尼采用的方法：他的方法以积极手段为主，旨在使学生积极自主参与知识构建，而不是被动接受内容。在我们的样本报告中，巴尔比亚纳学校的9个项目中，有7个用到了米兰尼的基础教学方法，训练学生使用词汇，进而在元认知层面反思语言。《堂·米兰尼和他的高级学校》(Don Milani e la sua scuola di alto livello)一书中有一个特别具有代表性的例子，语言因为"既能让人笑，也能让人哭，既能激发兴趣，又能传递思想"，被认为是沟通的关键媒介。此外，多部纪录片都强调米兰尼使语言具有双重作用：一方面，语言是他的学生借以进行社会救赎的工具，例如在阿尔贝托·梅洛尼（Alberto Melloni）看来，米兰尼认为掌握文字是改善个人社会境遇不可或缺的条件；另一方面，文字需要反思才能发现其意义和用途，据许多受访者回忆，他们的老师当初在上课时经常责备某些学生，因为他们不会打断他讲课去要求他解释词汇含义或说明词汇来源，而在米兰尼看来，多数课时应用来思考阅读过程或讨论中遇到的名词含义。

较多纪录片（九部之中有五部）证明，在巴尔比亚纳推行的教育主要基于经验学习；在《洛伦佐·米兰尼：证明》中，一位受访者表示米兰尼讨厌华而不实的语言，拒绝传统的教学方法，厌恶"空洞的词汇"，更喜欢围绕日常生活中的实际情况来编制课程内容。例如，如果一辆汽车来到巴尔比阿纳，他和学生会通过直接观察发动机的结构和功能，深入研究发动机。甚至数学也是通过让学生在实际生活中运用来教授的，比如阅读工资单。

此外，许多纪录片关注堂·米兰尼的非正式教学方法。早在20世纪50年代，他就开始从日常生活中寻找教学素材，希望通过让年轻人对不同报纸的内容进行比较和讨论，培养他们的批判性思维能力，引导他们反思新闻语言中的偏见。据《堂·米兰尼和他的高级学校》书中记载，为了进一步探索这个主题，当时佛罗伦萨日报《晨报》的主编埃托雷·伯纳贝（Ettore Bernabei）也受邀来到巴尔比亚纳。邀请因文化成就或对公民社会作出贡献而闻名的个人和不同行业的专家就自己的专业领域开展讲座,许多纪录片都证实了这种让学生直接接触名人的做法。因此,巴尔比亚纳的这所学校发挥了一个文化圈所能发挥的所有目的与作用,政府部门的部长、律师、医生、记者和摄影师,还有木匠和机械师,各行各业人士都受邀前来,与学生分享自己的专业知识。

纪录片讲述的另一项重要举措是组织学生出国进行短期的外语学习。有资料表明,堂·米兰尼组织这一明显具有前瞻性的项目,不仅是为了培养学生的语言技能,也是为了让他们熟悉其他民族的文化,让他们有机会在新的环境中交流经验,从而使他们在面临社会边缘化时,认知能力和实践能力都得到提高,能解决这一问题。

关于堂·米兰尼学校对校园空间的使用情况,几乎所有的纪录片都报道了没有传统教师讲台或学生课桌的环境;相反,学生围坐在大桌子前,有些桌子甚至在户外,教室墙上挂满了各种学习道具,如欧洲地图和意大利地图、发展中国家的生活照片,还有各种海报,比如说明议会中政治集团分类的插图、太阳系或月相的插图。所有纪录片都聚焦于写着"我关心"的壁画上。众所周知,这是能生动体现米兰尼牧师教育工作精神的视觉表达。在时间利用方面,纪录片无一例外展示了这是一所没有官方作息表,但却让学生一年365天、每天12小时都能有事可做的学校。

最后,这些纪录片并没有忽视描述米兰尼所体现的教学风格。他在片中是一位不拘泥传统又有创造力的新式老师,但同时也是一位权威的、有时甚至是专制苛刻的校长。他与学生之间的情感在多部纪录片中均有提及,这些纪录片经常引用他遗嘱中的著名结语:

"亲爱的米歇尔,亲爱的法兰西奥……我爱你们胜过爱上帝,但我希望上帝不会注意这微小细节,希望他会把我对你们的爱记录在案。"(Gesualdi 1970,pp. 320-321)

电影中堂·米兰尼的学校

如我们所见,几十年来一直在源源不断地推出关于堂·米兰尼的纪录片,但电影界对这位牧师的兴趣仅限于 20 世纪 70 年代,后来只在 20 世纪 90 年代末新拍了一部关于他的电影,仅在电视上播放。电影号称"第七艺术",却只在米兰尼去世后十年间关注他,托西尼(Tosini)1975 年执导《令人头痛的牧师》(*Un prete scomodo*),1976 年安吉利(Angeli)执导《堂·米兰尼》(*Don Milani*),这个数据显然很关键,因为这告诉我们,他在当时对整个社会和文化界都很重要。在那个年代,他的工作是众多争议的焦点,争议不仅围绕巴尔比亚纳学校系统的危机(1968 年学生提出抗议,这所学校的系统因此受到猛烈抨击),而且还有更广泛的影响,涉及关乎整个意大利社会的政治紧张局势。

纪录片《巴尔比亚纳的修道院长》(1997)由弗拉齐兄弟共同制作,从另一方面回顾最近对堂·米兰尼的重新发现,因为在一个与前两部电影作品制作截然不同的历史和文化背景下,他再次成为了电影界的关注对象。这部制作年份更近的作品也面向电视观众,受众不像托西尼和安吉利早期电影的观众那样多为上层人士,后者关注两位导演各自对堂·米兰尼贡献的批判性解读。事实上,弗拉齐兄弟主要着手引发观众兴趣,因此,影片虽然在深入研究后基于事实进行忠实再现,但在制作风格上更为浪漫,采用的视角较能吸引那些不熟悉米兰尼及其贡献的人。

尽管存在明显差异,我们自己的分析主要集中于堂·米兰尼的学校如何运作,而非学校创始人个性如何,除了下文将提到的展示学校所采用的教学方法时存在差异外,并未发现三部影片之间有明显不同。在分析的其他方面,三部影片表现出一个共同视角,这也与纪录片的视角相对接近。首先,这些电影证实了堂·米兰尼的教育愿景是基于一种愿望,即想要消除贫穷阶层与那些享受更多经济机会和教育机会的人之间的差异;换句话说,他认为学校是让穷人获取救赎手段的主要机会。

在展示堂·米兰尼采用的方法时，这些电影突出的主要活动都是合作写作，显然是因为它与《给老师的信》有直接的联系。事实上，正如前面提到的，这本注定要成为堂·米兰尼卓越教育宣言的书，本身就是共同讨论与合作写作的成果。研究的三部电影中，伊万·安吉利（Ivan Angeli）导演的电影再现米兰尼采取的教学策略时最为全面也最真实，尽管并未深入挖掘，但提及了米兰尼在巴尔比亚纳的多数教育方案：从日常读报到查阅字典，从听音乐到听讲座，从上演戏剧到组织辩论，从观看幻灯片到学习语言。相比之下，皮诺·托西尼（Pino Tosini）的电影只关注了米兰尼较广为人知的那些方法，如体验式学习、从讲座中学和从辩论中学。最后，弗拉齐兄弟的电影虽然展示了大量教学方法，但限于上文提到的综合考虑，即要从情绪上影响观众，因此在细节上并未多加刻画。

在教育空间方面，电影展现了与纪录片中一致的场景。但应当注意的是，电影作品并不特别重视巴尔比亚纳学校的空间维度，并未将其刻画成主要的有形场所，而只着力展现了学校内的一些关系，以表现学生在老师的指引下努力成长，思想日渐丰富。

最后，这些影片的核心关注点是堂·米兰尼所表达的教师形象。托西尼和弗拉齐兄弟主要突出他给予学生父亲般的温情，从不放弃任何一名学生，愿意为学生竭尽全力。因此，两部电影中都出现的场景，米兰尼淋着大雨和一对父母交谈良久，只为说服他们送孩子去上学，就不足为奇了。电影中的堂·米兰尼是一位无比热爱学生的老师，他将提高学生社会地位视为自己宗教工作的全部职责。为了阐明这一点，这些电影和纪录片一样，都引用了前面提到的他遗嘱中的一句话，即他表达的对年轻学生无条件的爱。

相比之下，伊万·安吉利更为突出堂·米兰尼强硬和严厉的一面，但这部电影的主要目的仍为全面细致地展现米兰尼作为一名教育家的形象。为了实现这一目的，导演增添了一个场景，米兰尼会见来巴尔比亚纳参观的中学教师。两人之间的对话表明米兰尼对于教育所具有的价值深信不疑，因此只要有学生想要放弃学业，他都会感到非常痛苦。他还高度关注学生的实际需求，例如，当受到批评，指责他在学生的体育教育和运动方面不花时间时，他回应说，对于不得不每天黎明起床铲粪或带牲畜出去吃草的孩子而言，他们不需要额外的体育活动。最后，米兰尼在这个场景中的对话部分能够清楚地反映出他对中学老师提出的学校愿景有多反感，因为这种愿景是基于社会选择的原则，只有最优秀的学生才有机会完成学业。

结　语

本研究回顾的纪录片和电影概述了堂·米兰尼的学校，这一研究无疑是有意义的，也为保存学校的记忆作出了重要贡献。尽管不同导演感兴趣的都主要是米兰尼牧师本人的形象及其人格魅力中最具吸引力的方面，而不是他教育工作的具体细节，但所分析的材料还是清晰传达了堂·米兰尼提出的教育模式，从而保留了人们对"二战"后意大利教育史上一个关键章节的记忆。

正如我们所看到的，纪录片对堂·米兰尼学校的组织和方法论方面进行了更为详细的分析，而电影则更凸显他与学生之间的教育关系。另一方面，纪录片很少分析合作写作方法，但这一方法在电影中却是着重表现的，原因在于电影关注的是被视为堂·米兰尼最具代表性的遗产，即众所周知的《给老师的信》，由师生共同构思并撰写。这在托西尼和安吉利导演的电影中表现尤为突出，因为如前所述，这两部电影是在20世纪70年代制作的，那个时期书中的内容在全社会饱受热议。

同样值得注意的是，电影和纪录片都常引用堂·米兰尼的作品，以尽可能真实地描述他的贡献。此外，纪录片大量引用了米兰尼学生的口述内容，这些学生理应被视为米兰尼教育思想和教育成就的专门保管者。

尽管存在细微的差异，但我们研究的所有材料都表明，堂·米兰尼的学校完全是因其创始人的个人魅力而诞生，因此注定会随之消亡。事实上，在伯纳德·

克莱因迪恩斯特（Bernard Kleinidienst）的纪录片中，这所学校被认为"难以实现"，也就是说，几乎不可能在其创办环境之外实现。同一纪录片中的采访凸显了巴尔比亚纳项目本质上极具乌托邦色彩，这一点在采访中也得到了证实。弗拉齐兄弟也描绘了这样一个方面，从电影的开场镜头就开始透露即将被讲述的学校所具有的独特性质。影片开场是堂·米兰尼弥留之际的场景，他预言"巴尔比亚纳很快就会消失，它将和我一起终结"。在许多纪录片中，米兰尼的学生都曾证实，这所学校确实在他去世后停办了，不是因为学生们不愿追随他们老师的脚步，而是因为他们既缺乏毅力，又能力不足，难以望其项背。

这些电影和纪录片勾勒出的学校形象无疑给人留下了极为独特的印象。这与绝大多数意大利人的经历相去甚远，他们的入学经历与堂·米兰尼实施的举措大相径庭。然而，正是由于与众不同，堂·米兰尼和他的教育模式才会进入我们的集体记忆，不是表现为共同经验的遗产，而是作为理想学校的原型。现有关于米兰尼牧师教育方法的众多研究成果在学术论文中广泛提及，本研究回顾的电影和纪录片证实了这些结论（Simeone 2011b）。具体来说，在对中学和大学课程的教育课本进行教育科学和教育史的研究中，巴尔比亚纳学校是一个具有重大象征性教育价值的项目，正如学术界所证实的那样，堂·米兰尼教育贡献的突出优点在于为我们提供了一个理想的模型，并激发新的思考，包括对当代学校所提供的教育环境的思考。

我们不应忘记，如前文所述，意大利广播电视公司最近在其在线教育网站上用相当大的篇幅介绍了巴尔比亚纳。这一资源不仅旨在为教师提供教学素材，还希望能够激发教师对其职业角色保持反思。从这方面来说，堂·米兰尼和他那无与伦比的学校无疑可以成为激励人们探索和追寻理想的源泉。

毕竟，正如前面提到的，也是在由克莱因迪恩斯特执导的纪录片中所证实的那样，米兰尼本人在面临一名学生指责他创建了一个庇护环境，使得这一环境中的孩子所经历的一切不同于大多数同龄人时，曾这样反驳："如果一个孩子敢于挑战学校，这意味着学校的教育起到了效果。"鼓励人们对过于僵硬刻板而无法适应时代变化和学生需求的教育实践保持批判性态度，这也许是堂·米兰尼和他的贡献为我们的教育设想上了重要一课。最后，也要感谢电影和纪录片对堂·米兰尼的学校进行讲述，虽然这所学校在人类历史上仍属个别现象，但对那些认为学校体制应进行革新，并仍在持续关注这一问题的人来说，已是备受鼓舞。

第十七章　构建记忆：20 世纪 70 年代意大利电视剧《小学老师的日记》中的学校

安娜·德贝（Anna Debè）[①]

引　言

1973 年，意大利广播电视公司（RAI）推出四集电视剧《小学老师的日记》（*Diario di un Maestro*），由来自西西里的著名电影导演维多里奥·德赛塔（Vittorio De Seta）执导，改编自阿尔比诺·贝尔纳迪尼（Albino Bernardini）的自传体小说《在皮特拉勒塔的一年》（*Un anno a Pietralata*，皮特拉勒塔是罗马一处贫穷的远郊区）。这四集分别于当年的 2 月 11 日、18 日、25 日和 3 月 4 日在意大利国家一台播出。这部迷你剧描绘了一种创新的学校教育模式，与传统教学模式只注重教学内容却不重视学生的全面发展截然不同。与此同时，这部短剧记录了意大利学校制度史上的一个特殊时期，当时因受到多方压力，人们不得不重新审视学校制度的功能和教育方法。

该系列短剧意图谴责纯粹基于知识传播的教育制度，虽然这一点对观众来说显而易见，但对于剧中提出的替代选择仍需仔细分析其基本依据，并根据当时的社会文化背景进行解读。影视资料明显不同于更为传统的书面文件和口述记录，但其价值已逐渐受到承认和接受。假设学者承认影视素材能够作为正当合理的资

[①] 意大利圣心天主教大学，电子邮箱：anna.debe@unimc.it。

料来源，那么这种深入探究一般可能需要用到历史研究的方法。

19世纪末，在电影诞生之初（Rondolino 2008；Bordwell & Thompson 2010），波兰摄影师兼电影摄影技师波列斯洛·马茨泽斯基（Boleslaw Matuszewski）提议建立电影档案库，这样可以利用电影来保存记忆。这体现出他对胶片资料价值的认可，在那个年代很不寻常（Grazzini 1999；Di Blasio 2014，pp.59-64）。然而，直到下一个世纪，胶片保存的文档才逐渐受到认可，成为历史研究和其他研究的资料来源。这一发展在很大程度上是由"新史学"运动的支持者所推动的，特别是吕西安·费弗尔（Lucien Febvre）和马克·布洛赫（Marc Bloch），他们推崇法国年鉴学派新史学法，将影像作为研究的焦点（Le Goff et al. 1978；Burke，2015）。

随后，许多学者开始系统地分析历史与电影的关系，包括安东尼奥·穆拉（Antonio Mura 1967）和罗兰·巴特（Roland Barthes 1967）等人，特别是马克·费罗（Marc Ferro）将电影定义为既是历史的代理人又是历史的来源（Ferro 1973，1977），皮埃尔·索兰（Pierre Sorlin）则呼吁利用电影作为历史文献时需谨慎（Sorlin 1977，1980，2013）。

总的来说，国际科学界利用电影进行史学研究进展缓慢，且充满不确定性，因为电影图像较复杂，具有多种含义，对历史学家而言颇为棘手。此外，教育史学家长期以来迟迟不愿将电影视作资料来源，并且因为"没能领悟到电影所具有的教育价值"，使得这种不确定性进一步加剧（Polenghi 2005，p.28）。所以，直到近年来，才由意大利和其他国家的学者开启对电影主题和教育史研究的崭新纪元［参见最新一期《教育史》（*Paedagogica Historica*），47（4），2011中的《影像中的教育：生成研究的教育纪录片方法论》；另见 Cunningham 2000；Catteeuw et al. 2005；Coman 2013］。

在此背景下，本研究的目的是探讨《小学老师的日记》对再现和建构这一时期集体心理做出的贡献，本文所说的集体心理是指"构成某些生活方式基础的共同意识、价值论范畴和教学观"（Polenghi 2005，p.41）。研究对比了电影资料中和贝尔纳迪尼书中的教育特色,还关注电视连续剧与其成片年代的社会背景及教育环境之间的关系。研究除对电视剧和书作进行分析外,还查阅了相关文献和电影材料,并采访了该剧的教育顾问、研究员弗朗西斯科·托努奇(Francesco Tonucci)。

背 景

(这本书)名叫《在皮特拉勒塔的一年》,但人们常认为叫《狼群中的羔羊》可能更为恰当,因为这更能体现老师在其所处的险恶环境之中坚守赤诚之心,从不放弃。在他的同事看来,这个工人阶级聚集的郊区和这里的孩子……都可以概括为"彻底的渣滓"……即使他们在课堂上个个表现得像弗兰蒂(《爱的教育》中的"坏男孩")那样……老师仍然相信,在表象之下还有别的东西:每个孩子与生俱来的热诚、好奇心和兴趣,这些是他们作为"人类幼崽"本性的一部分。(Rodari 2004,pp. 21-22。)

贾尼·罗大里(Gianni Rodari)是意大利著名少儿文学作家,也是名记者,他在上文中描述的老师正是《在皮特拉勒塔的一年》一书的作者阿尔比诺·贝尔纳迪尼(Albino Bernardini)。这本书于1968年由新意大利出版社后杰出的共产主义教育家和教育历史学家迪娜·贝托尼·乔维内(Dina Bertoni Jovine)的要求出版。上文所说的"渣滓"则是罗马郊区工人阶层聚居地的小学生,出生于撒丁岛的贝尔纳迪尼后来在那里当老师(Bernardini 2012)。在物质和文化双重匮乏的背景下,贝尔纳迪尼最先想做的就是让几乎废弃的教室再度出现学生,而那些孩子彼时比起上学更愿意上街,因为他们不是没兴趣学习("父母因需要工作而把孩子送去学校,这些孩子有成百上千个机会溜出校门。"Bernardini 1968,p. 22),就是已经在打工了。多数孩子实际上已开始补贴家用,干着跑腿或送奶送报的活，或是贩卖大蒜、回收废金属。

那是1960年，贝尔纳迪尼刚到罗马就遇上一群难缠的学生，还得和不信任他甚至对他怀有敌意的同事保持沟通，总之，是即将开启"一次惊心动魄的人文智力冒险"（De Mauro 2004，p.15）。他乐观激进，不采用传统的课堂教学模式，因为那种模式与学生的需求相去甚远，转而开发出一种以学生自身和他们的日常生活为主导的教育方式。

著名电影导演维多里奥·德赛塔根据贝尔纳迪尼的口述，拍摄了电视剧《小学老师的日记》，这部剧成为自己最出名的作品之一，也因此让教师的工作得到广泛宣传。有感于意大利广大阶层积贫积弱的现实处境——尽管这与他自己成长的贵族环境有着天壤之别，德赛塔早在1969年就经编剧乌戈·皮罗（Ugo Pirro）推荐，开始阅读贝尔纳迪尼的书。①

由于这本书不仅让他见识了一种新的教育方法，也让他注意到了"社会、教育、方法，甚至可以说整个人类所面临的问题"，德赛塔没多久就决定要把贝尔纳迪尼的经历搬上荧幕（Natta 1972，p.21）。虽然贝尔纳迪尼的经历在当时的许多阶层引起广泛热议，但仍有大量民众不了解。意识到这一点，德赛塔开始亲自挖掘贝尔纳迪尼背后的故事，发现这是"仍在办学的学校中最先进行创新的，其教学方法的设计基于学校的外部环境，学校的基本理念是由学生自主选定主题分别开展教学，以此激发学生即时产生兴趣。正因如此，具有创新意识的学校出发点是现实生活，而不是课本"（Natta 1972，p.21）。

这部剧的公映是一个具有历史意义的重要时刻，不论是对学校体系还是对整个意大利社会来说，无疑都很关键。20世纪60年代的教育界经受了一系列重大事件的冲击，1968年的学生抗议活动更是直接导致社会剧变，而贝尔纳迪尼的书

---

① 维多里奥·德赛塔（Vittorio De Seta 1923—2011）因其勇于从社会现实角度挖掘诸如《奥格苏洛的牧羊人》（Pastori di Orgosolo，1958）、《巴尔巴加的一天》（Un giorno in Barbagia 1958）、《被遗忘的》（I dimenticati 1959）及《半个男人》（Un uomo a metà 1966）等作品而为公众熟知（Rais 1995；Capello 2008；Nappi 2015）。

正是在那一年出版的。然而，在过去十年间，随着1962年开始实行统一的中学课程大纲，学校体系已经发生了重大变化（Law n. 1859）；这项备受议论的改革是政界和整个社会长期讨论的结果，此举也激发了人们希望让意大利的学校体系更为民主的意愿，尽管这种意愿主要是纸上谈兵，很少付诸实践。在同一时期，人们开始反思与残疾学生相关的问题，因为这些学生此前一直受到区别对待，在特殊的班级和学校学习，而此后十年里，残疾学生逐渐完全融入主流的学校体系（Canevaro 1999，pp. 20-33；Pruneri 2003）。这主要得益于60年代首次提出全日制小学体系并就其展开讨论，1971年立法确立（Law n. 820），旨在为孩子提供更多的教育和文化机会。随后取得的关键成就包括依据1968年第444号法令建立国营的幼儿学校体系及起草一系列立法性文件，并于1973年正式颁布（根据 Law n. 477），目的在于允许社区通过多种不同机制参与办学（Santamaita 2010，pp. 111-171；Betti & Cambi 2011）。

在这样一个充满变化的背景下，许多权威人士不断呼吁要求采用新的学校模式，不再是选择性的，也不再为权贵服务，而是体现绝对的民主。其中，佛罗伦萨牧师堂·洛伦佐·米兰尼（Don Lorenzo Milani）的呼声尤为突出，他的理念体现在1967年出版的《给老师的信》（Lettera una profesressa）中：书中谴责了当时学校体系固有的不平等，认为应该由另一种教育模式来取代这样的体系，新的教育模式要能凸显学校的教育角色，并关注学生生活（Sani & Simeone 2011；Covato 2013）。

除了堂·米兰尼的教育思想外，当时流行的另一种观点的代表人物是合作教育运动（Movimento di Cooperazione Educativa）组织的老师。这一组织成立于1951年，宗旨是在意大利开展塞勒斯坦（Celestin）和埃利斯·弗雷内特（Elise Freinet）备受推崇的教学法实验，而贝尔纳迪尼自己也在搬到罗马后加入了这个组织。合作教育运动的创立原则围绕这样的学校愿景：学校远非仅仅是一个传播知识的地方，而应以学生为主导，学生在不同层面合作，重视个人言论自由。这一组织在以朱塞佩·塔马尼尼（Giuseppe Tamagnini）为领导的一群小学教师的倡议下成立，至今仍很活跃，并借助创刊年代久远的重要期刊《合作教育》(*Cooperazione Educativa*) 组织活动，吸引了众多意大利教师和教育学家加入，包括安娜·凡蒂尼（Anna Fantini）和奥尔多·佩蒂尼（Aldo Pettini）等人（Lodi 1970，pp. 19-20；1977，pp. 3-5；Pettini 1980）。

德赛塔积极参与了如下繁复的活动：阅读米兰尼和弗莱纳特的部分著作；参观罗马贫民区阿奎多铎费里奇（Acquedotto Felice）的课外俱乐部，该俱乐部由堂·米兰尼的学生堂·罗伯特·萨德利（Don Roberto Sardelli）负责；贝尔纳迪尼调去巴尼蒂沃利一所学校教书后，他跟着去上课，并在瓦雷塞利古雷参加堂·桑德罗·拉戈马西尼（Don Sandro Lagomarsini）的课后俱乐部。德赛塔对具有前瞻性的教育项目如数家珍，如莉娜·乔菲尼（Lina Ciuffini）、阿尔贝托·阿尔贝蒂（Alberto Alberti）、玛丽亚·路易莎·比加莱蒂（Maria Luisa Bigiaretti）、阿尔贝托·曼兹（Alberto Manzi）等人办的学校，也访问了佛罗伦萨、波洛尼亚、威尼斯、米兰和都灵的多所学校（De Seta 1972）。他在都灵的尼诺·科斯塔（Nino Costa）小学停留了几天，这所学校位于都灵混乱的郊区，多名教师都是合作教育运动组织的成员。德赛塔拍这部电影的前几年，另一位声望极高的意大利电影导演路易吉（Luigi Comencini）来到同一所学校，拍摄反映意大利孩子生活条件的《孩子与我们》(*I bambini e noi*) 中的一集，名为《新鲜玩意》(*Qualcosa di nuovo*)（Alfieri 2012）。

《小学老师的日记》清晰反映出所有这些不同的教育举措共同的指导原则，即以学生为主，而非突出教师或教学工具。因此，剧版并没有再现单个教师的特殊个例，而是成功展示了教育新趋势的具体内容。这部剧传递了一个信息，即创造一个行之有效的学校体系是有可能实现的，这样的学校体系关注处境困难的学生的需求，不采用受成绩、官方课程指南和政府部门约束的机制。这部剧并不是要展示一个可以完全复制的模型，因为这有可能会导致教师产生"文化惰性"（Tonucci 1972，p. 17），而是要能表现当时在意大利推行的各种创新教育项目。基于这样的考虑，德赛塔才决定不是将书中的内容原封不动搬上荧幕，而是"将真实、真正的教育经历拍出来"（De Seta 1972，p. 31）。

从书到电影：过滤之后的转换

德赛塔在研究当时意大利学校正在推行的前瞻性教育项目过程中，意识到传统剧本无法在荧屏上再现以学生及其需求为中心的新学校模式。事实上，这种模式的一个关键原则正是所有的教学经验和教学过程都是独一无二不可复制的。因此，贝尔纳迪尼的书最终在电视剧制作中承担了与德赛塔的初衷完全不同的功能：从要在荧幕上再现的经历，变成了随时用来查阅的故事梗概，拍摄时更为关注与书中采用的教育方式保持一致，而不是按书中事件发生的顺序一一照搬。

为了贯彻这一理念，德赛塔试图寻找一位老师，而不是演员，在他的剧中扮演主角。他物色了两名小学教师，费洛伦佐·阿里费埃里（Fiorenzo Alfieri）和马里奥·洛迪（Mario Lodi），他们当时正在按照合作教育运动的整体思路试行创新的教育方法。但两人都拒绝了，就和之前贝尔纳迪尼一样，因为他们在学校里承担的工作使得他们无法请假离开学校很长时间，而他们自己也觉得不具备完成拍摄任务的能力。

不过正是在他们的建议下，德赛塔联系了弗朗西斯科·托努奇（Francesco Tonucci）。托努奇是一名小学教师，当时受聘为位于罗马的国家研究理事会研究员，其研究领域恰好是前瞻性的教育项目。① 在与托努奇交流后，德赛塔意识到采用教师演员的想法难以企及，可能会导致走向"极端的自然主义"（Natta 1972，p. 22），遂决定放弃这一想法，转而聘请托努奇担任剧组的教育顾问。来自那不勒斯的演员布鲁诺·奇里诺（Bruno Cirino）随后入选布鲁诺·D. 安吉洛（Bruno D'Angelo）的角色，扮演这部迷你剧的教师主角。②

这部剧于1971年4月初在神圣艺术学院开始拍摄（Istituto d'arte sacra）。这所学校位于罗马市郊蒂布蒂诺三区破落的边缘地区［当时的研究所所长是恩佐·罗西（Enzo Rossi），是社会主义信仰者保罗的父亲，1966年4月死于"右翼"极端分子之手］。剧组从蒂布蒂诺三区和拉托拉奇亚地区招收了约20名儿童演员，参加了为期4个月的一个特殊项目，并把这些孩子编入到一个小学五年级班级，不要求他们背诵任何台词，而要他们根据教师演员的表现，自然地回应。这些孩子知道自己在参与拍摄，但在片场的经历却是一次真正的教育体验："一边谈论前瞻性的学校形式，一边却要一群孩子照着剧本中写好的东西说话，这就太荒谬了，绝对是愚不可及。"（Cirino 1972，p. 28。）

德赛塔成为这些孩子的临时负责人，全权负责他们的学业，他要保证电影拍

---

① 弗朗西斯科·托努奇（Francesco Tonucci，1940年生于意大利法诺）毕业于米兰天主教大学的教育学专业，先当了一段时间小学教师，后在1966年成为国家研究理事会心理研究所的研究员。他的研究工作和教育项目主要围绕孩子及其认知发展问题，同时也关注适用于孩子的教育方法。1991年，托努奇发起名为"孩子的城市"（La città dei bambini）这一国际性项目，希望能够鼓励城市管理者在规划城市空间时关注孩子的需求。托努奇著有多部作品，包括《用评估解读体验》（La valutazione come lettura dell'esperienza 1978）、《课堂读报指南》（Guida al giornalino di classe 1980）、《儿童之城》（La città dei bambini 1996）和《如果孩子们说：够了，打住！》（Se i bambini dicono：adesso basta! 2002）及《广场之市》（Il paese dei quadrati 2006）等。此外，他还是一位享誉国际的漫画家，以弗拉托（Frato）为假名进行创作。参见D'Ancona，2003。

② 布鲁诺·奇里诺（Bruno Cirino 1936—1981），全名布鲁诺·奇里诺·珀米奇诺（Bruno Cirino Pomicino），是意大利德高望重的演员，因其戏剧作品广为人知。德赛塔这样评价他："我觉得是布鲁诺为我们建构了这样一种印象，即老师可以是不一样的，是来自南方的先知，赤手空拳，这不仅是能够实现的事情，也是合情合理的。布鲁诺扮演的教师会更有爱心，更为诗意。"（De Seta 2012，p. 61。）

摄结束后，所有孩子必须以接受过私人辅导的身份参加小学毕业考试。孩子们除了每天早上参与拍摄课堂活动，还要参加采用相同教育方法的课后俱乐部——每天下午，他们跟着桑德罗·里奇（Sandro Ricci）和卢西奥·巴尔代利（Lucio Bardelli）上课。根据托努奇接受笔者采访（2015 年 8 月 10 日）时回忆，除了一个孩子外，其他人都顺利拿到了小学毕业证书。

每天晚上，德赛塔和托努奇都会构思第二天要拍的场景。然而，总要到现场开始拍摄时，才有更精彩的表现。排练的目的是要在真实的教室里拍出表现学校日常活动的场景，因此有必要在"孩子的真实生活体验和充分了解当时的环境背景之后再进行剧本创作的体验"之间做出选择（Tonucci 1972，p. 17）。因为选择再现真实的生活体验，导演和教育顾问别无选择，只能根据课堂内外的日常活动随机应变。因此，剧本提升了真实性，这种改变具有决定性意义。通过创造出不同于传统脚本式剧本的"叙事纪录片"（Felini 2015，p. 276），教室成了教育实验的场所。托努奇对确定该剧展现的教育风格发挥了关键作用，正是他引导奇里诺如何与学生相处，如何进行互动。

因此，D. 安吉洛老师的教育策略并非来自他的个人才华和魅力，而是基于影响了托努奇的教育模式，即合作教育运动的教育模式。如前所述，贝尔纳迪尼也是该组织的成员。然而，作为教育顾问的托努奇在经得导演同意后，在某种程度上从贝尔纳迪尼的形象抽离出来，转而从另一位与合作教育运动有联系的小学教师马里奥·洛迪（Mario Lodi）的形象中寻找灵感。用托努奇的话来说，这是因为"我觉得马里奥和我自己的人生观更为相仿，他的学校愿景更前卫"（根据笔者 2015 年 8 月 10 日的采访）。因此，在这部剧中扮演自己的洛迪唯一提到的一本书就是他的《错误的国家》（*Il Paese sbagliato*），这绝非偶然，似乎是刻意公开强调这一转变（《小学老师的日记》第 3 集）。1971 年，洛迪凭该书获得著名的维亚雷焦奖随笔类奖项，这表明意大利文化界普遍认可他的教育方法。洛迪作为教育家和作家，孜孜不倦，一直致力于推动尊重儿童权利和满足儿童特殊需求的学校教育形式。①

基于这一背景，我们就能将电视与同时期的学校场景联系起来分析，并将其所描绘的教育策略置于更广泛的理论框架内。更确切地说，《小学老师的日记》提倡民主的学校教育方式，这种方式不同于单纯传播事实性知识，而是以托努奇所倡导的原则为基础，同时又受到马里奥·洛迪的教育模式的启发。托努奇本人是这样总结的："1. 学校应该让学生为认真生活做好准备，而不是消极被动，逆来顺受。让孩子为生活做好准备意味着相信他们，和他们一起努力，掌握用批判性眼光分析现实的方法；为生活做好准备意味着永不退缩。2. 学校是一个开放的环境，应关注外部现实，人们是从外部世界进入学校的。3. 学校的工作方法是调查，在调查研究中，没有哪个地方只适合会或不会的人，而需要大家携手同行，这样才能解决和他们密切相关的现实问题，这必然会促使出现某种形式的行动。"（Tonucci 1972，p. 18。）

教育特色

在该剧中，能看到老师的付出给课堂环境带来了巨大的变化，使学生从无序无聊的状态转变为勤奋协作。这种转变是推行的教学方法产生的影响，即取消教科书的主导作用，关注与孩子切身利益相关的主题和孩子关切的话题，如动物与自然，当地的历史发展与种种问题，童工问题，或是治安问题。剧集一开始，D.

---

① 马里奥·洛迪（Mario Lodi 1922—2014）1940 年在意大利克雷莫纳取得小学教师资格，随后在战后时期成为意大利教育界的领军人物。洛迪根据自己的课堂教学经历著有多部作品，其中部分作品，如《旗帜》（*Bandiera* 1960）、《奇匹》（*Cipì* 1961）、《热气球》（*La mongolfiera* 1978）等是与学生合著，其他作品记录了他参与的活动，包括《如果发生在沃就有希望》（*C'è speranza se questo accade al Vho* 1963）、《错误的国家》（*Il paese sbagliato* 1971）、《从孩子开始》（*Cominciare dal bambino* 1977）以及《学校与孩子的权利》（*La scuola e i diritti del bambino* 1983）。1989 年，洛迪退休，随后在克雷莫纳的德里佐纳创办了"艺术游戏之家"（La casa delle arti e del gioco），培训教师，研究少儿文化。同一年，意大利博洛尼亚大学授予他荣誉教育学位（Di Rienzo 2003；Salviati 2015）。

安吉洛老师就对传统的学校教育模式提出了严厉的批评,这就揭露出学生完全靠死记硬背掌握的知识本质上流于表面。他和由专业演员扮演的其他教师进行的交流,也反映了这种批评态度。他的同事和蒂布蒂诺三区学校的校长似乎都认为教育完全依赖课程讲授与评估。"你必须教他们意大利语、历史、地理",一位同事建议D. 安吉洛,"他们这些孩子是不愿付出任何努力的……你干嘛这么多事呢?"这位老师接着又直言不讳地谴责这位新老师试行新方法的种种努力(《小学老师的日记》第3集)。不过与此相反,剧中展现的学校模式以学生和学生需求为中心,希望加强学生的批判性思考能力,因为"包括这些孩子在内的所有孩子……都该有一所能让他们独立自由获得新生的学校"(《小学老师的日记》第4集)。

我们可以发现,电视剧中呈现的教育经验有四个特点。如前所述,这些特点反映了马里奥·洛迪,以及更为广义上的整个教育合作活动所提倡的合作法。首先是学校和日常生活之间的紧密联系,学生把自己的生活带入学校,同时,学校也影响着他们的生活。在学校探索的课题以学生的日常经验为基础,这样不仅保证了学生较高水平的参与度和兴趣,也能帮助他们在课堂外遇到问题时能积极处理。汽车盗窃事件就可以说明这个问题。某天,一个学生发动了一辆偷来的汽车,撞到了墙上。德赛塔刚得知这事时非常沮丧,甚至考虑放弃电影拍摄,结果,这反而成了讨论盗窃问题的契机,并进一步变成研究青少年犯罪的项目。在这个过程中,D. 安吉洛老师自幼认识的拉尔夫也证实,他过去因为偷窃被送进了劳改学校,但现在决定洗心革面,重新做人。D. 安吉洛老师在该剧的最后一集宣称:"我必须决定,到底是要办一所贴近生活的学校还是一所以课本为主的学校,我选择贴近生活的学校。"

《小学老师的日记》的第二个关键的教育特色是围绕协作理念。老师重视培养学生的自律自制,因为和孩子的自我中心倾向相反,这样的品质被视为成功学习的重要先决条件。老师指出,学生在这方面最开始的进步表明他们从"早期无纪律、叛逆的(班级)转变为所有成员都觉得自己正积极负责地参与其中的小社区"(《小学老师的日记》第2集)。课堂空间的利用也体现了这种协作精神。在托努奇的指导下，不再采用一张张学生课桌面对教师讲桌笔直排列的传统教室布局，取而代之的是学生围坐在三张大桌子周围。这种新的空间安排方式不仅对教育产生了强烈的影响，也给导演、摄影师、音响师和教育顾问提供了更多的活动空间，托努奇因此宣称"教育上的优选方案也有利于工作"（根据笔者2015年8月10日的采访）。

不仅鼓励学生之间相互协作，教师和家长之间也需要协作。在剧中，D. 安吉洛老师进行家访，希望了解学生们的成长背景和习惯。他希望和家长交流自己的教学方法，讨论学生面临的困难和存在的潜力。剧中也表现了老师们同样渴望在相互支持的氛围中一起工作，但这一点在蒂伯蒂诺三区学校却没能实现。真实情况是，D. 安吉洛的同事对他的方法持批评态度，而很少在学校露面的校长，给人的印象是不关心学生的实际成长，只关心学生纪律和严格推行全国总课标。

该剧展示的教学方法的第三个特点是将空间使用作为学生合作情况的有形标志。具体来说，老师不使用自己的教桌，把它变成一个书架，老师自己则在不同学生的桌子间来回移动，轮流和每个小组坐在一起，表明自己是班级社区的一员。这反映了把教师设定为教育者的愿望，教师的主要角色是通过加入学生的社区来激发学生的成长。老师的责任是为学生提供解读现实的方法，并引导学生先去发现自我。老师不给学生强加任何东西，也不是权威，而是鼓励学生进行对话和辩论。老师积极参与课堂生活，比如通过为学生购买教学材料来为班级作贡献。老师不关心学生是否服从自己，而把自己放在和学生平等的位置，这样才能进入学生的世界，帮助学生培养勤勉的品质。D. 安吉洛在其中一集中说："后来我们全部一起工作没有谁是老师。"（《小学老师的日记》第2集。）

《小学老师的日记》最后一个教育特色是使用赛勒斯坦·佛贺内（Célestin Freinet）提倡的各种策略，即到印刷厂进行实地研究、办报、自由写作和借助图形进行形象表达。在合作教育运动中，这些策略是教师们最感兴趣的，他们认为这些都是解放性的活动，有可能引起学生的兴趣，让学生自由表达（Tamagnini 2002）。这些方法让学生有机会陈述自己的观点，分享自己的经验，与他人进行讨论，而且不用害怕出错，不必担心分数不高或没有得到老师的奖励。比如在剧中，由学生自己编写印刷的班级报纸《第五不杀》（*Quinto non ammazzare*）让孩子们备感骄傲，那是他们辛勤付出的成果，他们很自豪能把报纸作为礼物送给自己的家人和朋友。此外，在办报过程中使用以前从未接触过的仪器如打字机、复印机，不仅引起了他们的好奇心，还为他们积累了宝贵的团队合作经验，因为办报要求分配任务，重视团队中每个成员的贡献。

总的来说，佛贺内的方法在剧中呈现为多种手段，通过采用这些手段，学生自我引导进行学习，老师鼓励他们不仅要表现自己所在的真实生活环境，而且要"做出选择……目的是识别社会环境中固有的矛盾，思考人类可以用什么办法来解决这些矛盾"（Lodi 1977，p. 28）。

结　语

《小学老师的日记》取得了巨大成功。每集都有约 1200 万人次的观看量，因为"德赛塔细致严谨、目标清晰，有毅力、有爱心、有智慧，也有赖于摄影师卢西亚诺·都沃里（Luciano Tovoli）敏锐细腻的镜头，还有奇里诺超出演技之外的出色表现。这既不是调查性电影，也不是虚构小说，而是对直接电影理论的原创性应用"（Morandini et al. 2014，p. 414）。在接下来的几个月里，许多意大利报纸杂志对该剧进行了报道（Felini 2015，p. 276），这部电视剧引发的讨论和兴趣注定会在随后的几十年里继续。1975 年，出现该剧的一个精简电影版，2004 年，出现了讲述参与原剧拍摄的孩子三十年后故事的短片［短片由马可·文迪蒂（Marco Venditti）、卢卡·曼德里尼（Luca Mandrile）和克里迪奥·迪·曼布罗（Claudio Di Mambro）拍摄，名为《三十年后的弊端》（*I malestanti, trent'anni dopo*），由 Todomodo 和 Farfilms 两家公司制作］。2012 年，意大利知名出版公司菲尔特瑞奈利（Feltrinelli）推出了最初四集的 DVD，并附上了一本书，书中包括德赛塔、托努奇、奇里诺和贝尔纳迪尼等人的评论，部分评论之前没有公开发表过。影像制品与书相结合，反响同样很好。

可以说，维多里奥·德赛塔的短剧引起了广泛关注，并成功记录了教育实验的积极成果。因此，创建一种积极民主的全新学校模式，并对贫困学生的艰难生活条件产生积极影响，这并非不可能完成的任务，这一点电视剧就能证明。这一信息通过德赛塔的另一部作品再次传达给公众，1979年春，意大利广播电视公司电视频道播出了四集调查性报道，题为《学校改变时》（Quando la scuola cambia）。德赛塔在这部中介绍了另外四个正在意大利推行的不同的创新教育实验，也取得了成功，其中第一个就是马里奥·洛迪在沃·迪·皮亚迪纳（Vho di Piadena）所办的学校（Felini 2015）。① 在这部新作中，导演再次向人们展示了部分老师和学校能够通过倾听和关注学生的兴趣与生活，真正为孩子的成长服务。

《小学老师的日记》在意大利人民的记忆中植入了一种具有前瞻性的学校模式，这种模式在挑战传统模式的同时，引发了讨论和反思，也引起了质疑和争议。D. 安吉洛老师"激发年轻教师和学生的求知欲，帮助他们保持好奇心，并巩固那些倡导学校改革人士的地位"（Cirino 2012, p. 64）。该剧的优点是观众的阶层分布广泛，而此前的学校话题讨论仅限于有限阶层参与，部分家庭被边缘化了。

德赛塔通过这部电视剧传递出一个信息，用马里奥·洛迪的话说，是"一件很自然的事情，也就是说，换一种方式体验学校是可以实现的。但不论父母还是老师，只要始终记着自己体验过并受其影响的专制学校模式，对于他们来说，这又是很难理解的。一个学校没有'发号施令'的老师和必须服从的学生，没有统一的教科书，没有需要背诵的课文，没有分数，因此没有不及格的学生"（Lodi

---

① 除了表现洛迪经历的《从孩子开始》（Partire dal bambino）外，其他三个纪录片故事分别为：《不论说什么语言，公民人人平等》（Tutti i cittadini sono uguali senza distinzione di lingua），讲述卡里门内·德帕多瓦（Carmine De Padova）老师在圣马尔扎诺迪桑朱塞佩自己家中办课后俱乐部，努力不让阿尔巴尼亚语消亡和保护阿尔巴尼亚传统的故事；《一起工作不会累》（Lavorare insieme non stanca），讲述卡特琳娜·福斯奇·皮尼（Caterina Foschi Pini）老师在米兰戈尔拉（Gorla）区一所实验学校的教学经历；最后一个故事为《不同》（I diversi），讲述莱切省四个残疾孩子得以入学的故事。

1977，pp. 62-63）。这部剧让教师受益匪浅，因为对教师来说，这类似一种"电视直播的在职培训课程"（Felini 2015，p. 289）。而对学生家庭来说用处同样很大，它让人看到每个孩子都有接受教育的权利，让人意识到意大利的学校制度需要更新，这样才能满足所有学生的教育需求。

第十八章 苏联电影中教师作为价值观塑造者的社会神话形象建构

埃丽娜·加里尼娜（Elena Kalinina）[①]

职业选择：人们为何选择教育工作者这个职业

职业选择是社会发展和个人社会化过程中最重要的问题之一。人选择了自己的终身职业后，会努力去理解自己的职业。这关乎价值观的选择，将决定社会认同，决定职业文化和参照群体中要增加哪些内容。个人会在将来得到这个群体的认同。因此，对于年轻人来说，形成动机是非常重要的。动机是目标的关键要素，是对成功的渴望和对自己潜力的认识，是对参与劳动力市场竞争所需技能的评估（Espinar et al. 2010）。

高等教育的一个重要功能是使培训职业化，即大学要让学生具备就业技能（Casares García et al. 2010，p.1）。大学教育的目标是对自主选择高校的年轻人进行动机强化，这也是大学面临的挑战。大学教育的第二个目标是让学生对未来职业产生兴趣（Kalinina 2014，p.38）。家庭对于职业选择的影响同样很深远，直到今天，尽管年轻人可能会断然否认，但父母对他们仍具有难以摆脱的影响力。

文化因素也会对个人的职业前途产生重要的影响，例如，时尚流行和不同行业的社会评价。不论何种文化，职业素养都会经历形成、固化并传播的过程。如

[①] 俄罗斯国立师范大学，电子邮箱：bellaflor@mail.ru。

今的职业认同建构方式指的是就业能力，是教育体系中新增的基本要素，是对于某些职业素养进行的社会宣传和传播媒介。应建构不同职业的固定印象、职业模范、职业形象和职业理想，这些会影响职业稳定性和对于组织的奉献精神、职业满意度、相互接受度、职业参与度和内在动机（Shinyashiki et al. 2006，p. 601）。

国家和社会有时会联合起来，着手消除某些职业的模式化观念。如果国家或雇主不需要某个行业的职业人员，还可能导致某个职业遭受贬低。另一方面，目标也可能是相反的，即对于高需求的职业要形成一个有吸引力的职业印象，例如，我们可以创造一个"理想的"文学作品人物或电影人物，一旦这个角色成为全社会或某个社会群体（例如年轻人）的偶像，这个职业就拥有了坚实的文化基础。

作为社会神话的教育职业

个人和社会群体都创造了自己的现实，这种现实由意识所反映的现实世界元素和想象元素共同构成。换句话说，我们看不到世界真实的样子，而只是感知世界的一个画面或表现出来的形象。这个形象的基础是一个神话，其理念是为个人创造一个舒适和安全的存在空间。但这并不意味着形象是虚假的，现实正是多个形象和神话的集合。

此外，学校是连接社会和国家的纽带。教育是一个复杂的系统，与社会密不可分，构成社会基础的价值体系建立在教育体系基础之上，教育是为保存和传播社会知识和价值观而设立的。专业教育不应是单纯培养医生、建筑师或教师，而是培养具有较高道德水平的医生、建筑师或教师（Esteban & Buxarrais 2004，p. 93）。社会和国家要求培养的专业人员不仅能够有效地解决专业实践中的问题，而且还能从根本上达到较高的职业道德水平（Maura 2002）。学校是社会的典范，作为社会化过程的一部分，学生在学校进行社会关系的基本实践。

教育可以通过传达基本的标准和价值观来增强社会的同质性，这就是让移民融入教育体系，并向他们传递基本的社会神话非常重要的原因。就这方面而言，教育是国家的有用工具。在教育实践中，教师作为主体，理解并重视社会项目，并以之为方向（Malinowska 2007，p. 53）。国家能够且必须实现国家统一，因为这是保证国家安全的一种形式。从这个角度来看，基础教育始终与国家有关，且将始终是国家的重要工具。一个全球性的世界还要求为不同国家的共存重建社会关系，并催生民主公民的形成，而教育机构将再次强调其在这一系统中的相关地位（Zavala 2007，p. 60）。

电影有助于建构职业形象：教师形象如何在电影中形成

无论纪录片还是故事片，都是社会神话和受认可的社会行为策略形成和传播的重要工具。电影能够渗透到人们的感知生活和记忆中，影响人们的价值观、习俗、行为方式和身份参考模型的构成（Campo-Redondo 2006，p. 13）。

基于文学和电影人物行为定式的基础，意识建构出现实的概念模型。这种模型根植于社会价值体系，同时也代表着对社会认同和职业动机的形成起到重要作用的职业价值观。电影可以创造职业认同感，为培养合格的教师奠定基础（Day 2006，p. 69）。

电影对意识的影响及其形成社会神话的能力，是建立在创建与真实客体类似的形象之一基础之上的，但又不是完全照搬模仿，而是根据不同的坐标在客体形象及其相似性基础上建立的一个新结构（Sánchez 1993，p. 199）。所有社会群体都从电影中接收到隐藏的信息。年轻人希望自己看起来像影片中的角色，部分年轻人会选择从事某个主角的职业。而那些已经在这个领域从业的人员则会受到鼓舞，进一步证明自己的职业选择是正确的，其他人则会因此对这类职业行为产生尊重，这都是电影刺激的结果。情感是认知的重要组成部分，这一点众所周知也备受认可（Day 2006，p. 59）；情感还构成稳定的职业兴趣和职业价值观。电影能够作为面向大众的"说教策略"（Gorrochotegui 2009，p. 84），对个人良知和社会公德产生影响。

苏联电影与教育者形象的建构

电影是文化的全球性（元）文本，包含符号和神话，构建了集体记忆。学校记忆是用社会工具创造的一种意识神话空间。电影是一种特殊的工具，能建构未来的形象，甚至重建记忆（Halbwachs & Díaz 1995）。这些记忆构成了个人的"未经历"记忆，是集体记忆的一部分。苏联电影反映了苏联社会成体系的普遍观念和神话，这些观念和神话构建了社会认同和职业认同，对一代又一代苏联人来说，这是一种"没有经历过的人生体验"。

从苏联电影诞生那刻起，创作者就满怀激情地想要创造一种"新人"形象，即正义世界的创造者，由此催生出有着全新主角类型的全新社会神话。这些人物必须要在人们的职业生涯和个人生活中充当模范。学校记忆是作为全新社会神话的一部分而产生的。神话中的教师具有新一代造物主的特征。教师这个职业明显被浪漫化了，因为这种美化对国家来说是必要的。

这个想法最终取得了成功，就此创造出受到苏联几代人喜爱的教师形象，并产生了对于"不存在"的学校的记忆，这种社会心理现象很耐人寻味，与社会认同的形成过程有关。集体记忆对一个社会群体的身份认同起着重要的作用，能为群体整合提供依据，代表与过去身份关联的群体利益的投射（Rivero et al. 2000）。这就是为什么对于集体意识的形成，由电影制造的社会神话往往要比真实事件起到更为重要的作用。

苏联电影中教师形象和学校记忆的演变阶段

苏联电影中教师形象的演变与人们对教育制度角色认识的演变有关。新的国家面临着如何确定教育制度在社会结构中的地位问题。教师在教育制度中的地位也是个问题，因为新的国家宣称是工农国家，在革命结束后的第一批法律文件中，宣布教育为国家最重要的社会职能之一。

教师这个职业虽然辛苦，但在此之前，教师从来没有成为工人阶级的一部分。因为教育不是体力劳动，不产生任何类型的物质产品。教师阶层是国家概念的意识形态工具，没有教师，就不可能传播思想，不可能培养各行各业的从业者。学校则是社会制度的重要组成部分。

国家的目的是创造一个新的神话，并构建教师的身份。教师的形象随着国家和社会的根本需求而变化调整。在苏联时期的不同阶段，都会赋予教师形象新的特点。研究每十年拍摄的学校主题电影，我们会发现教师形象别具特色，屏幕上的教育者既要反映现实，又要成为重建现实的基本神话。

在20世纪20年代到50年代，教师并不经常出现在电影中。苏联成立之初，主要的社会建设者是创造者，例如建筑工人和工厂职工。在第二次世界大战中，因为战争而改变了社会的主要建设者，教师被称为新一代的典范，新社会的创造者。但显而易见，有必要培养专业人才从而使他们承担起教育责任。

第一批教师电影中的主角与革命前的教授有所不同。这些人都是理想主义的知识分子，与现实世界脱节，与普通的工人农民几乎没有什么共同之处。这种形象对于工农社会是不允许的。苏联电影中的教师必须诞生于劳动环境之中，使命是提高普通人的意识，向他们揭示"真相"，这是苏联社会教育神话的出发点。作为主角的教师造物主，是新社会基本思想的传播者，是正义的化身，帮助学生理解生命的意义。教师献身于为人民服务的事业，这样的神话就在学校记忆中产生了。

到了20世纪五六十年代，情况发生了变化，知识被视为所有人的绝对价值。战后有很多人没有受过教育，国家也千疮百孔，政府需要依靠专业人员尽快重建教师行业。这一目标决定了必须形成实现教育普及的观念：不分年龄阶层等背景，人人接受教育。很明显，工人阶级具有至关重要的意义，因此，形成了如下的基本思想：

——国家依靠教师传授知识；

——国家需要工人阶级，因而形成了工人是受人尊敬的创造者这一神话；

——建构作为全新的社会认同形式的典型"苏维埃人"。

这个神话必须作为集体记忆和社会意识的核心组成部分来传播。从既有观点来看，教师并不是这个时期的理想人物形象和价值传播者，而只是社会工具。然而，工人阶层和知识分子阶层之间存在心智差异，各阶级的代表普遍承认这一点。教师认识到劳动者的伟大社会使命，工人也认识到因为教师，他们才收获了精神价值，由此形成了这样的观点：两个阶层之间要开展持久且富有成效的交流。

在随后的十年（60年代），社会经历巨变。随着时间的推移，教育神话发生了彻底的变化。官方国家意识形态遭遇的危机是显而易见的，教师还没能成为新思想和绝对价值的传播者。现在出现了新的问题，例如：什么是绝对价值？存在绝对价值吗？教育系统陷入了危机，因为教师开始发问，真理在哪里，他们是否有权教育和培养学生的世界观。在这种情况下，我们看到了敢于持质疑态度的教师这样一个新形象，这是平凡的教师形象。

20世纪70年代是一个转折点。上映的一部学校主题的喜剧彻底改变了学校神话，之前的趋势得以继续发展。这部具有代表性的电影强调了两点：一是老师比他的学生还要年轻，二是这个老师在个人生活和职业生涯中都遭遇了悲惨的命运。这部电影迄今为止仍然是最受欢迎的电影之一，尽管它打破了关于学校及其使命的神话。

结　语

社会的根本基础是一个建设性的积极神话，这对于形成普遍意识和法律意识很有必要，对于建构社会现实也很必要。这个现实是一组图像和神话，由于我们的意识只能感知客观世界的组成部分，因此，我们的世界观在一定程度上是一种社会建构。这个国家建立在不同的神话基础之上，而其中最重要的一个神话就是学校神话。之所以会这样，是因为学校是国家和社会之间的纽带。苏联也创造了一个神话，这个神话决定了社会意识和学校记忆。

教育不仅仅是传递知识和经验的过程，还是一种系统或工具，可以通过传播基本的标准和价值观来提高社会的同质性。教育工作者的目标是反映和再现社会化过程的范式。在整个苏联时期都关注教师的社会使命，认为教师是一个造物者，应该塑造学生的精神或道德。

教师的角色取决于社会和国家的一致性。形成这种关系的原因在于，实现国家统一是非常必要的，教育能成为一种社会工具。这是维护国家安全、和平与可持续发展的必要条件。然而，每个国家都在发展过程中经历过艰难危机，教师的社会重要性遭到贬低。20世纪60年代的苏联社会处于官方国家意识形态危机之中，教师失去了其作为人才培养者和绝对价值传播者的地位。教师形象的衰微与苏联政权的显著削弱有关，教师的形象和神话与国家的形象和神话结合在一起，这就是为什么衰变过程是相互的。

意识的形成是一个矛盾的过程，可以由国家来建构，但也对社会的基本神话产生影响。继电影中的教师被塑造成怪诞的喜剧人物后，教育者的形象就开始变得荒诞可笑，不可谓不幸。在当代的俄罗斯，我们可以看到教师这一角色并未得到充分的尊重，原有的神话已遭摧毁。学校神话作为社会制度的核心神话，对其进行重构迫在眉睫。

每个年龄段的人都需要一所理想的学校，一个理想的老师，这是个体意识和社会意识的显著特征。所有人都需要一个参考点，这并非要否定个人自由和社会自由。然而，自由也隐含着义务，即对成功实现社会化和建成公正的社会有一定的限制，这就是为什么社会需要能构建一种新型学校记忆的神话。

第十九章　希腊电影研究：战后时期学校生活的方方面面

戴斯比娜·卡拉卡查尼（Despina Karakatsani）[1]

帕夫丽娜·尼考拉布鲁（Pavlina Nikolopoulou）[2]

本文试图考察希腊历史上特别重要的内战结束后的早期阶段，希腊电影在教育"集体记忆"的建构、保存和传递过程中所扮演的角色。这个时代社会动荡，充斥着暴力冲突，其间发生了重大的社会变革和金融变革，这些变化对国家的教育和文化生活均有极大影响。

希腊内战在第二次世界大战结束后爆发，从1946年3月持续到1949年8月。内战发生在反抗德国占领的抵抗时期，主要表现为极端暴力，是现代希腊历史上最血腥也是最艰难的战争之一（Margaritis 2002，p.51），深刻影响了整个希腊社会，并由此确立了在随后几十年间改变希腊社会及其政治现实的进程。在那期间，左翼分子在社会上和政治上遭遇全面孤立，约有37000人被送上军事法庭，至少3500人遭处决。从1947年到1949年，政治犯和流亡者的人数实际上达到了5万人，异己分子则被关进专门建造的大规模监禁营（Charalampis 1985）。

此外，这一时期从农村地区向城市中心迁移的人数激增，最初由国民军押送，但后来出现的人民运动促使人们大量进入城市，以追求更好的生活条件（Tsoukalas 1986）。

那个时期的另一个重大社会问题是敌对双方都把儿童从涉战区运走。希腊民主军将其控制地区的儿童运送到东欧国家，而国民军则将儿童运送到所谓的弗雷

---

[1] 希腊伯罗奔尼撒大学，电子邮箱：despikar@yahoo.gr。
[2] 希腊伯罗奔尼撒大学。

德里卡女王儿童镇。总共约有 25000 名儿童被送往东方国家，但在内战结束后的早期阶段，只有几百名儿童返回家园。

战争期间，儿童教育遭到干扰，某些地区的学校生活则完全中断。在 20 世纪 40 年代中期，多数教师在城市中心定居，其他教师逃到山区加入游击队，而其他城市中的教师以抵抗激进主义为由遭到逮捕。

内战结束后不久，不同政府都热衷于教育制度的改革和重组，因为他们认为，国家的社会复兴和财政复兴都取决于未来公民接受的教育。20 世纪 50 年代初，希腊东正教意识形态成为国家教育的基础，并在随后几年里成为该国教育体系的主导。此举试图调和基督教与科学的关系，旨在将基督教信仰确立为国家存在的基石（"Manifest" 1946）。

与此同时，社会上对上大学的需求越来越多，同时要求让下层社会的孩子有机会接受教育的压力也越来越大。

不过，这一时期的艰难动荡并没有影响到电影行业的发展，希腊电影在内战结束后的早期阶段呈现出一派繁荣景象。希腊对于有着"第七艺术"之称的电影表现出欣然接受的姿态，在 19 世纪 90 年代末至 20 世纪上半叶期间，希腊电影从 20 世纪初的业余水平，到制作讲述两次世界大战的故事片，从未停止发展。第一家电影制作公司也是在 1942 年至 1949 年期间成立的，当时希腊正处于德国占领时期，国内冲突不断。

在战后的 20 年里，希腊电影经历了第一个繁荣期，并在寻求确定某种风格。这一时期的标志性事件包括出现情节剧（1950 年），出现新现实主义（1951 年），颁发国际奖项（1955 年），拍摄第一部彩色电影（1956 年），成立塞萨洛尼基电影节（1960 年），诞生了希腊的超级电影明星（1960—1970 年）（Mitropoulou 2006）。我们对那一时期（1946—1965）电影的研究表明，在大约 200 部取得票房成功的电影中，只有 4 部以学校为背景，但多数电影都提到了教育制度。本文研究希腊电影描绘当代学校现实的方式，因为过去可以经由活跃的社会主体进行建构和重构。在本文的研究过程中，对以个体形式对过去进行重建的"集体记忆"

和从科学意义上对过去进行重建的所谓"历史记忆"作了区分（Halbwachs 2013, p. 18）。

为了接近普通人对当代学校生活的记忆，本研究选择了战后早期拍摄的两部电影。第一部名为《不当行为》，属于喜剧类型，拍摄于 1949 年；第二部名为《苦面包》，是最早的希腊电影之一，深受意大利新现实主义影响，于 1951 年上映。

《不当行为》在票房上大获成功，深受希腊观众欢迎，观众在一定程度上接受了这部电影诠释时代与塑造记忆的方式。《苦面包》一方面获得了好评，另一方面又遭到了部分抵制，这种抵制以观众为代表。这部电影不仅帮助我们确定人们保存了什么样的记忆，以及他们如何构建记忆，最重要的是，让我们知道他们遗忘了什么。

在这些方面，这两部电影被视为有助于构建内战后时代的"学校记忆"。电影帮助搭建了一个包括神话、幻想、假设、归纳推理以及部分现实的宏大建筑，这些元素都受到了社会背景和主流意识形态的影响。

我们试图从这两部电影入手，将其叙事形式看作一套表意系统。利用衍生自福柯《知识考古学》（*Archeology of knowledge*）的四个轴，对电影的叙事话语进行了系统的研究（Foucault, 1987）：

1. 对象轴，客观存在的元素其所处的位置，这些元素不受叙述影响；

2. 表达模式轴，研究电影制作的物质条件及其讲述者（Doxiadis 1987）；

3. 概念轴，是指文学批评中的概念应用于文本的方式，涉及修辞图式和文体元素的使用（Heath 1990）；

4. 主题轴，涉及争议性问题（Doxiadis 1987）。

在我们的分析中，电影文本被视为一个形式与内容不可分割的社会历史实体。将这部电影置于其所产生的社会背景之中，分析语言所传达的意识形态，以及文本外背景中的行为所隐含的意识形态。

我们分析的第一部电影《不当行为》（*Improper Conduct*），是一部浪漫喜剧，

1949 年 3 月在雅典、比雷埃夫斯及其他一些郊区的电影院上映。该片共售出 67043 张电影票，在当年上映的 8 部电影中排名第四，上映时期竞争极为激烈。这部电影的导演 M. 盖兹亚迪斯（M. Gaziadis）和 J. 菲利普（J. Filippou）籍籍无名，剧本由 D. 亚诺卡基斯（D. Giannoukakis）负责，电影音乐由俄罗斯作曲家尼基·雅科夫列夫（Niki Yakovlev）创作。随着情节展开，镜头展现毕业于农村中学的女孩薇奥的生活，一个叫福蒂斯的男孩和女孩的老师帕帕达基都爱上了她。老师对女孩的感情有悖于当地社区的道德意识，而薇奥的父亲正好是当地社区的主席，就托关系让政界朋友把老师调去远离村庄的另一个地方，换一个女老师来代替他。结果男老师克服重重困难又回到村里，假扮成来替换的老师，想要拐走美丽的薇奥。一系列滑稽的事件接踵而至，最后随着薇奥和福蒂斯的订婚，一切又回到正轨，两个年轻人从此幸福地生活在一起。

吸引观众眼球的第一个元素就是如诗如画的乡村风景。故事发生在松树成林绿荫如盖的宁静渔村。这个村庄似乎并未经受十年内战的苦难，既没有提到战火仍在燃烧，也没有提到战争引起的社会动荡，特别是对农村的影响。贫穷的渔民一大清早就把鱼卖光了，女主角却在煮龙虾，而当时全国上下都在挨饿，人们都盼着联合国善后救济总署（UNRRA）等组织提供人道援助。战争及其影响在电影中彻底销声匿迹。虽然这部电影指涉当时的时代，但实际上并没有时代特征，完全可能是在两次世界大战期间或在 1960 年代拍摄，因为没有任何客观因素能够把影片中的时代背景归为内战时期。

田园剧在两次世界大战期间非常流行，并在 20 世纪 50 年代重新上演，影响之大，很容易看出来。1929 年上映了一部非常受欢迎的电影《紫菀》（Astero），艺术总监是 M. 盖兹亚迪斯，正是上文提及的两位导演之一。

在村子里有一所女子高中，这与现实相矛盾，因为当时的农村没有学校，而男孩女孩都必须要到所在地区的省会去上学。影片中的女子学校也很美，女孩穿着干净整洁的制服，分成小组上课，直接照搬了当时才出现不久的少数几所昂贵的私立学校，而当时的农村地区，常见的景象则是拥挤的班级里坐着衣衫褴褛或赤脚的学生，校舍也是破败不堪（Dimaras 2008，pp. 136-143）。

在电影中，教育只是作为情节开展的框架，讲述的其实是爱情故事，故事情节在当时看来相当大胆。这所学校遵循的是父权价值观，学校就是规训女性保持纯真的"圣殿"。学生似乎是幼稚不成熟的，必须受到控制和管束，同时又天真可爱，有时也很调皮，但从不质疑在父权社会中为她们设置的角色。

这部电影描绘了一个保守过时没有用处的教育体系。教室的布局完全是传统风格。女校长和老师坐在远离学生的椅子上，以示权威，学生两两坐在一排排的课桌后面。课程只在教室里进行，显然要求学生遵守严格的纪律。"新学校"及在两次世界大战期间试图在公立学校推行的创新教育举措并未在电影中出现。

电影中塑造的老师形象很可笑，着装保守，头梳圆髻，身披马甲，戴着单片眼镜，有着浓烈的中产阶级风格，因此看起来和农村环境很不协调，无法赢得学生和当地社区人民的尊重。他们激励不了学生，只能让学生表面上服从。女校长大龄未婚，长得不好看，人又迂腐，老师则道德低下，只想"攀高枝"，而女学生总在老师背后搞恶作剧。

这些都代表了一种过时的教育模式。导演对这种不加批判、不予思考、死背经典的学校模式进行了颠覆和嘲讽，因为这种学校不符合当代社会需求。学生学习的是"亚历山大大帝和他的马"的故事，而这些对学生来说完全无关紧要。这部电影还嘲笑了清教徒的道德规范，老师们说教时一本正经、假仁假义，他们的真实愿望和实际行动却似乎与他们教导的一切背道而驰。

学校被刻画成一座监狱，让学生远离现实生活。女孩们梦想着逃离这个压抑的环境，自由生活，不必接受道德教化，不需被留堂。这所学校不是要帮助学生学会生活，相反，会让学生对生活和爱望而却步。有一个典型的场景，学生因为对女校长搞恶作剧而被单独留在教室，她们就在教室里唱歌，跳当时流行的恰恰舞，歌词代表了影片对于女性教育的看法。女孩们梦想着从学校解脱出来，恋爱结婚，她们注定要结婚，就希望能遇到深情忠诚的丈夫来满足自己这样的愿望。教育似乎并没有为女性带来任何改变，也完全没能帮助她们提高地位，取得个人成就，而这些都可以通过缔结一段幸福的婚姻来实现，婚姻被看成一个女孩生命中最令人满意的转折。

学生们在教室里跳舞，以示反抗校纪，这样的场景在20世纪50年代的其他电影中也可以看到，几乎一模一样。有趣的是，在所有这类电影中，女孩们都跟着现代西方歌曲跳舞，往往衣着时尚，而以当时的纪律标准看，这是绝不可能允许的。

在电影导演看来，教育对男人来说也不是很重要，甚至受到鄙视。电影中有个角色是国会议员，名叫"Rousfetis"（这个名字暗指政治徇私主义），在与秘书聊天时，他开导秘书不要因为没能进入大学而感到沮丧。他现身说法，作为一名优秀的法学毕业生，他一事无成，但后来决定利用人们的天真在政界寻求机会。

在希腊转型时期拍摄的这部电影中，教育并不是通向更好生活的"跳板"，在一个只把凌驾于他人之上的权力视为终极价值的社会，教育似乎无助于个人进步和提高社会地位。

战后的头几十年，希腊忙于重建、城市化和发展金融，在那个时期，像希腊这样的农业国家开始了工业化进程，因此就需要越来越多的专业人员，也需要妇女加入劳动力群体。在这些方面，战后各国政府试图通过提高技术教育水平和女性教育水平来改革教育制度。此外，当战争成为政治发展的头等大事时，议会制度就无法正常发挥作用，也不像电影想要展示的那样稳固。电影《不当行为》的制作方似乎没有跟上当时社会的变化发展。电影表现出来的这些观点和批评之声呼应的是一个在第二次世界大战前夕实际上就已消失的世界。

然而，在电影《苦面包》（*Bitter Bread*）中，对当代社会的批评和观众对此的反应却截然不同。与上一部电影在商业票房上的成功相比，这部首次添加新现实主义元素并受"二战"期间法国电影影响的希腊电影（Charitos & Kyriakidis 1996, p.92）在商业上并不成功，在当年出品的15部电影中排名第12。

电影《苦面包》拍摄于1951年，由G. 格雷戈里（G. Grigoriou）导演，因达·克里斯蒂纳基（Inda Christinaki）和格雷戈里担任编剧，讲述一个贫穷家庭挣扎求生的故事，并没有刻意的美化。由于战争造成的伤痛和生活所迫，这家的一个儿子自杀，剩下的其他两个儿子身处进入新时代的国家，不得不苦苦挣扎，勉强维持生计。在电影结尾，身为优等生的小儿子被迫辍学了。

这部电影受到了审查，一级委员会删掉了这句话："残酷的战争持续时间越久，受到重创的人就会越多。"这部电影以这种方式对希腊长期处于战争之中予以谴责。但二级委员会允许不删减上映。苏联对这部电影很感兴趣，此时审查委员会才认为电影的结尾向共产党人暴露了希腊的真实情况，因此要求修改剧本，让影片中的小儿子继续学业。导演添加了一个结束场景，好投放到苏联市场。然而，苏联最终没有购买，因此导演又删除了添加的场景（Andritsos 2004，p. 43）。

这部电影真实再现了当时的生活，通过描绘英雄被迫放弃梦想之后的生活，展现了战争给人带来的"创伤"和艰辛。

但影片没有提到内战，甚至没有任何暗指。不过，电影制作者提到了集中营和希腊犹太人的命运，描绘了露易丝和她父亲的生活，他们和电影中的主角家庭住在同一处。影片中有一个十分戏剧性的场景，露易丝因绝望而尖声大叫，表示她更愿意生活在集中营，因为她父亲英勇反抗暴行使得他们活得较有尊严，而为能在战后的希腊生存下去，他们苦苦挣扎，不得不放弃梦想，最终失去尊严。

影片中出现了改革和重建，表现出这个国家努力治愈战争带来的创伤。值得一提的是，在整部电影的背景音中都能听到锤子、引擎和建筑工地的声音，持续了大约 83 分钟，真实地刻画了当时的生活。

与此同时，尽管过去十年的血腥冲突激起了社会公平的希望，饥荒、贫困和社会不公仍然存在。在德国占领时期的抵抗运动之后，是一场血腥的国内冲突，粉碎了所有关于社会公平的幻想。战争结束后，希腊的社会结构和金融结构分崩离析，举国上下处于饥荒的恐惧之中。

主角面前似乎有三条不同的路：要么自杀，就像他哥哥那样，不管怎么说，在战争中失去了手臂就失去了劳动能力；要么移民，就像梦想在巴勒斯坦开始新生活的露易丝那样；要么为了生存拼死一搏，不再幻想让世界变得更美好。

然而，对其中部分人来说，美好生活仍有一线微弱希望。在学校出人头地似乎是取得进步和实现社会地位上升的唯一希望，与之前的电影相比，本片中学习似乎是摆脱令人窒息的现实的唯一途径。教育制度只允许有价值有能力的人实现阶层跨越，但不应仅从功利主义的角度来看教育，教育是塑造完整人格和建设更美好世界的基础。片中小儿子在回答教育局官员的问题"你为什么想上学"时，他的回答是："想成为男子汉。"

格雷戈里向观众展现了当时教育制度下的真实画面：拥挤的教室，学校操场上穷学生的免费餐，严格的等级制度。教育局官员检查学生时，老师坐在椅子上保持沉默，学生在学校并不能享有平等的机会。小儿子作为优等生因为表现出色得到了教育局官员的表扬，想要找本书在等待学校午餐时阅读。他向一个富有的同学借书，但同学拒绝了，因为他的妈妈不让他借。电影结尾小儿子离开了学校，把他的几本书装进一个箱子，连同全家想要出人头地的梦想一起埋进土里，向观众呈现那个时期的常见情况。这点从当时的统计数据也可以看出来，因为那时候学校的辍学率很高。

在电影中，教育被认为是智力劳动，不同于体力劳动。有双手，就能劳动，就能活下去。影片中的父亲在建筑工地从事体力工作，母亲患有关节炎，无法工作，因此这一家的生活更为艰难，儿子因为在战争中失去了双臂而自杀。这是体力劳动者与精神力量的对决。在重建时期的希腊，体力劳动者受到轻视，工资微薄，生活贫困，面临不公。相反，一个人可以通过教育获得从事智力劳动的资格，得到社会认可，收入稳定。教育给予人提高社会地位的机会，但下层阶级的人民要想获得接受教育的机会却有不可逾越的障碍。电影中的许多场景都能看到，处处是水泥混凝土，但却看不到书。

影片中有一个引人注意的场景，露易丝的父亲曾是集中营的英雄，而在内战结束后的希腊，却变得沉默偏执。他试图制造一个翻页小装置，目的是帮助没有手臂的人阅读。这部电影讲述了悲剧性的十年战争岁月，并把后内战初期的问题和焦虑以戏剧化的方式呈现出来。

关于这部电影在内战后早期阶段对建构有关教育制度的记忆所起到的作用，我们有必要总结两点。首先，影片中没有提到内战及其对教育制度的影响，将儿童从希腊运送到共产主义国家、把孤儿送到儿童镇、处决左翼教师等问题都没有提及。第二，观众对这部电影的认可，主要在于电影呈现了理想化的学校现实，粉饰了当时的政治和社会生活。这部电影对于当时的现实既未如实记录，也没断然否认。

内战及其对希腊社会的影响不仅在电影艺术中完全消失，这一现象也成为了以那一时期为对象的研究的普遍特征：观众和知识分子都保持了缄默。在内战后的希腊，逐渐确立了一种遗忘政策，要求在公众场合和私底下都闭口不谈内战。

不同于20世纪经历过类似冲突的其他国家，希腊由内战胜利者建立的政权是在正式民主国家的框架内发展壮大并实施统治的。而将议会制度保留到1967年是战后希腊的一个典型特征，因为希腊试图通过一系列法律来确保公民拥有"正常的"（即反共产主义）信仰。在一个会因某些信仰和观念向公民追责的国家，一些拒绝摒弃自己观点的左派公民为避免被边缘化，在右翼政党利用议会制度意图推托内战暴行以便合法获取群众支持时，他们选择保持沉默。与此同时，人们一直担心，对那段时期的"记忆"会引发新的冲突，因为当时的社会无论如何都无法正确处理这段记忆，难以对内战作出一致的解读。①

希腊内战可以被描述为一种文化创伤，因为文化创伤这一概念的所有三个组成部分——记忆、情感和身份都包括在内。内战极大地影响了希腊社会在今后几十年的集体记忆和组织原则。作为一段创伤性记忆，它改变了希腊社会对自身的认知（Demertzis 2013）。这种记忆无法轻易融入迄今为止关于自我和世界的叙述中。因此，作为自我诠释共同体的社会为了保持社会一致性和维护自我，选择了

---

① 与在希腊发生的情况相反，西班牙在内战一结束就实行了法西斯独裁，甚至在弗朗哥去世前及转向民主统治之前，就形成了一种一致的历史记忆，这在一定程度上就允许对内战事件有一种大家普遍接受的解读，并将其列为重中之重，以避免类似的历史经验（Aguilar Fernández 2005，p. 15）。

沉默（Liakos 2007，pp. 100-101）。

希腊社会处在压迫政权之下，几十年来都没能从批判立场看待自身，这就是为什么它倾向于接受非批判性的电影对自己的描述和认识。但不论电影是否选择美化现实，电影始终是一个故事，故事中记录着人们的意图、信仰和想象中的世界，就像故事本身一样（Ferro 2001，pp. 45-46）。

就商业电影的意识形态而言，如前所述的电影《不当行为》中体现出的保守意识形态，是关于教育、教育的功能和教育主体多数主流思想的投射和再现。正如尼考斯·普兰查斯（Nikos Poulantzas）所说："意识形态最终与人类经验有关……意识形态的社会角色不是让人真正了解社会结构，而只是使人以某种方式参与到支持上述结构的行动中。"（Poulantzas 1980，p. 38。）

至于逐渐渗透到希腊电影中的西方生活方式，我们可以发现，借助虚构的希腊教育故事，这种生活方式受到观众的欢迎。但与国家提倡并规定的希腊东正教文化意识形态相矛盾。国家推行东正教文化是为了管理价值体系，因为这种价值体系反过来将决定可接受的社会行为标准，并塑造社会成员能够内化的身份。

在这种情况下，主流意识形态无法应对内战后社会新形势所带来的问题。战后头二十年所特有的频繁的社会流动和地理流动，导致广大群体追求新的民族认同和文化认同（Kirtsis 1994，p. 409）。这种受希腊东正教理想引导的社会形象和国家形象具有欺骗性，不够真实，与希腊多数阶层的需求和目标不符，因而无法让人民认同这种形象。

主流的道德意识形态和民族主义意识形态所投射出的年轻一代的教育模型，似乎并不能满足某些阶层的需求，他们希望在这个正努力建设工业化和城市化的国家，自己能够确立新的社会地位，获得新的身份。这些阶级转向了在他们眼中代表着进步世界的西方。

在这一时期的希腊电影中，女学生模仿西方生活方式的场景并没有描绘出真实的教育制度，但却记录下这些阶级在试图融入战后世界的社会生活时所采用的意识形态。这种意识形态与体现官方意识形态及教育机制所推崇的主流教育标准完全不同。

战后希腊的记忆，记录并保存于胶片上。然而，并不是所有的记忆都保存了下来，因为这实际上不可能实现，记忆本身会选择记住什么，删除什么。电影选择要保存哪些记忆，在描述事件的同时，也在对事件进行更改、扭曲，有时甚至使其噤声。电影不仅将镜头对准官方史学认为重要的事件，也对准那些遭到忽略的事件。总之，电影是对现实的重构和再创造，并最终重新赋予其意义。剧本融合并投射观点、愿望以及记忆中的元语言元素，这些都难以在档案中保存下来，尽管这一过程的最终结果很可能在许多方面与事件的原貌存在显著差异。

第二十章　记忆考古学与学校文化：学校的物质性与非物质性

克里斯蒂娜·雅内斯—卡布雷拉（Cristina Yanes-Cabrera）[①]

奥古斯丁·埃斯科拉诺·贝尼托（Agustín Escolano Benito）[②]

学校记忆与文化遗产教育

学校文化的重建基于两个关键点：第一，个人和集体记忆的恢复；第二，对记忆类文本以及所有有形和无形的记录进行考古，因为这些材料能提供文化交际模式的实证，即在这些资料中可以发现，在文化交际模式中，主体是逐步形成的。搜集"学校记忆国际研讨会"上宣读的论文发现，论文讨论了揭示记忆和隐性学校文化的手段。

学校文化在民主制度较为先进的开明社会普遍存在，已成为个人和社会记忆的一部分，同时也成为教师职业的共同记忆。因此，当代社会已开始把学校文化视为一种文化资产，认为应将其纳入新型的公民教育和教师培养方案之中。

就主体而言，求学记忆是人在建构或重建自我叙事认同过程中的一座综合性里程碑。因此，谈到影响教师的因素，学校过去是如何约束教师的，这一记忆代表了现有传统的基础，在这个基础上，才能发展出职业文化或用以批判和创新的参考框架。

此外，关于教育机构中的体验记忆间接表明，因为受制于学校管理的纪律准

[①] 西班牙塞维利亚大学，电子邮箱：yanes@us.es。
[②] 西班牙索里亚国际学校文化中心，电子邮箱：aeb05@telefonica.net。

则，校园生活的空间和历史时期会对人的身体形象和生物钟产生影响。研究者还分析了为共处一室的同龄同伴制定交往规则时学校所扮演的角色，也分析了对于教师形象及其角色是如何形成刻板印象的。研究在最后提到记忆中关于训练重要性的记录，以及为保证训练效果而推行的方案。

学校记忆已经融入我们的部分行为模式中，甚至常常表现为特定的身体反应。由于学校物质文化要素的构思安排与目的，出现了会对多方面造成影响的行为习惯、手势、书写样式与图形样式、说话方式、精算方法和拓扑学，以及我们在这个世界上的其他反应模式。这种记忆影响到上述门类所有的人类学维度，包括认知、心理、身体，甚至情感。这种记忆的物质层面与非物质层面都是教育遗产的一部分，并保存为一种传承式的公民教育，将有价值的学校文化作为其教育内容，将普通公民教育作为道德思想。

激发记忆过程的空间体验以动态方式编织个人的微观历史，有助于建立一种触发认知及情感过程的"诠释"，能够证实多元性的价值并予以肯定。在持续互动过程中，那些差异变得更有意义，也增添了差异创建意义的属性。学校记忆研讨会为这些跨文化交流提供了合适的平台。正如保罗·利科（Paul Ricoeur）所言，所有与他人共享的叙事，都是对语言进行扩展的创造性过程，从而形成了阅读世界的某种方式，产生了知识（Ricoeur 2001，p. 137；2003，p. 125）。

2007 年，在国际学校文化中心（Centro International de la Cultura Escolar，即 CEIN CE）举办了第一届研讨会，参会成员来自西班牙、意大利和墨西哥。这次研讨会促成了国际教育诠释学网络（Red Internacional de Hermenéutica Educativa-RIHE）的成立，墨西哥籍编辑将提交本次大会的围绕前述话题的所有论文收录集结为《教育诠释学》（Primero 2007）。这个论文集出版后，不同领域和各种研究方法都将诠释学视作我们这个时代的"通用语言"，用吉亚尼·瓦蒂莫（Gianni Vattimo）所创造的诠释学一词，来理解和解释人和社会的形成过程，包括学校体验的记忆。

几年前，著名的西班牙塞维利亚哲学家、伽达默尔的学生埃米利奥·莱多

(Emilio Lledó）这样写道："存在本质上就是人内心深处汇聚的记忆……和逝去的时间。"在这个本体论关系的阐述中，蕴含着我们人格的完整性，"我们是谁，我们想成为谁，以及我们已然是谁，这些问题相互关联"。通过用文字表达或是口头描述这一观点，我们就形成这样的假设，即存在某种形式的记忆，甚至可据此利用直觉预知未来会发生什么。这种对于过去的相同记录，是形成文化的重要因素，使记忆具有存在意义上的价值，准确地说是一种"诠释活动"，一种对人类智慧具有引导作用，指导人们理解主体性建构的诠释学实践。

莱多接着提出，"生活就是诠释"，将对我们质疑的外部世界与我们作为主体所在的内部世界联系起来。这种诠释将会是能量，也就是亚里士多德学派所说的energeia（能量），通过我们所学的语言将我们的本质和我们所处的世界融为一体。因此，正是在此基础上发生的融合，构成了"记忆"，创造出我们是谁和已然是谁的空间（Lledó 1994，pp. 5-6）。

从这些前提来看，教育的记忆中显然有一些相关的法则，对我们成为主体的过程产生影响，也对集体记忆的形成构成影响。这一概念也是本文论据的核心论点，是本篇文章的基础。传统、文字和记忆都是学校文化的一部分，这决定了主体的社会性、社区的凝聚力和人际交往的规则。

对受过教育的群体采用诠释学方法研究其记忆，是为了推动对学校文化、受教育群体所接受的培训、传递学校文化使用的语言以及形成群体关系的人类学准则进行主体间性的阅读。正如社会学家齐格蒙特·鲍曼（Zygmunt Bauman）所提出的，作为记忆的学校是一种文化合成，从将体验作为实践逻辑的基础开始，是将这种实践视作某种文明模式的一个起源。

记忆考古学

学校记忆研讨会进一步增强了从考古学视角研究记忆的可能性。会上展示的部分研究专注于保存学校相关物质实体或其表现形式的领域，这些材料已建档收存。作为学校文化的原始资料，这些保存下来的材料隐藏着能够揭示教育和文法作为学校教育的规范，却长期不为人关注的原因。

在国际学校文化中心附近进行的四个实验采用了考古学研究路径。第一个实验展示了参观博物馆如何使受试者回忆起自己的学校体验，也就是那些扎根在记忆中的画面。受试主体的不同族裔便于进行对比分析，而小组中年龄段的差异足以说明存在交叉模式和代际差异。

第二个实验是在一所学校进行的实地考古，这所学校在半个世纪前已关闭，现仍在原处保存着19世纪办学时代和学校关闭时的物质形态。这就能将场地视为文本或手稿，因为能在学校观察到体现不同历史时期儿童特点的物件和图画资料，包括不同的东西、文字材料和图像。

第三个实验是对已成为文化遗产的学校环境进行实地考古。之前发现的一份记录，概述了在20世纪上半叶的德国，一所国家社会主义学校某位校友的遭遇。基于这些信息，研究叙述了这所学校发生的风风雨雨。从背诵的经典和其他儿童阅读的字画勾勒出特定的人物形象可以清晰地看到，那些人在明显的专制文化教育下留下了自己的身份印记。

最后一个著名实验来自类似福尔摩斯探案式的研究，该调查从城市废弃物中"嗅出"其中有学校材料。通过分析学校残留物，不仅能使我们了解为何会出现这种贬低教育经历的行为，还能使我们从考古学角度研究这些残留物，探寻文化意义的证据。这项研究的最后分析了手册内页中儿童写画的内容，其中的文字和符号透露出许多关于儿童生活的秘密。

学校考古观是对所知所为的一种考古，能从人类学和诠释学视角，对一种新的主体性和建立于物质确定性基础上的文化进行社会历史层面的界定。从这个观点来看，从记忆和考古学的结合中所诞生的新学科还涵盖了人类学维度，是所有学校文化的组织要素。

记忆作为了解学校文化的来源后当予以重视，这也促使我们像考古一样对事物、图标和语言进行深入研究，因为这些对象正是教育的实质性问题及其具体表现。正如米歇尔·福柯（Michel Foucault）在其《知识考古学》中所指出的，研究这些对象不仅关系到心怀好奇观察那些长久不为人关注的废墟，也涉及对事物本身及其诉说进行解码，因为这些密码控制着事物自身及其保持不变或经历哪些变化。讨论这些材料即会打开存储于其中的记忆，并能直观感知构成那些记忆的话语。①

与物质历史相结合的研究在几年前开始兴起，当时正值所谓的后现代史学方兴未艾，早期研究围绕学校文化，创建记忆中心和推广遗产教育计划，但随着致力于长期培养公民素质和专业的教育从业者目标出现，研究开始蓬勃发展。针对这一新运动，梅达（Meda）从史学角度做了精彩回顾（2012，pp. 17-32）。2003年，西班牙布尔戈斯举行了西班牙教育历史学会全国会议，这是标明确立这一新领域的瞩目事件（Jiménez Eguizábal 2003）。

根据分析家皮埃尔·保罗·萨凯托（Pier Paolo Sacchetto）的设想，由于学校具有象征着文化、惯例和话语的许多功能性特点，这些特点影响了与教育机构中的教学过程相关的社会事件和社会行为，因此他视使学校成为"告密者"的物质要素为具有符号学价值的环境信号（Sacchetto 1986，p. 27）。

书桌是学校用具的重要组成部分，可以被看作是在其设计和使用年代结合了人体测量学、卫生和人体工程学几方面观念的合成物。世界地图则代表了物理性质、政治划分和全宇宙或宇宙一部分的其他地理分类，是通过正规教育向学生传播的对于国家领土的制图。笔记本不仅能展示课堂上记录的课程内容，还能透露与特定历史时期有关的一切讯息，包括主流的书法和审美，学校形形色色的风格特点，学校在人们日常生活中的投射。

为此，对某地进行考古发掘后所找到的学校使用的材料、图片或文本就好比是一个意义电容器或合成器，是"解说员"或"告密者"，告诉人们使用这些东西的学校有什么特点，师生的惯例做法，以及用到这些物件或文件的教育活动背后

---

① 参见这篇重要文章的导读。

的教学理论。

对学校材料进行考古发掘是一种安全可靠的方法，可以沉浸于训练实践的世界中；也就是说，这种模式是对学校的构成要素抑或对整个学校或其表现物已经"物化"的情况进行一种真正意义上的探索。在保存有学校物质历史遗迹的地方，有许多我们试图揭示的教育历史在那里缄默不语，有些历史受到哈罗德·西尔弗（Harold Silver）的谴责。此外，以这种方式深入研究过去，与我们这个时代的学校从民族学视角观察学校的物质性相辅相成。除了对传统的一次次巨大突破和创新所带来的变化，以及塑造了学校文化的历史模式在其他时代的成功转型，我们还可以观察到过去模式的部分残余和延续。

当我们找到一系列可以理解的遗迹和文件时，就诞生了知识考古学，因为这些资料足以推断出某些结论，可能勾勒出新观点的大致轮廓。这些研究实践有其自身逻辑，影响着档案的建构，使档案成型并赋予其意义。因此，资料来源的组织和知识的形成尽管在时间上和方法上有所区别，却是两个相互依赖的活动，彼此紧密相连。出于这个原因，从实际经验中形成的学校文化，由产生于特定时间地点的惯常做法所设定，有其空间和情景，以考古要素、物质要素和无形要素的形式加以保存，能在相同的机构存储处或分类整理显示的文档中找到。

利用这些方法，记忆考古学的目标是在学校的物质性基础上重建学校文化，但要有一个主体，既要考虑到在所在机构中生活的主角，也要考虑到历史学家，因为他们可以带着新的问题探究资料来源，而不仅仅关注初次接触物件、图像和文本时提出的问题。通过这种方式，教育考古学成为一门完全现代化的学科，能够对历史进行各种全新的多元解释。

学校背景下的"非物质性"

关于学校记忆的考古学观点也表明，不仅要寻找存积的物质实体和表现物，而且要抢救非物质形态的存积物，以防遗忘。我们所谈论的是可视为"教育的无形资产"的各种体现（将其等同于 2003 年联合国教科文组织关于非物质文化遗产所下的定义），同样将与学校相关的物质文化遗产变成学校文化的可见要素，使其具有含蓄的信号与意义，在客体印象中起到体现隐形文化属性的作用（Escolano Benito 2009，p. 33）。正如之前文章中所界定的，非物质教育遗产不仅包括塑造学校文化方面，而且包括贯穿整个人类历史的，与教育实践相关的所有过程中不可避免的方面（Yanes-Cabrera 2007，p. 69）。

然而，正如人类学家理查德·库林（Richard Kurin）所指出的，非物质教育遗产不仅涉及作为意义载体的行为，即人们赋予传统以意义，而且还必须为一个文化社区共享并予以认同。由于通过口头代代相传，在这种程度上来说，它就是传统的（Kurin 2004，p. 68）。"传统"的这一特征并不排除相对较新的做法，而因为这些做法构成了某些社区或社会的重要象征，就可能被视为是遗产的一部分。

通过避免传统消失的实际行动来解决这些无形的叙事要素问题，使得我们越发重视作为学校文化知识来源的记忆。当然，在理清作为"告密者"的物质材料究竟具有怎样的象征意义时，这种方法有时很难奏效，因为这一方法必然源自社会人类学所能采用的方法论，要在学校空间内使物质形态、其符号化表现形式及非物质形态相互作用，创造出教育史的叙事空间。

在这一背景下，我们可以首先关注教育情景中特有的（个人或集体）口头表达或表现形式。此处我们是指具有教学目的的歌曲，在课堂上用来辅助学习身体语言，或作为学习字母、省份名称和乘法表的内容。这类形式还包括作为教学资源的谚语、绕口令、谜语，简而言之，包括所有在学校学习的口头表达。这些代表着一个社区和一种文化，其唯一的传播途径就是文字。

利用集体记忆来使非物质教育遗产更有意义的做法包括举办仪式和学校放假。时至今日，许多仪式和假期仍然保留着原先的精髓，学校放假就是一个绝佳的证明。例如，在安达卢西亚，圣周、五月十字架节等文化节庆或民俗节日，以及该自治区的地方性官方节日，几十年来一直举行庆典。例如类似米格尔·萨尔瓦泰拉（Miguel Salvatella）1944 年出版的作品，就突出了利用这些非物质手段传播知识、价值观和集体记忆（Torres 1944）。

最后，同样值得注意的是与教育过程发展相关的惯例活动，这些活动与前一类型不同，并非出于明显的意愿或意图。可以说，这些活动本身并不具有明显的意图，而是充满象征意义，含义丰富，能够说明不同时代或不同地理环境中教育工作的发展情况。这些做法与事实相关，比如，当老师进入教室时，学生站着，这是至今在学校仍很常见的做法，或是根据铃声，组织学生一排一排进出教室。这些做法表明我们过去教育的特点，尽管看起来很简单，仍能非常鲜明地体现当时社会的特点。

当然，这种无形要素具有模糊性，与学校的物质表现形态之间并没有明显的界限，但我们的目的并非要建立一个密闭的隔间，将在文化适应过程中传递的丰厚传统放置其中。相反，我们一直在致力于明确基于无形资源的这些过程能否永久保存，并进行反思，希望为我们的教育建立最贴近实际的历史话语。

译者的话

学校在塑造学生心灵和提升文化素养方面发挥着重要作用。学校记忆，作为学校文化的重要组成部分，通过构建"美"和"文"的文化印记，在学生心中烙印上美好的学校形象，以此达到育人和化人的目的。学校记忆涵盖了学校教育参与者围绕学校这一记忆之场形成的记忆，包括日常记忆和学校构建的文化记忆。当前，教育记忆面临着重"当下"而轻"历史"，重"理性"而轻"情感"的挑战。这一趋势可能导致对学校记忆的忽略，进而影响到有意识、有目的地构建学校记忆。有学者认为，系统地构建学校记忆，对于保障教育安全和国家文化安全、促进社会对学校和教育的良好感知、传承优秀教育文化，以及形成受教育者个体经验性记忆具有深远的影响和价值。[①]

早在20世纪80年代，西方学界就已经开始关注教育记忆在构建民众集体记忆中的重要作用。法国历史学家皮埃尔·诺拉（Pierre Nora）在《记忆之场》一书中创造了"记忆之场"一词，他以儿童课本这一记忆之场为例，探寻它如何成为法国民众的集体记忆，由此丰富了记忆研究的内容。之后越来越多的学者开始跳出记忆的心理机制，将视野投向记忆的文化、社会、历史维度。近年来，国际上越来越重视教育记忆的相关研究。2015年9月22日至23日，"学校记忆：教育史研究的新趋势"国际学术研讨会在西班牙塞维利亚大学召开，会上集中讨论了学校记忆的内涵、研究内容和方法等问题，并在会后形成了一本由二十篇文章组成的论文集《学校记忆：教育史研究的新趋势》。该论文集集中展示了国际教育

---

① 刘大伟，周洪宇. 学校记忆的意涵、价值及其建构[J]. 教育研究与实验，2021(03)：59-64.

学界在教育记忆方面的理论和实证研究成果。在该论文集中，来自不同国家的学者从不同视角对"教育记忆"进行了研究。部分文章对学校记忆的内涵、价值和研究方法进行了理论研究，如意大利学者朱里·梅达（Juri Meda）和西班牙学者安东尼奥·维尼奥（Antonio Viñao）将"学校记忆"定义为："第一，个体对自己在校经历的反思过程，这一过程也是自我重塑的过程；第二，个体、集体或者公众对共享的在校经历的纪念过程；第三，由特定国家的学校或教育系统传递或构建的社会记忆。"又如意大利学者法比奥·塔尔盖塔（Fabio Targhetta）重点研究了"学校记忆"研究中口述证据搜集方法的运用和史料的编撰等问题。还有部分文章探讨了不同的物质呈现形式（教育版画、图片明信片、校园照片、学校年鉴、特定版本的教科书、教师自传、教师访谈、教师墓碑、学校校庆、电影电视剧等）在构建教育记忆方面所发挥的作用。如西班牙学者玛丽亚·德尔·马德波索·安德烈斯（María del Mar del Pozo Andrés）和荷兰学者沙克·布拉斯特（Sjaak Braster）以教育版画《喧闹的学校》为例，在研究该版画国际传播度的基础上，对其教育主题和象征性意义进行了解读。又如意大利学者玛塔·布鲁内利（Marta Brunelli）通过大量实例与案例研究对当今网络和社交媒体上受校园照片影响的社会实践做了回顾，分析了校园照片如何促成校园集体记忆，并对其进行详细解读与构建。

不谋而合的是，在2016年底，我们研究团队逐渐将研究重点转向教育记忆这一领域。在周洪宇教授的悉心指导下，我们团队以教育记忆为主题获得了国家领导人肯定性批示，在《教育研究与实验》《现代大学教育》等学术期刊上发表了包括《教育记忆史：教育史研究的新领域》和《学校记忆的意涵、价值及其建构》等在内的多篇论文，出版了《一代中师记忆：晓庄师范师生口述史》《雨花记忆：区域德育课程体系的实践探索与构建路径》等著作。此外，团队成员程功群博士和我分别围绕"教育记忆"这一主题，获批了国家社科基金"教育记忆视角下青少年的革命文化记忆塑造与历史变迁研究"和教育部人文社科基金"教育记忆形塑青少年国家认同的路径研究"两项课题。此外，我们还组织召开了两届全国红色教育爱国主义高峰论坛。

在搜集整理文献的过程中，我们团队发现了《学校记忆：教育史研究的新趋势》这一论文集。2019 年下半年，团队学术带头人刘大伟博士组织我们着手翻译本书。在翻译初期，我与周文鼎博士合作完成部分译文工作，后因工作、求学事务繁杂无法兼顾翻译，我又邀请了尹婵杰老师合作完成终译。此次经反复校对，本书翻译工作终于圆满完成。在此，我要特别感谢南京晓庄学院对本书出版的支持，感谢唐宇宁博士和杜小双博士在试译阶段的贡献，感谢福建教育出版社丁毅老师在购买国外版权等方面的大力支持。同时，我也要向我硕士阶段的导师余子侠教授、博士阶段的导师刘建教授表达深深的感激，感谢他们在我学术生涯中的指导和帮助。感谢南京晓庄学院先后两任图书馆馆长李朝辉教授、姜金德教授对我攻读博士学位以及翻译工作的大力支持，还要感谢我们教育记忆学术团队的程功群博士、王宓博士、韩露露博士、田甜老师、黄孔融老师、王倩老师等人在成书过程中提供的帮助和支持。

我们教育记忆学术团队将以此为新的起点，继续深化对教育记忆领域的研究，力图从教育记忆关注当下教育实践，探寻出解决青少年思想困惑的育人路径。目前，我们在南京市建立了记忆育德联盟体，专注于"立德树人"这一根本任务的实践落地，通过自下而上的实践创新与自上而下的理论创新相结合，将"记忆育德"的理念融入学校的课程设置、课堂教学以及多元评价中。

在教育记忆这一领域的研究上，我们还有很多的路要探索和前行，正如著名历史学家章开沅先生所言："历史是画上句号的过去，史学是永无止境的远航。"

杜京容
2024 年 10 月 6 日